초등 문해력까지 키워주는 한자 3박자 연상 학습법

어문회
한자능력검정시험
한 권으로 끝내기!

6급

시대에듀

"소설처럼 재미있게 읽다 보면
정확하고 풍부한 어휘력과 생각하는 힘이 저절로 길러지고,
'한자 3박자 연상 학습법'도 익혀져 어떤 한자라도
자신 있게 분석하고 뜻을 생각해 볼 수 있으며,
자신 있는 언어생활은 물론
어원에 담긴 진리와 아이디어까지 깨쳐
생활에 100배, 1,000배 활용할 수 있습니다."

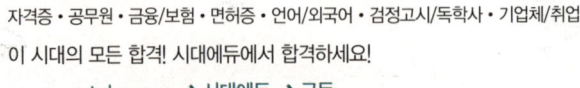

머리말

한자 3박자 연상 학습법은...

❶ 머리에 쏙쏙 들어오는 생생한 어원으로
❷ 동시에 관련된 한자를 익히면서
❸ 그 한자가 쓰인 어휘들까지 생각해 보는

신기하고 재미있는 한자 공부 방법입니다!

복잡하고 어려운 한자!
이제 읽으면서 쉽고 재미있게 익혀 볼까요?

📖 이 책은 이런 점이 달라요.

❶ 읽으면 저절로 외워지는 기적의 한자 학습법!
  무작정 읽고 쓰기보다는 머리에 쏙쏙 들어오는 생생한 어원을 읽으며 한자를 재미있게 익힐 수 있습니다.

❷ 이 책은 하나의 한자를 익히더라도, 한자의 모양에 따라 그 한자와 관련된 한자들도 동시에 익힐 수 있습니다.

❸ 한자를 똑똑하게 익힐 수 있는 것은 물론, 일상생활에서 자주 쓰이는 단어, 시험에 자주 출제되는 단어, 고사성어, 뜻이 비슷한 한자, 반대인 한자 등 한국어문회 6급에 해당하는 배정한자를 한 권에 담았습니다.

❹ 모든 내용이 바로바로 이해되도록 자세하게 설명을 덧붙여 나열하였습니다.

❺ 무엇보다 이 책은 급수 시험을 준비할 수 있을뿐만 아니라, 어원을 읽고 곰곰이 생각해 보는 과정을 통해 세상을 깊이 있게 탐구할 수 있는 안목도 길러지도록 하였습니다.

부디 여러분의 한자 학습이 쉽고 재미있었으면 좋겠습니다.

여러분을 사랑하는 저자 박정서 · 박원길 올림

한자능력검정시험 소개

- **주관:** 한국어문회

- **시행:** 한국한자능력검정회

- **공인 자격**
  1. 국가공인자격 : 특급, 특급Ⅱ, 1급, 2급, 3급, 3급Ⅱ
  2. 민간자격 : 4급, 4급Ⅱ, 5급, 5급Ⅱ, 6급, 6급Ⅱ, 7급, 7급Ⅱ, 8급

- **급수 구분**
  특급, 특급Ⅱ, 1급, 2급, 3급, 3급Ⅱ, 4급, 4급Ⅱ, 5급, 5급Ⅱ, 6급, 6급Ⅱ, 7급, 7급Ⅱ, 8급

- **급수 배정** (특급과 Ⅱ가 붙은 급수는 제외했습니다.)

급수	읽기	쓰기	수준 및 특성
1급	3,500	2,005	국한혼용 고전을 불편 없이 읽고, 연구할 수 있는 수준 초급 (상용한자 + 준상용한자 도합 3,500자, 쓰기 2,005자)
2급	2,355	1,817	상용한자를 활용하는 것은 물론 인명지명용 기초한자 활용 단계 (상용한자 + 인명지명용 한자 도합 2,355자, 쓰기 1,817자)
3급	1,817	1,000	고급 상용한자 활용의 중급 단계 (상용한자 1,817자 – 교육부 1,800자 모두 포함, 쓰기 1,000자)
4급	1,000	500	중급 상용한자 활용의 고급 단계(상용한자 1,000자, 쓰기 500자)
5급	500	300	중급 상용한자 활용의 초급 단계(상용한자 500자, 쓰기 300자)
6급	300	150	**기초 상용한자 활용의 고급 단계(상용한자 300자, 쓰기 150자)**
7급	150	–	기초 상용한자 활용의 초급 단계(상용한자 150자)
8급	50	–	한자 학습 동기 부여를 위한 급수(상용한자 50자)

※ 시험 정보는 변동될 수 있으므로 반드시 시행처 홈페이지에서 확인하세요.

※ 관련 규정 및 세부 내용은 변경될 수 있으며, 자세한 사항은 시행처 홈페이지(hanja.re.kr)를 참고하시기 바랍니다.

문제유형

1. 독음 : 한자의 소리를 묻는 문제입니다.
2. 훈음 : 한자의 뜻과 소리를 동시에 묻는 문제입니다.
3. 장단음 : 한자 단어 첫소리 발음의 길고 짧음을 구분하는 문제입니다. (4급 이상만 출제)
4. 반의어/상대어 : 어떤 글자와 반대 또는 상대되는 글자를 알고 있는가를 묻는 문제입니다.
5. 완성형 : 고사성어나 단어의 빈칸을 채우도록 하여 단어와 성어의 이해력 및 조어력을 묻는 문제입니다.
6. 부수 : 한자의 부수를 묻는 문제입니다.
7. 동의어/유의어 : 어떤 글자와 뜻이 같거나 유사한 글자를 알고 있는가를 묻는 문제입니다.
8. 동음이의어 : 소리는 같고, 뜻은 다른 단어를 알고 있는가를 묻는 문제입니다.
9. 뜻풀이 : 고사성어나 단어의 뜻을 제대로 알고 있는가를 묻는 문제입니다.
10. 약자 : 한자의 획을 줄여서 만든 약자를 알고 있는가를 묻는 문제입니다.
11. 한자 쓰기 : 제시된 뜻, 단어 등에 해당하는 한자를 쓸 수 있는가를 확인하는 문제입니다.
12. 필순 : 한 획 한 획의 쓰는 순서를 알고 있는가를 묻는 문제입니다.
13. 한문 : 한문 문장을 제시하고 뜻풀이, 독음, 문장의 이해, 한문법의 이해 등을 측정하는 문제입니다.

급수별 출제 기준

구분	1급	2급	3급	4급	5급	6급	7급	8급
독음	50	45	45	32	35	33	32	24
훈음	32	27	27	22	23	22	30	24
장단음	10	5	5	3	–	–	–	–
반대어(상대어)	10	10	10	3	3	3	2	–
완성형(성어)	15	10	10	5	4	3	2	–
부수	10	5	5	3	–	–	–	–
동의어(유의어)	10	5	5	3	3	2	–	–
동음이의어	10	5	5	3	3	2	–	–
뜻풀이	10	5	5	3	3	2	2	–
약자	3	3	3	3	3	–	–	–
한자 쓰기	40	30	30	20	20	20	–	–
필순	–	–	–	–	3	3	2	2
한문	–	–	–	–	–	–	–	–
총 출제 문항 수	200	150	150	100	100	90	70	50

한자능력검정시험 소개

◎ 시험 시간

1급	2급 · 3급	4급 · 5급 · 6급 · 7급 · 8급
90분	60분	50분

◎ 합격 기준

구분	1급	2급 · 3급	4급 · 5급	6급	7급	8급
출제 문항	200	150	100	90	70	50
합격 문항	160	105	70	63	49	35

▶ 1급은 출제 문항의 80% 이상, 2급~8급은 70% 이상 득점하면 합격입니다.
▶ 합격 발표 시 제공되는 점수는 1문항당 1점으로 계산합니다.
▶ 각 급수의 만점은 출제 문항 수이고, 응시자의 점수는 득점한 문항 수입니다.

◎ 우수상 시상 기준

구분	1급	2급 · 3급	4급	5급	6급	7급	8급
초등학생 (미취학포함)	160	105	80	90	81	63	45
중학생	160	112	85	90	–	–	–
고등학생	160	120	90	–	–	–	–

◎ 우량상 시상 기준

구분	1급	2급 · 3급	4급	5급	6급	7급	8급
초등학생 (미취학포함)	–	–	75	85	76	59	42
중학생	–	105	80	85	–	–	–
고등학생	–	112	85	–	–	–	–

※ 관련 규정 및 세부 내용은 변경될 수 있으며, 자세한 사항은 시행처 홈페이지(hanja.re.kr)를 참고하시기 바랍니다.

답안 작성 시 유의사항

❶ 필기구 및 답안 작성과 수정
- 필기구는 검정색 볼펜, 일반 수성(플러스)펜을 사용하셔야 합니다.
- 연필, 붓펜, 네임펜, 컴퓨터용펜, 유성펜류는 뭉개져 흐려지거나, 번져 채점 시 불이익을 받을 수 있습니다.
- 데이터 입력은 문자 인식 과정을 거치는데, 지정된 필기구를 사용하지 않거나, 검정색이 아닌 펜으로 작성된 답안지는 인식 과정에서 문제가 발생할 수 있습니다.
- 답안 수정은 수정액과 수정테이프를 사용하실 수 있습니다. 다만, 수정 항목이 많은 경우 답안지를 새로 받아서 재작성하시길 바랍니다.
- 미취학생, 초등학교 저학년 학생의 경우 수정액·수정테이프 사용법을 미리 익히시길 권해드립니다.
- 답안지 앞뒷면의 각 귀퉁이에 있는 ■ 표식은 전산입력 시 사용되는 인식기준점입니다. 해당 기준점이 훼손되거나, 주변에 낙서하면 OCR 시스템의 인식 불능으로 0점 처리될 수 있습니다.

❷ 약자 답안 처리
- 약자를 답으로 요구하는 문제는 반드시 약자를 쓰셔야 정답으로 인정됩니다.
- 약자를 답으로 요구하지 않는 문제를 약자로 답안을 작성한 경우는 정답으로 인정됩니다.
  (단, 정자를 요구하는 문제 제외)

❸ 국어 표기법 준수
답안 작성 시 두음법칙을 지키지 않거나, 국어 표기법이 맞지 않으면, 해당 한자 음이더라도 오답 처리됩니다.

❹ 응시자 정보 기재
- 성명, 수험번호, 생년월일은 반드시 응시 원서와 동일하게 작성해야 합니다.
- 성명을 비롯한 모든 항목은 맨 앞칸부터 띄어쓰기 없이 기입하세요.

참고사항

❶ 관련 규정 및 세부 내용은 변경될 수 있으며, 자세한 사항은 한국어문회 홈페이지(www.hanja.re.kr)를 참고해 주시기 바랍니다.
❷ 우대 사항의 경우, 해마다 기관별로 혜택 여부가 상이할 수 있으므로, 자세한 사항은 해당 기관에 문의하시는 것이 좋습니다.

한자 3박자
연상 학습법

한자 3박자 연상 학습법 이란?

한자 3박자 연상 학습법(LAM: Learning for Associative Memories)은 어렵고 복잡한 한자를 무조건 통째로 익히지 않고, 부수나 독립된 한자로 나누어 ① 머리에 쏙쏙 들어오는 생생하고 명쾌한 어원으로, ② 동시에 관련된 한자들도 익히면서, ③ 그 한자가 쓰인 어휘들까지 생각해 보는 방법입니다.

이런 학습법으로 된 내용을 좀 더 체계적으로 익히기 위해서는 ① 제목을 중심 삼아 외고, ② 제목을 보면서 각 한자들은 어떤 공통점과 차이점으로 이루어진 한자들인지, 어원과 구조로 떠올려 보고, ③ 각 한자들이 쓰인 어휘들은 무엇인지 생각해 보시는 방법이 좋습니다.

그래서 어떤 한자를 보면, 그 한자와 관련된 한자들로 이루어진 제목이 떠오르고, 그 제목에서 각 한자들의 어원과 쓰인 어휘들까지 떠올릴 수 있다면, 이미 그 한자는 완전히 익히신 것입니다.

그러면 한자 박자 연상 학습법의 바탕이 된 일곱 가지를 소개합니다.

● 어원(語源)으로 풀어 보기

한자에는 비교적 분명한 어원이 있는데, 어원을 모른 채 글자와 뜻만을 억지로 익히다 보니, 잘 익혀지지 않고 어렵기만 하지요.
한자의 어원을 생각하는 방법은 아주 간단합니다. 글자를 딱 보아서 부수나 독립된 글자로 나눠지지 않으면, 그 글자만으로 왜 이런 모양에 이런 뜻의 글자가 나왔는지 생각해 보고, 부수나 독립된 글자로 나눠지면 나눠서, 나눠진 글자들의 뜻을 합쳐 보면 되거든요. 그래도 어원이 생각나지 않을 때는, 상상력을 동원하여 나눠진 글자의 앞뒤나 가운데에 말을 넣어 보면 되고요.
아래의 '오랠 고, 옛 고(古)'로 예를 들어보겠습니다.

예

'古'의 경우 '열 십(十)'과 '입 구(口)'로 나누어지지요? 나누어진 한자들의 뜻을 조합해 보세요. 이런 방식으로 어원을 통해 한자를 풀이해 보면 한자를 보다 쉽게 익히고 오래오래 기억할 수 있습니다.

공통 부분으로 익히기

한자는 여러 한자를 합쳐서 만들어진 한자가 많고, 부수 말고도 많은 한자에 공통 부분이 있으니, 이 공통 부분에 여러 부수를 붙여 보는 방법도 유익합니다.

> **예** 5망맹(亡忘忙妄芒盲) - 망할 망(亡)으로 된 한자
> 머리(亠)를 감추어야(乚) 할 정도로 망하여 달아나니 **망할 망, 달아날 망(亡)**
> 또 망하여 죽으니 **죽을 망(亡)**
> 망한(亡) 마음(心)처럼 잊으니 **잊을 망(忘)**
> 마음(忄)이 망할(亡) 정도로 바쁘니 **바쁠 망(忙)**
> (그릇된 생각이나 행동으로) 정신이 망한(亡) 여자(女)처럼 망령되니 **망령될 망(妄)**
> 풀(艹)이 망가진(亡) 티끌이니 **티끌 망(芒)**
> 망한(亡) 눈(目)이면 눈먼 시각장애인이니 **눈멀 맹, 시각장애인 맹(盲)**

이 한자들을 옥편에서 찾으려면 잊을 망(忘)과 바쁠 망(忙)은 마음 심(心)부에서, 망령될 망(妄)은 여자 녀(女)부에서, 티끌 망(芒)은 초 두(艹)부에서, 눈멀 맹, 시각장애인 맹(盲)은 눈 목(目)부에서 찾아야 하고, 서로 연관 없이 따로따로 익혀야 하니 어렵고 비효율적이지요.

> **예** 忘 忙 芒 盲

그러나 부수가 아니더라도 여러 한자들의 공통 부분인 망할 망(亡)을 고정해 놓고, 망한(亡) 마음(心)처럼 잊으니 잊을 망(忘), 마음(忄)이 망할(亡) 정도로 바쁘니 바쁠 망(忙), 정신이 망한(亡) 여자(女)처럼 망령되니 망령될 망(妄), 풀(艹)이 망가진(亡) 티끌이니 티끌 망(芒), 망한(亡) 눈(目)이면 눈먼 시각장애인이니 눈멀 맹, 시각장애인 맹(盲)의 방식으로 익히면, 한 번에 여러 한자를 쉽고도 재미있게 익힐 수 있지요.

한자 3박자 연상 학습법

● 연결 고리로 익히기

한자는 앞 글자에 조금씩만 붙이면 새로운 뜻의 한자가 계속 만들어져, 여러 한자를 하나의 연결 고리로 꿸 수 있는 경우도 많습니다.

> **예** 도인인인(刀刃忍認) - 刀에서 연결 고리로 된 한자
> 칼 모양을 본떠서 **칼 도**(刀)
> 칼 도(刀)의 날(丿) 부분에 점(丶)을 찍어서 **칼날 인**(刃)
> 칼날(刃)로 마음(心)을 위협하면 두려워 참으니 **참을 인**(忍)
> 하고 싶은 말(言)이 있어도 참고(忍) 인정하니 **인정할 인**(認)

칼 모양을 본떠서 칼 도(刀), 칼 도(刀)에 점 주, 불똥 주(丶)면 칼날 인(刃), 칼날 인(刃)에 마음 심(心)이면 참을 인(忍), 참을 인(忍)에 말씀 언(言)이면 인정할 인(認)이 되지요.

● 비슷한 한자 어원으로 구별하기

비슷한 한자도 많아 혼동될 때가 많은데, 이 경우도 어원으로 구분하면 쉽고도 분명하게 구분되고, 오래도록 잊히지 않습니다.

> **예** 분분(粉紛) - 粉과 비슷한 한자
> 쌀(米) 같은 곡식을 나눈(分) 가루니 **가루 분**(粉)
> 실(糸)을 나누면(分) 헝클어져 어지러우니 **어지러울 분**(紛)

> **예** 여노 서노(如奴 恕怒) - 如, 恕와 비슷한 한자
> 여자(女)의 말(口)은 대부분 부모나 남편의 말과 같으니 **같을 여**(如)
> 여자(女)의 손(又)처럼 힘들게 일하는 종이니 **종 노**(奴)
> 예전과 같은(如) 마음(心)으로 용서하니 **용서할 서**(恕)
> 일이 힘든 종(奴)의 마음(心)처럼 성내니 **성낼 노**(怒)

그림으로 생각해 보기

한자가 부수나 독립된 한자로 나눠지지 않을 경우, 이 한자는 무엇을 본떠서 만들었는지 생각해서 본뜬 물건이 나오면 상형(象形)으로 만들어진 한자고, 본뜬 물건이 나오지 않으면 보이지 않는 무슨 일을 추상하여 만든 지사(指事)로 된 한자입니다.

- **상형** 가지 달린 나무를 본떠서 **나무 목(木)**
- **지사** 일정한 기준(一)보다 위로 오르는 모양을 생각하여 **위 상, 오를 상(上)**

하나의 한자에 여러 뜻이 있으면, 그 이유를 생각해서 익히기

한자도 처음 만들어질 때는 하나의 한자에 하나의 뜻이었지만, 생각이 커지고 문화가 발달할수록 더 많은 한자가 필요하게 되었어요. 그럴 때마다 새로운 한자를 만든다면 너무 복잡해지니, 이미 있던 한자에 다른 뜻을 붙여 쓰게 되었지요.

그러나 아무렇게 붙여 쓰는 것이 아니고, 그런 뜻이 붙게 된 이유가 분명히 있으니, 무조건 외는 시간에 "이 한자는 왜 이런 뜻으로도 쓰일까?"를 생각하여 "아~해!^^ 그래서 이 한자에 이런 뜻이 붙었구나!"를 스스로 터득하면서 익히면 훨씬 효과적이지요.

예를 들어 '해를 본떠서 만든 해 일(日)'이면 '해 일'이지 어찌 '날 일'의 뜻도 있을까? 아하~! 해가 뜨고 짐으로 구분되는 날이니 '날 일'이라는 뜻이 붙었구나!

앞에 나왔던 쓸 고, 괴로울 고(苦)의 경우도 '쓸 고'면 '쓸 고'지 어찌 '괴로울 고'의 뜻도 있을까? 조금만 생각해도 맛이 쓰면 먹기에 괴로우니 '괴로울 고(苦)'도 되었음을 금방 알게 되지요.

한자 3박자 연상 학습법

● 한자마다 반드시 예(例)까지 알아두기

한자를 익히면 반드시 그 글자가 쓰인 예(例)까지, 자주 쓰이는 낱말이나 고사성어 중에서 적절한 예(例)를 골라 익히는 습관을 들이세요. 그러면 "어? 이 한자가 이런 말에도 쓰이네!" 하면서 그 한자를 더 분명히 알 수 있을뿐더러, 그 한자가 쓰인 단어들까지 정확히 알 수 있으니, 정확하고 풍부한 어휘실력을 기를 수 있는 지름길이 됩니다.

어휘 풀이도 의역 위주로 된 사전식으로 단어 따로 뜻 따로 억지로 외지 마시고, 먼저 아는 한자를 이용하여 직역(直譯)해 보고, 다음에 의역(意譯)해 보는 습관을 들이세요. 그래야 어휘의 뜻도 분명히 알 수 있으면서, 한자 실력도 쑥쑥 늘어납니다.

● 기대되는 효과

이상 일곱 가지 방법을 종합하여 '한자 3박자 연상 학습법'을 만들었습니다.

한자 3박자 연상 학습법으로 한자를 익히면, 복잡하고 어려운 한자에 대하여 자신감을 넘어 큰 재미를 느낄 것이며, 한자 3박자 연상 학습법이 저절로 익혀져, 한자 몇 자 아는 데 그치지 않고, 어떤 한자를 보아도 자신 있게 분석해 보고 뜻을 생각해 볼 수 있는 안목도 생깁니다.

또 일상생활에서 만나는 어려운 단어의 뜻도 막연히 껍데기로만 알지 않고 분명하게 아는 습관이 생겨, 정확하고 풍부한 어휘 실력이 길러지고, 이를 바탕으로 자신 있는 언어생활, 나아가 자신 있는 사회생활을 하게 되며, 중국어나 일본어도 70% 이상 한 셈이 됩니다.

◯ 한자 3박자 연상 학습법에 따른 학습법

1박자 학습

첫 번째로 나온 한자는 아래에 나온 한자들의 기준이 되는 '기준 한자'이며, 1박자 학습 시엔 기준 한자부터 오른쪽에 설명되어 있는 생생한 어원과 함께 익힙니다. (또한 필순/배정급수/총 획수/부수 등이 표시되어 있으니 이 또한 참고하며 익히세요.)

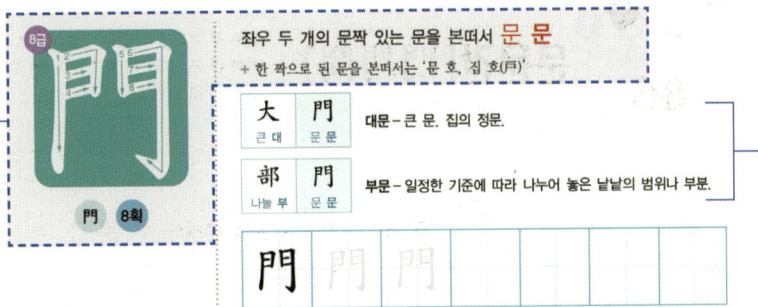

2박자 학습

기준 한자를 중심으로 연결 고리로 된 다른 한자들(첫 번째 한자 아래에 나온 한자들)을 오른쪽의 생생한 어원과 함께 자연스럽게 연상하며 익힙니다.

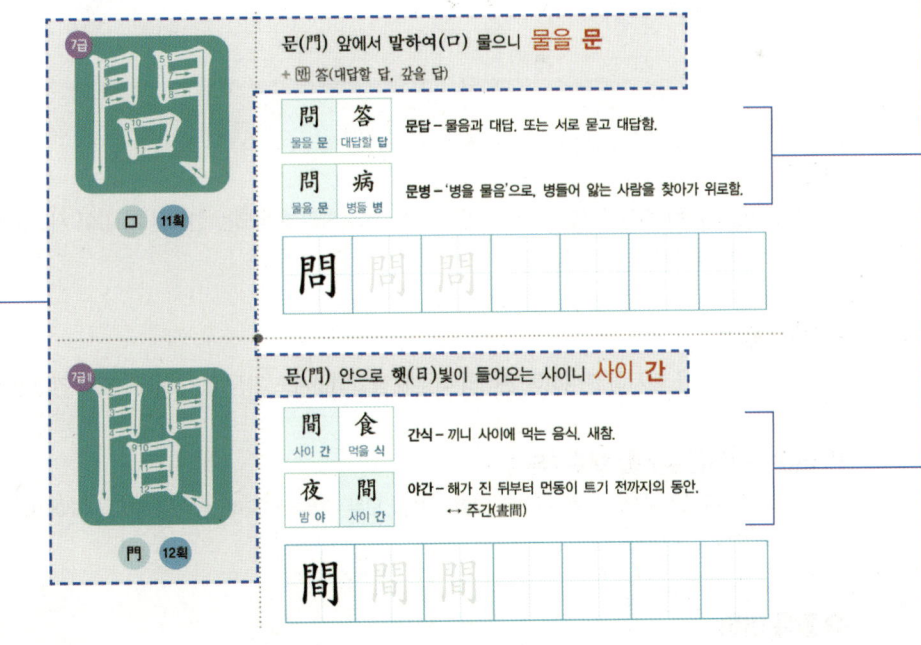

3박자 학습

어원을 중심으로 한자들을 자연스럽게 연상하며 익히는 것과 함께, 일상생활이나 교과서에서 자주 사용되는 어휘들을 익히도록 합니다.

책의 구성 & 특징

① 한자 익히기

본 교재는 6급 배정한자 300자를 공통점이 있는 한자들끼리 묶어 제목번호 001번부터 200번까지 총 200개의 그룹으로 나눈 뒤 '한자 3박자 연상 학습법'에 따라 공부할 수 있도록 구성하였습니다.

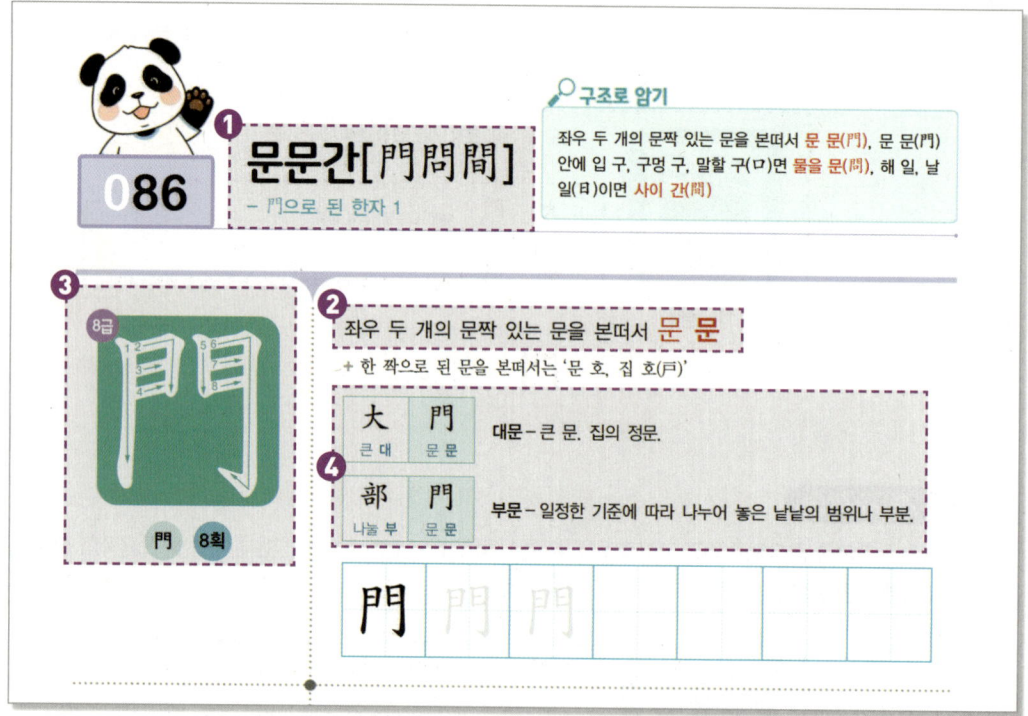

❶ 제목

'같은 어원으로 된 한자들, 연결 고리로 된 한자들, 비슷하여 혼동되는 한자들'과 같이 서로 관련된 한자들을 한데 묶은 그룹의 제목입니다.

❷ 어원 풀이

각 한자의 어원을 철저히 분석하여 원래의 어원에 충실하면서도 가장 쉽게 이해되도록 간단명료하게 풀었습니다.

❸ 필순 / 배정급수 / 총 획수 / 부수

각 한자의 필순 및 배정급수 등 한자에 대한 정보를 모두 수록하였으며, 필순을 한자 내부에 표기하여 한자를 바르게 써 볼 수 있도록 하였습니다.

❹ 활용 어휘

일상생활이나 교과서에서 자주 사용되는 어휘, 한자능력검정시험에 자주 출제되는 어휘들을 뽑아 수록하였습니다.

② 실력 체크 퀴즈

매일 한자 학습을 마친 뒤 실력 체크 퀴즈를 통해 오늘 배운 내용을 복습하고, 실제 시험 문제와 같은 유형의 문제를 풀어 보며 실력 점검을 할 수 있도록 하였습니다.

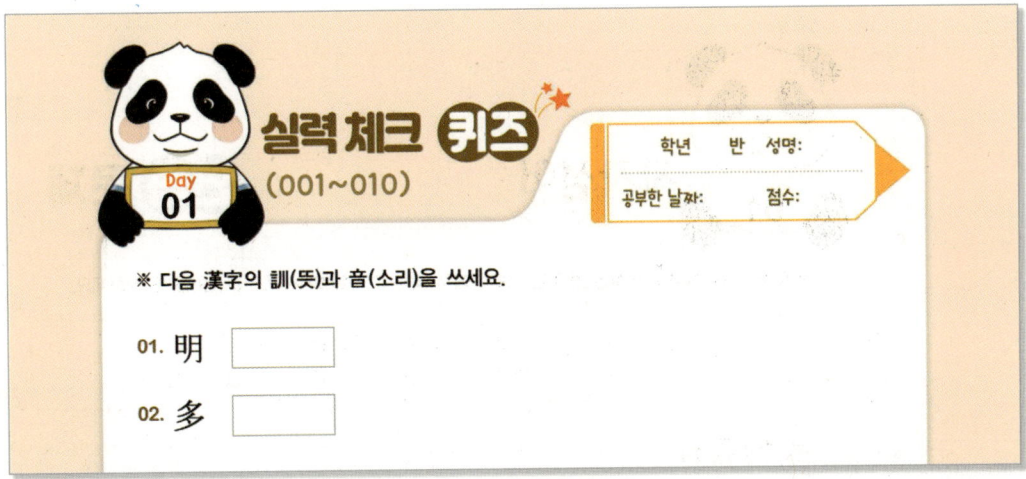

③ 한자 응용하기

시험에 반드시 출제되는 사자성어, 동음이의자, 유의자, 반대자/상대자 등의 문제에 대비할 수 있도록 출제 유형별 한자만 따로 뽑아 꼼꼼히 학습할 수 있도록 하였습니다.

ㄱ

公明正大(공명정대)
'공평하고 밝고 바르고 큼'으로, 하는 일이나 태도가 아주 정당하고 떳떳함.
+ 公(공평할 공), 明(밝을 명), 正(바를 정), 大(큰 대)

九死一生(구사일생)
여러 번 죽을 고비를 넘기고 간신히 살아남.
+ 九(많을 구), 死(죽을 사), 一(한 일), 生(살 생)

綠水青山(녹수청산)
푸른 물와 푸른 산.
+ 綠(푸를 록), 水(물 수), 青(푸를 청), 山(산 산)

ㄷ

同苦同樂(동고동락)
'같이 고생하고 같이 즐거워함'으로, 고락(苦樂)을 같이 하며 함께 삶.
+ 同(같을 동), 苦(쓸 고, 괴로울 고), 同(같을 동), 樂(즐길 락)

책의 구성 & 특징

④ 연습 문제

사자성어, 동음이의어, 유의자, 반대자/상대자 학습을 마친 뒤 연습 문제를 통해 각 파트별 출제 유형을 파악하고 실력을 점검할 수 있도록 하였습니다.

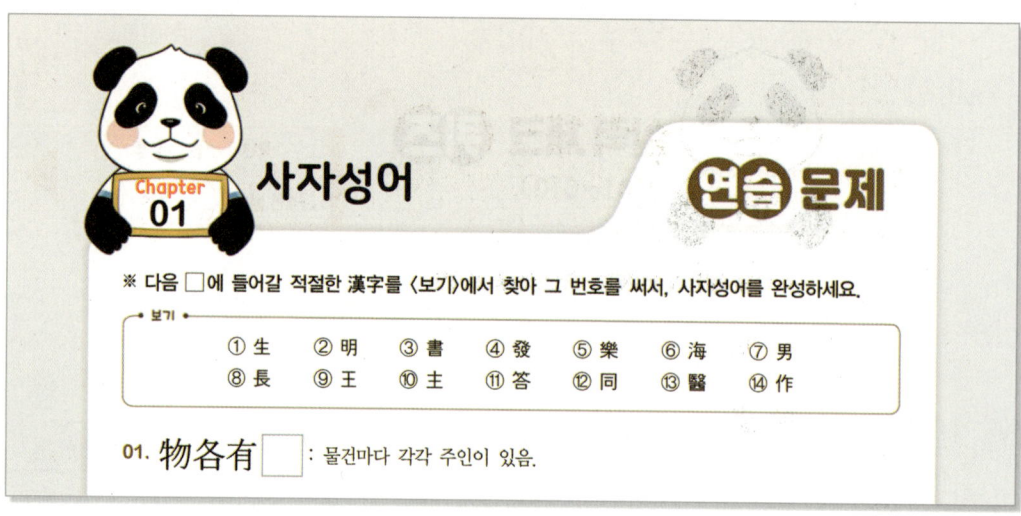

⑤ 실전 모의고사

시험 전 모의고사를 풀어보며 실제 시험의 출제 경향을 파악하고 나의 실력을 정확히 점검할 수 있도록 실전 모의고사 3회분을 수록하였습니다. 정답 및 해설은 262p에서 확인할 수 있습니다.

⑥ 특별 부록 - 빅데이터 합격 한자

시험 전 중요한 내용만 빠르게 복습할 수 있도록, 빅데이터를 기반으로 빈출순으로 정리한 6급 배정한자 300자와 예상 문제 180개를 소책자에 수록하였습니다.

TIP 시험장에 들고 가 마지막까지 내 실력을 점검해 보세요!

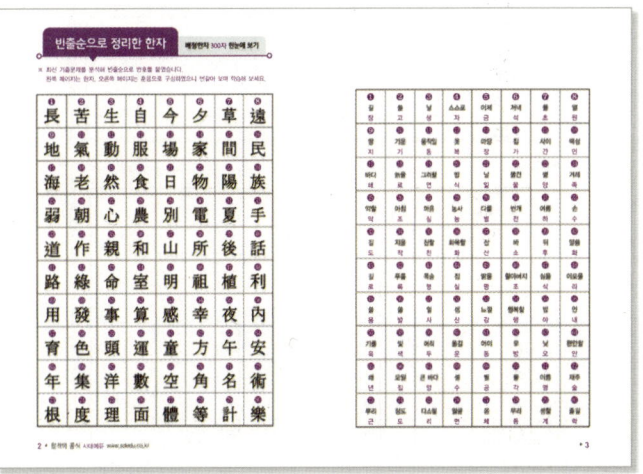

⑦ 특별 부록 - 빈출 한자 카드

빈출 한자 50자, 빈출 한자어 25개, 빈출 사자성어 25개를 카드 형태로 수록하여, 점선을 따라 오려서 한자 카드로 활용할 수 있도록 하였습니다.

책의 구성 & 특징

⑧ 부가 자료 (PDF 파일)

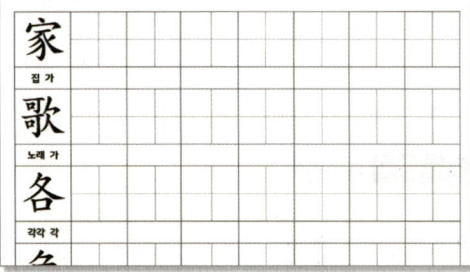

한자 쓰기노트
한자를 더 많이 쓰며 복습할 수 있도록 한자 쓰기노트 PDF 파일을 제공합니다.

어문회 답안지
정답을 시험지가 아닌 답안지에 따로 기입하여 제출해야 하는 어문회 시험 특성상, 답안지 작성을 미리 연습할 수 있도록 어문회 답안지 PDF 파일을 제공합니다.

⑨ 부가 자료 (MP3 파일)

한자 듣기 자료
학습 시 한자 어원 풀이를 함께 들으며 학습할 수 있도록 MP3 파일을 제공합니다.

부가 자료 다운로드 방법 * 우측 QR코드를 스캔하여 바로 접속 가능!

① PDF 파일
www.sdedu.co.kr 접속 → 학습자료실 → 도서업데이트
→ 〈어문회 한자능력검정시험 6급 한 권으로 끝내기〉 검색 후 다운로드

PDF 다운로드

② MP3 파일
www.sdedu.co.kr 접속 → 학습자료실 → MP3
→ 〈어문회 한자능력검정시험 6급 한 권으로 끝내기〉 검색 후 다운로드

MP3 다운로드

30일 완성 학습 플래너

✓ **달성 개수를 채워가며 학습해 봅시다.**

날짜	달성	학습 범위	날짜	달성	학습 범위
Day 01	☐	Day 01 학습	Day 16	☐	Day 15 복습
				☐	Day 16
Day 02	☐	Day 01 복습	Day 17	☐	Day 16 복습
	☐	Day 02		☐	Day 17
Day 03	☐	Day 02 복습	Day 18	☐	Day 17 복습
	☐	Day 03		☐	Day 18
Day 04	☐	Day 03 복습	Day 19	☐	Day 18 복습
	☐	Day 04		☐	Day 19
Day 05	☐	Day 04 복습	Day 20	☐	Day 19 복습
	☐	Day 05		☐	Day 20
Day 06	☐	Day 05 복습	Day 21	☐	Day 20 복습
	☐	Day 06		☐	사자성어 ㉠~㉥
Day 07	☐	Day 06 복습	Day 22	☐	사자성어 ㉠~㉥ 복습
	☐	Day 07		☐	사자성어 ㉦~㉪
Day 08	☐	Day 07 복습	Day 23	☐	사자성어 ㉦~㉪ 복습
	☐	Day 08		☐	사자성어 ㉫~㉰
Day 09	☐	Day 08 복습	Day 24	☐	사자성어 ㉫~㉰ 복습
	☐	Day 09		☐	동음이의자 ㉠~㉦
Day 10	☐	Day 09 복습	Day 25	☐	동음이의자 ㉠~㉦ 복습
	☐	Day 10		☐	동음이의자 ㉧~㉰
Day 11	☐	Day 10 복습	Day 26	☐	동음이의자 ㉧~㉰ 복습
	☐	Day 11		☐	유의자
Day 12	☐	Day 11 복습	Day 27	☐	유의자 복습
	☐	Day 12		☐	반대자/상대자
Day 13	☐	Day 12 복습	Day 28	☐	반대자/상대자 복습
	☐	Day 13		☐	제1회 실전 모의고사
Day 14	☐	Day 13 복습	Day 29	☐	제2회 실전 모의고사
	☐	Day 14			
Day 15	☐	Day 14 복습	Day 30	☐	제3회 실전 모의고사
	☐	Day 15			

이 책의 차례

제1편 한자 익히기

6급 배정한자(DAY 01 ~ 20) · 002

제2편 한자 응용하기

제1장 사자성어 · 224
제2장 동음이의자 · 231
제3장 유의자 · 238
제4장 반대자/상대자 · 242

제3편 실전 모의고사

제1회 실전 모의고사 · 250
제2회 실전 모의고사 · 254
제3회 실전 모의고사 · 258
정답 및 해설 · 262

제4편 한자 찾아보기

한자 찾아보기 · 278

최신 기출문제에서 뽑은 빈출 한자 50

今	氣	間	食	弱
5	10	15	20	25

白	地	家	然	族
4	9	14	19	24

士	道	場	老	陽
3	8	13	18	23

苦	草	服	海	物
2	7	12	17	22

衣	夕	動	民	日
1	6	11	16	21

※ 점선을 따라 가위로 오려서 한자 카드로 활용하세요!

1 長	2 苦	3 生	4 自	5 今
6 夕	7 草	8 送	9 地	10 氣
11 動	12 服	13 場	14 家	15 間
16 民	17 海	18 老	19 然	20 食
21 日	22 物	23 陽	24 族	25 弱

한자 기초급한자 아시 틀림 한자 하기 50

1 이제 금	2 스스로 자	3 날 생	4 쓸 고	5 길 장
6 기운 기	7 땅 지	8 꽃 원	9 풀 초	10 저녁 석
11 사이 간	12 집 가	13 마당 장	14 옷 복	15 움직일 동
16 밥 식	17 그러할 연	18 늙을 로	19 바다 해	20 백성 민
21 향할 향	22 겨레 족	23 낼 발	24 물건 물	25 음 부

26 아침 조	27 마음 심	28 농사 농	29 다를 별	30 번개 전
31 여름 하	32 손 수	33 길 도	34 지을 작	35 느낄 감
36 화목할 화	37 산 산	38 바 소	39 뒤 후	40 말씀 화
41 길 로	42 일 사	43 목숨 명	44 집 실	45 밝을 명
46 조상 조	47 심을 식	48 이로울 리	49 쓸 용	50 쓸 발

朝	复	和	路	祖
心	子	山	事	植
农	道	所	命	利
别	作	被	室	用
电	感	话	明	发

초1 기초맞춤법 어휘 활용 낱말 카드놀이 25

1 자연 사람의 힘이 더해지지 아니하고 저절로 생겨난 산, 강, 바다, 식물, 동물 따위의 존재.	6 시작 어떤 일이나 행동의 처음 단계를 이루거나 그렇게 하게 함.	11 승리 겨루어서 이김.	16 생명 사람이 살아서 숨쉬고 활동할 수 있게 하는 힘.	21 전기 전자나 이온들의 움직임 때문에 생기는 에너지의 한 형태.
2 태양 지구에서 가장 가까운 거리에 있는, 태양계의 중심이 되는 별.	7 정원 집 안에 있는 뜰이나 꽃밭.	12 오전 자정부터 낮 열두 시까지의 시간.	17 온도 따뜻함과 차가움의 정도. 또는 그것을 나타내는 수치.	22 성공 목적하는 바를 이룸.
3 좌우 왼쪽과 오른쪽을 아울러 이르는 말.	8 근본 사물의 본질이나 본바탕.	13 시간 어떤 시각에서 어떤 시각까지의 사이. 또는 때의 흐름.	18 현재 지금의 시간.	23 교실 학교에서 학습 활동이 이루어지는 방.
4 형제 형과 아우를 아울러 이르는 말.	9 번호 차례를 나타내거나 식별하기 위해 붙이는 숫자.	14 매일 날마다.	19 편리 편하고 이로우며 이용하기 쉬움.	24 식물 온갖 나무와 풀의 총칭.
5 교육 가르쳐서 기름.	10 계산 수나 값을 헤아림. 또는 어떤 일을 예상하거나 고려함.	15 의복 옷.	20 편안 편하고 걱정 없이 좋음.	25 음식 사람이 먹을 수 있도록 만든, 밥이나 국 따위의 물건.

1 自然	2 太陽	3 左右	4 兄弟	5 教育
6 始作	7 庭園	8 根本	9 番號	10 計算
11 勝利	12 午前	13 時間	14 每日	15 衣服
16 姓名	17 溫度	18 現在	19 便利	20 便安
21 電氣	22 成功	23 敎室	24 植物	25 飮食

한자 기초인지 어휘 활용 사자성어 25

※ 점선을 따라 가위로 오려서 문장 카드로 활용하세요!

① 춘하추동
봄·여름·가을·겨울의 네 계절.

② 동서고금
동양과 서양, 옛날과 지금을 통틀어 이르는 말.

③ 구사일생
아홉 번 죽을 뻔하다 한 번 살아난다는 뜻으로, 죽을 고비를 여러 차례 넘기고 겨우 살아남을 이르는 말.

④ 천만다행
아주 다행함.

⑤ 일조일석
하루의 아침과 하루의 저녁이란 뜻으로, 짧은 시일을 이르는 말.

⑥ 작심삼일
단단히 먹은 마음이 삼일을 가지 못한다는 뜻으로, 결심이 굳지 못함을 이르는 말.

⑦ 공명정대
하는 일이나 태도가 사사로움이나 그릇됨이 없이 아주 정당하고 떳떳함.

⑧ 십중팔구
열 가운데 여덟이나 아홉 정도로 거의 대부분이거나 거의 틀림없음.

⑨ 청풍명월
맑은 바람과 밝은 달.

⑩ 무전성시
찾아오는 사람이 많아 집 문 앞이 시장을 이루다시피 함을 이르는 말.

⑪ 전광석화
번갯불이나 부싯돌의 불이 번쩍거리는 것과 같이 매우 짧은 시간이나 매우 재빠른 움직임을 이르는 말.

⑫ 자손만대
오래도록 내려오는 여러 대.

⑬ 화조월석
꽃 피는 아침과 달 밝은 밤이라는 뜻으로, 경치가 좋은 시절을 이르는 말.

⑭ 남녀노소
남자와 여자, 늙은이와 젊은이란 뜻으로, 모든 사람을 이르는 말.

⑮ 이팔청춘
16세 무렵의 꽃다운 청춘. 또는 혈기 왕성한 젊은 시절.

⑯ 인명재천
사람의 목숨은 하늘에 달려 있다는 뜻으로, 목숨의 길고 짧음은 사람의 힘으로 어쩔 수 없음.

⑰ 동고동락
괴로움도 즐거움도 함께 함.

⑱ 산천초목
산과 내와 풀과 나무라는 뜻으로, '자연'을 이르는 말.

⑲ 주야장천
밤낮으로 쉬지 아니하고 연달아.

⑳ 동서남북
동쪽·서쪽·남쪽·북쪽이라는 뜻으로, 모든 방향을 이르는 말.

㉑ 생사고락
삶과 죽음, 괴로움과 즐거움을 통틀어 이르는 말.

㉒ 배의민족
흰옷을 입은 민족이라는 뜻으로, '한민족'을 이르는 말.

㉓ 일장일단
일면의 장점과 다른 일면의 단점을 통틀어 이르는 말.

㉔ 동성동본
성(姓)과 본관(本貫)이 모두 같음.

㉕ 대한민국
한민족이 세운 우리나라.

1 春夏秋冬	2 東西古今	3 九死一生	4 千萬多幸	5 一朝一夕
6 作心三日	7 公明正大	8 十中八九	9 淸風明月	10 門前成市
11 電光石火	12 子孫萬代	13 花朝月夕	14 男女老少	15 二八靑春
16 人名在天	17 同苦同樂	18 山川草木	19 晝夜長川	20 東問西答
21 生死苦樂	22 白衣民族	23 一長一短	24 同姓同本	25 大韓民國

제 1 편

한자 익히기

6급 배정한자(DAY 01~20)

001 수영[水永]
– 水로 된 한자

🔍 구조로 암기

잠겨 있는 물에 물결이 이는 모양을 본떠서 **물 수(水)**, 물 수(水) 위에 점 주, 불똥 주(丶)면 **길 영, 오랠 영(永)**

8급
水 4획

잠겨 있는 물에 물결이 이는 모양을 본떠서 **물 수**

👨 선생님의 한 말씀

글자의 왼쪽에 붙는 부수인 변으로 쓰일 때는 氵 모양으로 점이 셋이니 '삼 수 변', 글자의 아래에 붙는 부수인 발로 쓰일 때는 氺 모양으로 '물 수 발'이라 부릅니다.

食	水
먹을 식	물 수

식수 – 먹는 물.

溫	水
따뜻할 온	물 수

온수 – 따뜻한 물.

6급
水 5획

높은 산 한 방울(丶)의 물(水)도 길게 오래 흘러 강과 바다를 이루니 **길 영, 오랠 영**

+ 丶('점 주, 불똥 주'지만 여기서는 물방울로 봄) – 제목번호 007 太 참고

永	遠
길 영	멀 원

영원 – '길고 멂'으로, 언제까지나 계속되어 끝이 없음.

永	住
오랠 영	살 주

영주 – (한 곳에) 오래 삶.

👨 선생님의 한 말씀

한 덩어리로 얼어붙음을 강조하기 위해 물 수(水)에 점 주, 불똥 주(丶)를 처음 쓰는 왼쪽에 붙여 한 덩어리로 얼어붙음을 나타내면 '얼음 빙(冰)', 위에 붙여 물이 흐르기 시작하는 높은 산을 나타내면 '길 영, 오랠 영(永)'입니다.

002 산출 [山出]
– 山으로 된 한자

구조로 암기
높고 낮은 산봉우리를 본떠서 산 산(山), 산 산(山) 아래에 산 산(山)이면 날 출, 나갈 출(出)

8급

山 3획

높고 낮은 산봉우리(⛰)를 본떠서 **산 산**

山 산 산	林 수풀 림	산림 – 산과 숲. 또는 산에 있는 숲.
江 강 강	山 산 산	강산 – 강과 산.
登 오를 등	山 산 산	등산 – 산에 오름.

7급

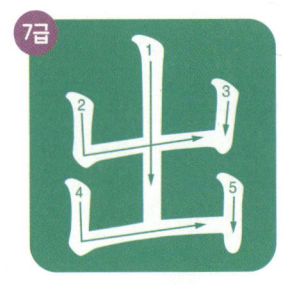

凵 5획

높은 데서 보면 산(山) 아래 또 산(山)이 솟아 나오고 나가니 **날 출, 나갈 출**

+ 밴 入(들 입)

| 出 나갈 출 | 家 집 가 | 출가 – '집을 나옴'으로, 집을 나와 중이 됨. |
| 家 집 가 | 出 나갈 출 | 가출 – (가족과의 불화 등으로) 집을 나감. |

선생님의 한 말씀
한자로 된 단어는 글자 순서를 바꾸어도 대부분 같은 뜻이지만, 出家와 家出처럼 다른 뜻으로 쓰이는 경우도 있습니다.

003 일 왈 [日 曰]
- 日과 曰

🔍 **구조로 암기**

해의 둥근 모양과 해 가운데의 흑점을 본떠서 해 일(日), 또 해가 뜨고 짐으로 구분하는 날이니 날 일(日), 입(口)으로 소리(一)내며 가로니 나옴을 본떠서 가로 왈(曰)

8급

 4획

해의 둥근 모양과 해 가운데의 흑점을 본떠서 **해 일**

또 해가 뜨고 짐으로 구분하는 날이니 **날 일**

+ 맨 月(달 월, 육 달 월)

💬 **선생님의 한 말씀**

해 일, 날 일(日)처럼 둥근 것을 본떠서 만든 한자가 네모인 이유 - 한자가 만들어졌을 때는 좋은 필기도구가 없어서, 나무나 돌 같은 딱딱한 곳에 딱딱한 도구로 글자를 새겼으니 둥글게 새기기보다 모나게 새기기가 쉬웠기 때문이지요.

 일광 – 햇빛.

 금일 – '오늘날'로, '오늘'의 한자어.

| 來 | 日 | 내일 – '오는 날'로, 오늘의 바로 다음날.
| 올 내 | 날 일 |

3급

 4획

입(口)으로 소리(一)내며 가로니 **가로 왈**

+ 가로다 – '말하다'를 예스럽게 이르는 말.
+ 예스럽다 – 옛것과 같은 맛이나 멋이 있다.
+ 口(입 구, 구멍 구, 말할 구) – 제목번호 019 참고, 一('한 일'이지만 여기서는 소리가 나오는 모양으로 봄)

💬 **선생님의 한 말씀**

세로로 길면 해 일, 날 일(日), 가로로 길면 가로 왈(曰) – 해처럼 둥근 것은 어디로 길쭉해도 되지만 입은 가로로 길쭉하기 때문에 이렇게 만들었네요.

004 월명[月明]
– 月로 된 한자

> **구조로 암기**
>
> 초승달을 본떠서 달 월(月), 또 고기 육(肉)의 변형으로 보아서, 고기 육(肉)이 부수로 쓰일 때의 모양으로 육 달 월(月), 달 월, 육 달 월(月) 앞에 해 일, 날 일(日)이면 밝을 명(明)

8급

月 4획

초승달()을 본떠서 **달 월**

또 고기 육(肉)의 변형으로 보아서, 고기 육(肉)이 부수로 쓰일 때의 모양으로 **육 달 월**

+ 日(해 일, 날 일)

선생님의 한 말씀

달은 둥글 때보다 이지러진 모양으로 더 많이 보이니 초승달의 모양을 본떠서 '달 월(月)'이지요. 또 고기 육(肉)이 글자의 왼쪽에 붙는 부수인 변으로 쓰일 때의 모양으로도 보는데, 이때는 '달 월'과 구분하여 '육 달 월'이라 부르지요.

明	月
밝을 명	달 월

명월 – 밝은 달.

月	光
달 월	빛 광

월광 – 달빛.

6급 II

日 8획

해(日)와 달(月)이 함께 뜬 것처럼 밝으니 **밝을 명**

明	白
밝을 명	깨끗할 백

명백 – 의심할 바 없이 아주 뚜렷함.

分	明
분별할 분	밝을 명

분명 – 틀림없이 확실하게.

005 석다 [夕 多]
― 夕으로 된 한자

> 🔍 **구조로 암기**
> 초승달(月) 일부가 구름에 가려진 모양을 본떠서 **저녁 석(夕)**, 저녁 석(夕) 아래에 저녁 석(夕)이면 **많을 다(多)**

7급

夕 3획

초승달(月) 일부가 구름에 가려진 모양을 본떠서 **저녁 석**

+ 〔반〕朝(아침 조, 조정 조, 뵐 조)

> 👨 **선생님의 한 말씀**
> 어두워지는 저녁에 보이는 것은 초승달뿐인데 초승달을 본떠서는 이미 달 월(月)을 만들었으니, 초승달의 일부가 구름에 가려진 모양으로 '저녁 석(夕)'을 만든 것이죠. 초승달은 초저녁 서쪽 하늘에 잠깐 떴다가 지니까요.

夕	陽
저녁 석	볕 양

석양 – 저물녘의 햇볕.

朝	夕
아침 조	저녁 석

조석 – 아침과 저녁.

6급

夕 6획

(세월이 빨라) 저녁(夕)과 저녁(夕)이 거듭되어 많으니 **많을 다**

+ 〔반〕少(적을 소, 젊을 소)

多	讀
많을 다	읽을 독

다독 – 많이 읽음.

多	數
많을 다	셀 수

다수 – 많은 수. 수효가 많음.

006 인 입 [人 入]
― 人과 入

구조로 암기
다리 벌리고 서 있는 사람을 본떠서 **사람 인**(人), 사람(人)이 머리 숙이고 들어가는 모양을 본떠서 **들 입**(入)

8급

人 2획

다리 벌리고 서 있는 사람을 본떠서 **사람 인**

선생님의 한 말씀
글자의 변으로 쓰일 때는 '사람 인 변(亻)', 글자의 발로 쓰일 때는 '사람 인 발(儿)'입니다.

老	人
늙을 노	사람 인

노인 ― (나이 들어) 늙은 사람.

愛	人
사랑 애	사람 인

애인 ― 사랑하는 사람. 또는 남을 사랑함.

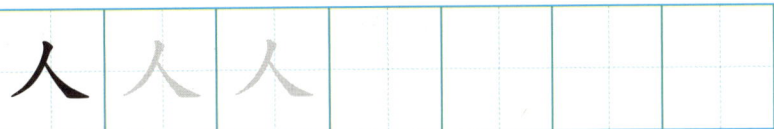

7급

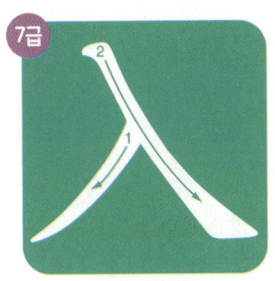

入 2획

사람(人)이 머리 숙이고 들어가는 모양을 본떠서 **들 입**

+ 반 出(날 출, 나갈 출)

入	口
들 입	구멍 구

입구 ― 들어가는 구멍(문). ↔ 출구(出口).

入	學
들 입	학교 학

입학 ― 학생이 되어 공부하기 위해 학교에 들어감.

出	入
나갈 출	들 입

출입 ― 나감과 들어옴.

007 대태 [大 太]
– 大로 된 한자

구조로 암기
사람 인(人)에 한 일(一)이면 큰 대(大), 큰 대(大) 아래에 점 주, 불똥 주(丶)면 클 태(太)

8급

大 3획

양팔 벌려(一) 사람(人)이 큼을 나타내어 **큰 대**

+ 반 小(작을 소)
+ 一('한 일'이지만 여기서는 양팔 벌린 모양으로 봄)

大	會
큰 대	모일 회

대회 – ① 큰 모임이나 회의.
② 기술이나 재주를 겨루는 큰 모임.

重	大
귀중할 중	큰 대

중대 – (매우) 귀중하고 큼.

大	大	大				

6급

大 4획

큰 대(大) 아래에 점(丶)을 찍어 더 큼을 나타내어 **클 태**

+ 반 小(작을 소)

선생님의 한 말씀
丶 – 점을 본떠서 '점 주', 또 불이 타면서 튀는 불똥으로도 보아 '불똥 주'

太	平
클 태	평화 평

태평 – ① 나라가 안정되어 아무 걱정 없고 평안함.
② 마음에 아무 근심 걱정이 없음.

太	平	洋
클 태	평평할 평	큰 바다 양

태평양 – 세계에서 가장 큰 오대양의 하나.

太	太	太				

008 천부[天夫]
— 大에 —을 더한 한자

🔍 구조로 암기
큰 대(大) 위에 한 일(—)이면 하늘 천(天), 위 중간에 한 일(—)이면 사내 부, 남편 부(夫)

大 4획

세상에서 제일(—) 큰(大) 것은 하늘이니 **하늘 천**
+ 땐 地(땅 지, 처지 지), 土(흙 토)

天	命
하늘 천	목숨 명

천명 – ① 타고난 수명.
② 타고난 운명.

天	地
하늘 천	땅 지

천지 – 하늘과 땅. 온 세상.

大 4획

한(—) 가정을 거느릴 만큼 큰(大) 사내나 남편이니
사내 부, 남편 부
+ 땐 子(아들 자, 접미사 자)

農	夫
농사 농	사내 부

농부 – 농사를 직업으로 삼는 사내(사람).

工	夫
장인 공	사내 부

공부 – 학문이나 기술을 닦는 일.

제1편 한자 익히기

009 일이 [一 二]
− 숫자

🔍 **구조로 암기**
나무토막 하나면 한 일(一), 두 개면 둘 이(二)

8급

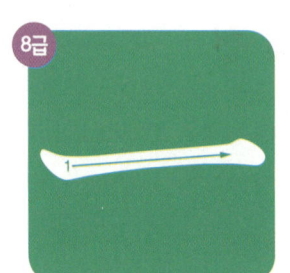

一 1획

나무토막 하나를 옆으로 놓은 모양에서 **한 일**

一	部
한 일	나눌 부

일부 – (전체를 몇 개로 나눈 것의) 일부분.

同	一
같을 동	한 일

동일 – (다른 것과 비교하여) 똑같음.

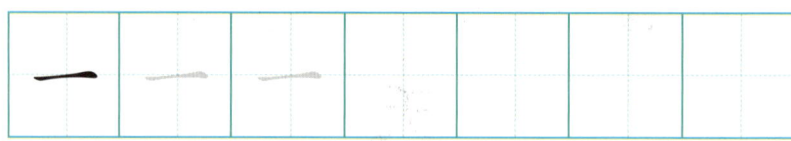

8급

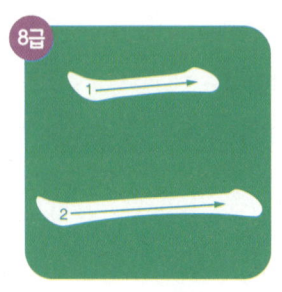

二 2획

나무토막 두 개를 옆으로 놓은 모양에서 **둘 이**

二	重
둘 이	거듭 중

이중 – 두 겹, 또는 두 번 거듭되거나 겹침.

一	口	二	言
한 일	입 구	둘 이	말씀 언

일구이언 – (하나의 일에 대하여) 한 입으로 두 가지 말을 함.

👨‍🏫 **선생님의 한 말씀**

사전 없이도 이 책만으로 쉽고 재미있게 완전히 익히도록 필요한 곳에 모두 주를 달았지만, 바로 앞에 나왔거나 자주 반복되고 쉬운 한자는 주를 생략한 경우도 있습니다. 주에 없으면 바로 앞부분을 참고하세요.

010 삼사 [三四]
– 숫자

🔍 **구조로 암기**

나무토막 세 개면 석 삼(三), 에워싼(口) 부분을 사방으로 나누면(八) 넉 사(四)

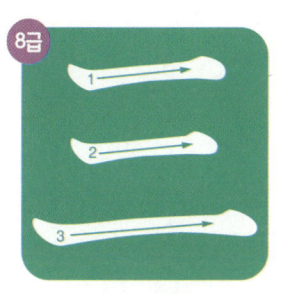

一 3획

나무토막 세 개를 옆으로 놓은 모양에서 **석 삼**

三	南
석 삼	남쪽 남

삼남 – 남쪽의 충청도・전라도・경상도를 함께 이르는 말.

三	國
석 삼	나라 국

삼국 – (고대 우리나라에 있었던) 세 나라. 신라, 백제, 고구려.

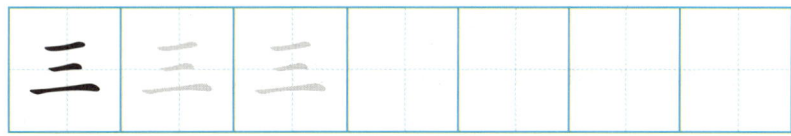

口 5획

에워싼(口) 부분을 사방으로 나누어(八) **넉 사**

+ 口(에운담, 나라 국), 八(여덟 팔, 나눌 팔)

四	方
넉 사	방향 방

사방 – (동, 서, 남, 북) 네 방위.

四	角
넉 사	모날 각

사각 – 네 개의 각.

실력 체크 퀴즈 (001~010)

Day 01

학년   반   성명:
공부한 날짜: 점수:

※ 다음 漢字의 訓(뜻)과 음(소리)을 쓰세요.

01. 明 [　　]

02. 多 [　　]

※ 다음 밑줄 친 漢字語의 독음을 쓰세요.

03. 진리는 <u>永遠</u>하다. [　][　]

04. 우리는 해마다 나라의 <u>太平</u>을 기원한다. [　][　]

05. 우리는 <u>來日</u> 만나기로 약속하고 헤어졌다. [　][　]

※ 다음 밑줄 친 漢字語를 漢字로 쓰세요.

06. 나는 시골에서 <u>출생</u>했다. [　][　]

07. 나는 <u>조석</u>으로 부모님께 문안을 드린다. [　][　]

08. 나는 몇 년 전 초등학교에 <u>입학</u>했다. [　][　]

정답

01. 밝을 명 02. 많을 다 03. 영원 04. 태평 05. 내일 06. 出生 07. 朝夕 08. 入學

011 오륙[五六]
– 숫자

🔍 **구조로 암기**

열(十)을 둘(二)로 나눈(丨) 다섯이니 **다섯 오**(五), 머리(亠)를 중심으로 아래 나눠지는(八) 방향이 동서남북 상하의 여섯이니 **여섯 륙**(六)

二 4획

열(十)을 둘(二)로 나눈(丨) 다섯이니 다섯 오

+ 十(열 십, 많을 십), 丨('뚫을 곤'이지만 여기서는 나누는 모양으로 봄)

👨‍🏫 **선생님의 한 말씀**

五는 어원이 좀 어려우니 그냥 글자대로 익히셔도 됩니다.

五	月
다섯 오	달 월

오월 – 한 해 가운데 다섯째 달.

三	三	五	五
석 삼	석 삼	다섯 오	다섯 오

삼삼오오 – 서너 사람 또는 대여섯 사람이 떼를 지어 다니거나 무슨 일을 함. 또는 그런 모양.

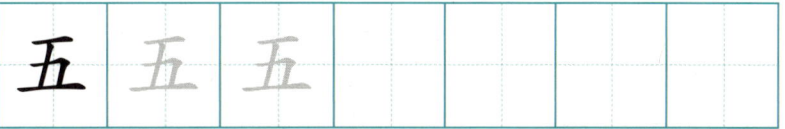

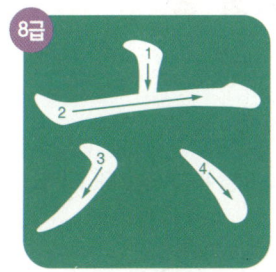

八 4획

머리(亠)를 중심으로 아래 나눠지는(八) 방향이 동서남북 상하의 여섯이니 여섯 륙(육)

+ 亠('머리 부분 두'지만 여기서는 하늘로 봄), 八(여덟 팔, 나눌 팔)

六	神
여섯 륙(육)	귀신 신

육신 – 오방을 지킨다는 여섯 가지 신으로, 동쪽의 청룡, 서쪽의 백호, 남쪽의 주작, 북쪽의 구진, 중앙에는 등사가 각각 지킴.

三	十	六	計
석 삼	열 십	여섯 륙(육)	꾀할 계

삼십육계 – 서른여섯 가지의 꾀.

012 칠팔 [七八]
- 숫자

🔍 **구조로 암기**

하늘의 북두칠성 모양을 본떠서 **일곱 칠**(七), 두 손을 네 손가락씩 위로 편 모양에서 **여덟 팔**(八), 또 양쪽으로 잡아당겨 나누는 모양으로 보아 **나눌 팔**(八)

一 2획

하늘(一)의 북두칠성 모양(乚)을 본떠서 **일곱 칠**

+ 一 ('한 일'이지만 여기서는 하늘로 봄)

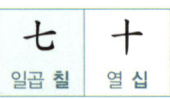

칠십 – 십의 일곱 배가 되는 수. 일흔.

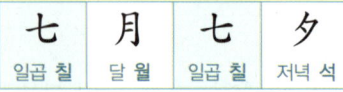

칠월칠석 – 음력 칠월 초이렛날의 저녁. (은하의 서쪽에 있는 직녀와 동쪽에 있는 견우가 오작교에서 일 년에 한 번 만난다는 전설이 있음)

八 2획

두 손을 네 손가락씩 위로 편(✋✋) 모양에서 **여덟 팔**

또 양쪽으로 잡아당겨 나누는 모양으로도 보아 **나눌 팔**

팔십 – 십의 여덟 배가 되는 수.

팔등신 – ① 키가 얼굴 길이의 여덟 배가 되는 몸이나 또는 그런 사람.
② 균형 잡힌 아름다운 몸의 표준.

013 구십[九十]
– 숫자

🔍 구조로 암기
열 십, 많을 십(十)의 가로줄을 구부려 하나가 모자란 아홉이라는 데서 **아홉 구(九)**, 또 아홉은 한 자리 숫자 중에 제일 크고 많으니 **클 구, 많을 구(九)**, 일(一)에 하나(丨)를 그어 한 묶음인 열을 나타내어 **열 십(十)**, 또 전체를 열로 보아 열이면 많다는 데서 **많을 십(十)**

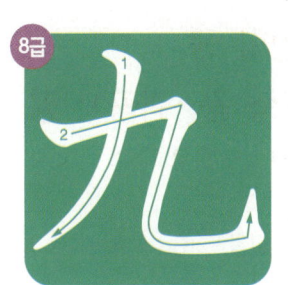

8급 / 乙 / 2획

열 십, 많을 십(十)의 가로줄을 구부려 하나가 모자란 아홉이라는 데서
아홉 구
또 아홉은 한 자리 숫자 중에서 제일 크고 많으니 **클 구, 많을 구**

九	死	一	生
아홉 구	죽을 사	한 일	살 생

구사일생 – '아홉 번 죽다가 한 번 살아남'으로, 여러 번 죽을 고비를 넘기고 간신히 살아남.

十	中	八	九
열 십	가운데 중	여덟 팔	아홉 구

십중팔구 – '열 가운데 여덟이나 아홉'으로, 거의 모두. 대부분.

8급 / 十 / 2획

일(一)에 하나(丨)를 그어 한 묶음인 열(🗄)을 나타내어 **열 십**
또 전체를 열로 보아 열이면 많다는 데서 **많을 십**

數	十
두어 수	열 십

수십 – 십의 여러 배가 되는 수. 또는 그런 수의.

五	十	天	命
다섯 오	열 십	하늘 천	목숨 명

오십천명 – '오십이 되어 천명을 안다'라는 뜻으로, 쉰 살을 달리 이르는 말.

014 공반[公半]
- 八로 된 한자

> 🔍 **구조로 암기**
> 여덟 팔, 나눌 팔(八) 아래에 사사로울 사, 나 사(厶)면 공평할 공, 대중 공, 귀공자 공(公), 둘 이(二)와 뚫을 곤(丨)이면 반 반(半)

八 4획

나눔(八)에 사사로움(厶) 없이 공평하니 **공평할 공**

또 공평한 사람이 대중에게 통하고 귀공자니 **대중 공, 귀공자 공**

+ 八(여덟 팔, 나눌 팔), 厶(사사로울 사, 나 사) - 제목번호 079 참고

公	平
공평할 공	평평할 평

공평 – 어느 쪽으로도 치우치지 않고 고름.

公	開
대중 공	열 개

공개 – (어떤 사실을) 대중에게 엶(알림).

公	公	公					

十 5획

나누어(八) 둘(二)로 가른(丨) 반이니 **반 반**

+ 丨('뚫을 곤'이지만 여기서는 가르는 모양으로 봄)

前	半
앞 전	반 반

전반 – (전체를 반씩 둘로 나눈 것의) 앞쪽 반.

後	半
뒤 후	반 반

후반 – (전체를 반씩 둘로 나눈 것의) 뒤쪽 반.

半	半	半					

015 고고[古苦]
– 古로 된 한자

> 🔍 **구조로 암기**
> 열 십, 많을 십(十) 아래에 입 구, 구멍 구, 말할 구(口)면 **오랠 고, 옛 고(古)**, 오랠 고, 옛 고(古) 위에 초 두(艹)면 **쓸 고, 괴로울 고(苦)**

6급

口　5획

많은(十) 사람의 입에 오르내린 말(口)은 이미 오래된 옛날 이야기니
오랠 고, 옛 고
+ 반 今(이제 금, 오늘 금), 新(새로울 신)
+ 十(열 십, 많을 십), 口(입 구, 말할 구, 구멍 구)

| 古 오랠 고 | 物 물건 물 | 고물 – 오래된 물건. |
| 古 옛 고 | 風 풍속 풍 | 고풍 – ① 옛날의 풍속.
② 예스럽고 아담한 정취가 있는 풍경이나 모습. |

6급

草(艹)　9획

풀(艹) 같은 나물도 오래(古) 자라면 쇠어서 쓰니 **쓸 고**
또 맛이 쓰면 먹기에 괴로우니 **괴로울 고**
+ 반 樂(노래 악, 즐길 락, 좋아할 요)
+ 쇠다 – 채소가 너무 자라서 잎이 뻣뻣하고 억세게 되다.
+ 艹(초 두)

| 苦 괴로울 고 | 樂 즐길 락 | 고락 – 괴로움과 즐거움. |
| 同 같을 동 | 苦 괴로울 고 | 同 같을 동 | 樂 즐길 락 | 동고동락 – 같이 고생하고 같이 즐거워함. |

016 조초[早草]
– 早로 된 한자

구조로 암기
해 일, 날 일(日) 아래에 한 일(一)과 뚫을 곤(丨)이면 일찍 조(早), 일찍 조(早) 위에 초 두(艹)면 풀 초(草)

4급Ⅱ
日 6획

해(日)가 지평선(一) 위로 떠오르는(丨) 아침 일찍이니 **일찍 조**

+ 비 旱(가물 한) – 해(日)를 방패(干)로 막아야 할 정도로 가무니 '가물 한' – 3급
+ 비 – 모양이 비슷한 한자.
+ 一('한 일'이지만 여기서는 지평선으로 봄), 丨('뚫을 곤'이지만 여기서는 떠오르는 모양으로 봄), 干(방패 간, 범할 간, 얼마 간, 마를 간) – 제목번호 103 참고

7급
艹(艹) 10획

(대부분의) 풀(艹)은 이른(早) 봄부터 돋아나니 **풀 초**

선생님의 한 말씀
부수로 쓰일 때는 艹의 형태로, 대부분 글자의 머리 부분에 쓰이니 머리 두(頭)를 붙여 '초 두'라 부릅니다.

| 草 | 家 | 초가 – 볏짚이나 갈대 등으로 지붕을 인 집. |
| 풀 초 | 집 가 | |

| 山 | 川 | 草 | 木 | 산천초목 – '산과 내와 풀과 나무'로, 자연을 가리킴. |
| 산 산 | 내 천 | 풀 초 | 나무 목 | |

017 백백 [白百]
— 白으로 된 한자

> **구조로 암기**
>
> 삐침 별(丿) 아래에 해 일, 날 일(日)이면 **흰 백, 밝을 백, 깨끗할 백, 아뢸 백**(白), 흰 백, 밝을 백, 깨끗할 백, 아뢸 백(白) 위에 한 일(一)이면 **일백 백, 많을 백**(百)

白　5획 (8급)

빛나는(丿) 해(日)처럼 희고 밝으니 **흰 백, 밝을 백**

또 흰색처럼 깨끗하니 **깨끗할 백**

또 깨끗하게 분명히 아뢰니 **아뢸 백**

+ 아뢰다 – '알리다'의 높임말.
+ 丿('삐침 별'이지만, 여기서는 빛나는 모양으로 봄)

백색 – 흰 빛깔.

자백 – 자기가 저지른 죄나 자기의 허물을 남들 앞에서 스스로 고백하거나 또는 그 고백.

 白　6획 (7급)

하나(一)에서 시작하여 아뢰듯(白) 소리치는 단위는 일백이니 **일백 백**

또 일백이면 많으니 **많을 백**

+ 물건을 셀 때 속으로 세다가도 큰 단위에서는 소리침을 생각하고 만든 한자.

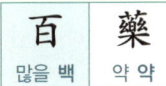
백사 많은 일. 모든 일.

많을 백	약 약
百	藥

백약 많은 약. 또는 여러 가지 약.

018 천선[泉線]
– 泉으로 된 한자

🔍 **구조로 암기**

흰 백, 밝을 백, 깨끗할 백, 아뢸 백(白) 아래에 물 수(水)면 **샘 천**(泉), 샘 천(泉) 앞에 실 사, 실 사 변(糸)이면 **줄 선**(線)

4급 · 水 · 9획

깨끗한(白) 물(水)이 나오는 샘이니 **샘 천**

+ 白(흰 백, 밝을 백, 깨끗할 백, 아뢸 백), 水(물 수)

6급Ⅱ · 糸 · 15획

실(糸)이 샘(泉)의 물줄기처럼 길게 이어지는 줄이니 **줄 선**

+ 糸(실 사, 실 사 변) - 제목번호 084 참고

線	路	
줄 선	길 로	선로 – (차나 전차의) 줄 같은 길.

直	線	
곧을 직	줄 선	직선 – 곧은 줄.

線	線	線					

019 구명[口名]
— 口로 된 한자

구조로 암기

말하는 입이나 구멍을 본떠서 **입 구, 구멍 구(口)**, 또 입으로 말하니 **말할 구(口)**, 입 구, 구멍 구, 말할 구(口) 위에 저녁 석(夕)이면 **이름 명, 이름날 명(名)**

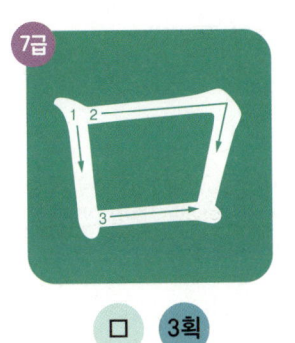

7급 / 口 / 3획

입이나 구멍을 본떠서 **입 구, 구멍 구**
또 입으로 말하니 **말할 구**

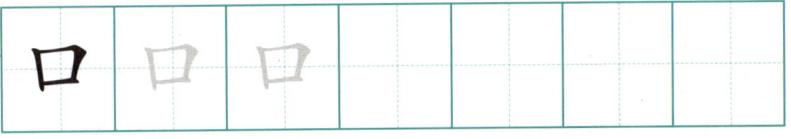

| 人 | 口 |
| 사람 인 | 입 구 |

인구 – ① 세상 사람들의 입.
② 일정한 지역에 사는 사람의 수.

| 出 | 入 | 口 |
| 나갈 출 | 들 입 | 구멍 구 |

출입구 – 나가고 들어오는 구멍(문).

| 口 | 口 | 口 | | | | | |

7급Ⅱ / 口 / 6획

저녁(夕)에 보이지 않아 입(口)으로 부르는 이름이니 **이름 명**
또 이름이 알려지도록 이름나니 **이름날 명**

+ 유 號(부르짖을 호, 이름 호, 부를 호)
+ 유 – 한자는 다른데 뜻이 비슷한 한자.

선생님의 한 말씀
사회생활이 별로 없었던 옛날에는 얼굴이 보이지 않는 어두울 때나 이름을 사용했답니다.

| 姓 | 名 |
| 성씨 성 | 이름 명 |

성명 – 성과 이름.

| 有 | 名 |
| 있을 유 | 이름날 명 |

유명 – ① 이름이 세상에 널리 알려져 있음.
② 명성이 있음.

| 名 | 名 | 名 | | | | | |

020 품구[品區]
– 品으로 된 한자

구조로 암기

입 구, 구멍 구, 말할 구(口) 셋이면 물건 품, 등급 품, 품위 품(品), 물건 품, 등급 품, 품위 품(品)에 감출 혜, 덮을 혜(匸)면 나눌 구, 구역 구(區)

5급Ⅱ
口 9획

여러 사람이 말하여(口口口) 정한 물건의 등급과 품위니

물건 품, 등급 품, 품위 품

> 💬 **선생님의 한 말씀**
> 6급 한자를 익히는 책이지만, 관련된 한자의 어원 풀이를 위하여, 6급 이외의 한자를 인용한 곳도 있어요. 상위 급수로 가면 꼭 필요한 한자들이니 미리 익혀두시면 좋습니다.

6급
匸 11획

감추려고(匸) 물건(品)을 나누니 **나눌 구**

또 나눠 놓은 구역이니 **구역 구**

+ 🖼 分(나눌 분, 단위 분, 단위 푼, 신분 분, 분별할 분, 분수 분), 別(나눌 별, 다를 별), 界(지경 계, 세계 계), 間(사이 간)
+ 匸(감출 혜, 덮을 혜, = 匚)

| 區
나눌 구 | 分
나눌 분 | 구분 – 구별하여 나눔. |
| 區
구역 구 | 間
사이 간 | 구간 – 어떤 구역과 다른 구역과의 사이. |

실력 체크 퀴즈 (011~020)

Day 02

학년   반   성명:
공부한 날짜: 점수:

※ 다음 漢字의 訓(뜻)과 音(소리)을 쓰세요.

01. 半 ☐

02. 線 ☐

※ 다음 밑줄 친 漢字語의 독음을 쓰세요.

03. 이 공원은 지난달부터 일반에게 <u>公開</u>되었다. ☐☐

04. 탈탈대며 달리는 <u>古物</u> 자동차를 보았다. ☐☐

05. 부부는 일평생 <u>苦樂</u>을 함께한다. ☐☐

※ 다음 밑줄 친 漢字語를 漢字로 쓰세요.

06. 견우와 직녀는 <u>칠월칠석</u>에 만난다. ☐☐☐☐

07. <u>초가</u>지붕 위에 박이 탐스럽게 열렸다. ☐☐

08. 나는 <u>출입구</u> 쪽을 바라보았다. ☐☐☐

정답
01. 반 반   02. 줄 선   03. 공개   04. 고물   05. 고락   06. 七月七夕   07. 草家   08. 出入口

021 위(국) 수온 [囗 囚溫]
– 囗와 囚로 된 한자

> 🔍 **구조로 암기**
> 사방을 에워싼 에운담(囗) 모양에서 **에운담(囗)**, 또 둘레를 에워싸 지키는 나라니 **나라 국(囗)**, 에운담, 나라 국(囗) 안에 사람 인(人)이면 **죄인 수(囚)**, 죄인 수(囚) 아래에 그릇 명(皿), 앞에 삼 수 변(氵)이면 **따뜻할 온, 익힐 온(溫)**

부수자 3획

사방을 에워싼 에운담(囗) 모양에서 **에운담**

또 둘레를 에워싸 지키는 나라니 **나라 국**

+ 國(나라 국) – 제목번호 065 참고

> 👓 **선생님의 한 말씀**
> 囗은 입 구, 구멍 구, 말할 구(口)보다 좀 큰 모양입니다.
> 囗는 國(나라 국)의 옛 글자지만 에워싼 담 모양이니 '에운담'이라고도 하지요.

3급  囗 5획

에워싸인(囗) 곳에 갇힌 사람(人)이면 죄인이니 **죄인 수**

+ 人(사람 인)

6급 水(氵) 13획

물(氵)을 죄인(囚)에게도 그릇(皿)으로 떠 주는 마음이 따뜻하니 **따뜻할 온**

또 따뜻해지도록 여러 번 반복하여 익히니 **익힐 온**

+ 여러 번 문지르면 따뜻해지듯이 반복하여 익힌다는 데서 '익힐 온'
+ 氵(삼 수 변), 皿(그릇 명)

溫	室	온실 – '따뜻한 집'으로, 알맞은 온도와 습도를 유지할 수 있게 만든 건물.
따뜻할 온	집 실	

氣	溫	기온 – 대기의 온도.
대기 기	따뜻할 온	

溫	溫	溫					

022 전과 [田果]
— 田으로 된 한자

> 🔍 **구조로 암기**
> 에운담, 나라 국(口) 안에 열 십, 많을 십(十)이면 밭 전(田),
> 밭 전(田) 아래에 나무 목(木)이면 과실 과, 결과 과(果)

4급 II

田 5획

사방을 경계짓고(口) 나눈(十) 밭의 모양에서 **밭 전**

+ 十('열 십, 많을 십'이지만 여기서는 나눈 모양으로 봄)

6급 II

木 8획

과실(田)이 나무(木) 위에 열린 모양을 본떠서 **과실 과**

또 과실은 그 나무를 알 수 있는 결과니 **결과 과**

+ 田('밭 전'이지만 여기서는 과실의 모양으로 봄), 木(나무 목)

> 👓 **선생님의 한 말씀**
> 나무에 열리는 과실을 보면 그 나무가 어떤지 알 수 있지요.

果 然
결과 과 / 그러할 연

과연 – '결과도 그러함'으로, 아닌 게 아니라 정말로.

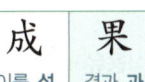

成 果
이룰 성 / 결과 과

성과 – 일이 이루어진 결과.

제1편 한자 익히기 | 25

023 유유[由油]
- 由로 된 한자

구조로 암기

밭 전(田) 위에 뚫을 곤(丨)이면 까닭 유, 말미암을 유(由), 까닭 유, 말미암을 유(由) 앞에 삼 수 변(氵)이면 기름 유(油)

田 5획

밭(田)에 싹(丨)이 나는 것은 씨앗을 뿌린 까닭으로 말미암으니

까닭 유, 말미암을 유

+ 丨('뚫을 곤'이지만 여기서는 싹의 모양으로 봄)

事	由
일 사	까닭 유

사유 – 일의 까닭.

由	來
말미암을 유	올 래

유래 – 사물이나 일이 말미암아 생겨난 까닭.

水(氵) 8획

물(氵)처럼 열매를 짜는 것으로 말미암아(由) 나오는 기름이니

기름 유

+ 氵(삼 수 변)

注	油
물댈 주	기름 유

주유 – (자동차 등에) 기름을 넣음.

食	用	油
먹을 식	쓸 용	기름 유

식용유 – 음식을 만드는 데 사용하는 기름.

024 신신 [申神]
― 申으로 된 한자

🔍 구조로 암기

가로 왈(曰)에 뚫을 곤(丨)이면 아뢸 신, 펼 신, 원숭이 신(申), 아뢸 신, 펼 신, 원숭이 신(申) 앞에 보일 시, 신 시(示)면 귀신 신, 신비할 신(神)

[4급Ⅱ] 田 5획

속마음을 아뢰어(曰) 펴듯(丨) 소리 내는 원숭이니
아뢸 신, 펼 신, 원숭이 신

+ 曰(가로 왈), 丨('뚫을 곤'이지만 여기서는 펴는 모양으로 봄)

[6급Ⅱ] 示 10획

신(示) 중 가끔 모습을 펴(申) 나타난다는 귀신이니 **귀신 신**

또 귀신처럼 신비하게 깨어있는 정신이니 **신비할 신, 정신 신**

+ 示(보일 시, 신 시) – 제목번호 047 참고

> 👨‍🏫 **선생님의 한 말씀**
> 神은 보이지 않지만 가끔 어떤 모습으로 나타난다고도 하지요.

 신동 – (재주와 지혜가 남달리 뛰어난) 신 같은 아이.

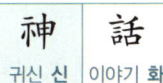 신화 – 예로부터 사람들 사이에서 말로 전해져 오는 신을 중심으로 한 이야기.

025 개계[介界]
– 介로 된 한자

> 🔍 **구조로 암기**
> 사람(人) 사이(川)에 끼이니 **끼일 개(介)**, 끼일 개(介) 위에 밭 전(田)이면 **경계 계, 세계 계(界)**

人 4획

사람(人) 사이(川)에 끼이니 **끼일 개**
+ 人(사람 인)

田 9획

밭(田) 사이에 끼어(介) 있는 경계니 **경계 계**
또 여러 나라의 경계로 나누어진 세계니 **세계 계**
+  世(세대 세, 세상 세), 代(대신할 대, 세대 대, 대금 대), 區(나눌 구, 구역 구)
+ 田(밭 전)

> 👨‍🏫 **선생님의 한 말씀**
> 세계 지도를 보면 세계가 여러 나라의 경계로 나누어져 있지요.

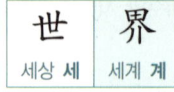 세계 – 지구상의 모든 나라.

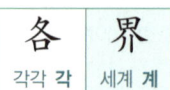 각계 – '각각의 세계'로, 사회의 각 분야.

026 토 사 [土 士]
- 土와 士

🔍 구조로 암기

열 십, 많을 십(十) 아래에 한 일(一)을 길게 쓰면 **흙 토(土)**, 짧게 쓰면 **선비 사, 군사 사, 칭호나 직업에 붙이는 말 사(士)**

8급 | 土 | 3획

많이(十) 땅(一)에 있는 흙이니 **흙 토**

+ 유 地(땅 지, 처지 지)

土	地
흙 토	땅 지

토지 – ① 땅. 흙.
② 사람이 생활에 이용하는 땅.

黃	土
누를 황	흙 토

황토 – 누런 흙.

土 土 土

5급Ⅱ | 士 | 3획

열(十)까지 하나(一)를 배우면 아는 선비니 **선비 사**

또 선비 같은 군사나 사람의 칭호나 직업에 붙이는 말이니 **군사 사, 칭호나 직업에 붙이는 말 사**

+ 선비 – 학식이 있고 예의 바른 사람을 이르는 말.

👨‍🏫 선생님의 한 말씀

열까지 안다는 데서 열 십, 많을 십(十)을 크게 쓴 글자는 '선비 사(士)', 넓은 땅을 나타내기 위하여 아래 한 일(一)을 넓게 쓴 글자는 '흙 토(土)'로 구분하세요.

027 생성[生姓]
– 生으로 된 한자

> 🔍 **구조로 암기**
> 사람 인(人)의 변형(⺧) 아래에 흙 토(土)면 날 생, 살 생, 사람을 부를 때 쓰는 접사 생(生), 날 생, 살 생, 사람을 부를 때 쓰는 접사 생(生) 앞에 여자 녀(女)면 성씨 성, 백성 성(姓)

8급

生 5획

사람(⺧)이 흙(土)에 나서 사니 **날 생, 살 생, 사람을 부를 때 쓰는 접사 생**

+ 땐 死(죽을 사)
+ 윤 出(날 출, 나갈 출), 活(살 활)
+ ⺧[사람 인(人)의 변형], 土(흙 토)

生 날 생	日 날 일

생일 – 태어난 날. 탄생일.

生 살 생	命 목숨 명

생명 – ① 살아 있는 목숨.
② 사물이 유지되는 기간.

學 배울 학	生 사람을 부를 때 쓰는 접사 생

학생 – 배우는 사람.

7급 II

 女 8획

여자(女)가 자식을 낳아(生) 다른 사람과 구별하기 위하여 붙인 성씨니 **성씨 성**

또 나라의 여러 성씨들이 모인 백성이니 **백성 성**

+ 女(여자 녀)

姓 성씨 성	名 이름 명

성명 – 성과 이름.

百 많을 백	姓 성씨 성

백성 – ① '국민'의 예스러운 말.
② 문벌이 높지 않은 보통 사람.

+ 예스럽다 – 옛것과 같은 맛이나 멋이 있다.

028 리 리 [里 理]
— 里로 된 한자

> 🔍 **구조로 암기**
> 밭 전(田) 아래에 흙 토(土)면 마을 리, 거리 리(里), 마을 리, 거리 리(里) 앞에 임금 왕, 으뜸 왕, 구슬 옥 변(王)이면 이치 리, 다스릴 리(理)

7급

里　7획

먹을거리를 생산하는 전(田)답이 있는 땅(土) 부근에 형성되었던 마을이니
마을 리(이)

또 옛날에는 거리를 재는 단위로도 쓰였으니 **거리 리(이)**

> 👨‍🏫 **선생님의 한 말씀**
> 숫자 개념이 없었던 옛날에는 어느 마을에서 어느 마을까지의 몇 배 정도로 거리를 셈하다가, 후대로 오면서 1리는 400m, 10리는 4km로 정하여 쓰게 되었습니다.

里	長
마을 리(이)	어른 장

이장 – '마을의 어른'으로, 마을의 사무를 맡아보는 사람.

洞	里
마을 동	마을 리

동리 – 마을.

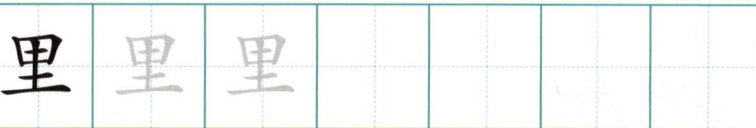

6급Ⅱ

玉(王)　11획

왕(王)이 마을(里)을 이치에 맞게 다스리니
이치 리(이), 다스릴 리(이)

+ 王(임금 왕, 으뜸 왕, 구슬 옥 변)

合	理
맞을 합	이치 리(이)

합리 – 이치에 맞음. ↔ 불합리(不合理).

理	由
이치 리(이)	까닭 유

이유 – ① 어떠한 결론이나 결과에 이른 까닭이나 근거.
② 구실이나 변명.

029 중동[重動]
— 重으로 된 한자

> 🔍 **구조로 암기**
> 마을 리, 거리 리(里) 위에 일천 천, 많을 천(千)이면 **무거울 중, 귀중할 중, 거듭 중**(重), 무거울 중, 귀중할 중, 거듭 중(重) 뒤에 힘 력(力)이면 **움직일 동**(動)

里   9획

많은(千) 마을(里)에서 모은 것이라 무겁고 귀중하니
무거울 중, 귀중할 중

또 무겁고 귀중하여 거듭 다루니 **거듭 중**

+ 千(일천 천, 많을 천) - 제목번호 101 참고

體	重
몸 체	무거울 중

체중 – 몸무게(몸의 무게).

所	重
바 소	귀중할 중

소중 – 매우 귀중함.

力   11획

무거운(重) 것도 힘(力)쓰면 움직이니 **움직일 동**

+ 力(힘 력) - 제목번호 041 참고

言	動
말씀 언	움직일 동

언동 – 말과 행동.

生	動	感
살 생	움직일 동	느낄 감

생동감 – 살아 움직이는 느낌.

030 중사[中史]
– 中으로 된 한자

> 🔍 **구조로 암기**
> 입 구, 구멍 구, 말할 구(口)의 변형(口)에 뚫을 곤(丨)이면 **가운데 중, 맞힐 중(中)**, 가운데 중, 맞힐 중(中)의 변형(史)에 파임 불(乀)이면 **역사 사(史)**

[8급] 中 | 4획

사물(口)의 가운데를 뚫어(丨) 맞히니 가운데 중, 맞힐 중

+ 口[입 구, 구멍 구, 말할 구(口)의 변형이지만 여기서는 사물의 모양으로 봄]

中	間
가운데 중	사이 간

중간 – ① 두 사물의 사이.
② 등급, 차례, 크기 등의 가운데.
③ 공간이나 시간 등의 가운데.

百	發	百	中
일백 백	쏠 발	일백 백	맞힐 중

백발백중 – ① '백 번 쏘아 백 번 다 맞힘'으로, 겨눈 곳에 꼭꼭 맞음.
② 무슨 일이나 잘 들어맞음.

中	中	中					

[5급] 史 | 口 | 5획

중립(史)을 지키며(乀) 사실대로 써야 하는 역사니 역사 사

+ 史[가운데 중, 맞힐 중(中)의 변형], 乀('파임 불'이지만 여기서는 지키다의 뜻으로 봄)

> 👨‍🏫 **선생님의 한 말씀**
> 역사는 어느 쪽으로도 치우치지 않는 중립을 지키는 사람이 사실대로 써야 하지요.

실력 체크 퀴즈 (021~030)

학년 반 성명:
공부한 날짜: 점수:

※ 다음 漢字의 訓(뜻)과 음(소리)을 쓰세요.

01. 油 [　　]

02. 界 [　　]

※ 다음 밑줄 친 漢字語의 독음을 쓰세요.

03. 이 화초는 <u>溫室</u>에서 재배되었다. [　][　]

04. 이번 협상은 별다른 <u>成果</u> 없이 끝났다. [　][　]

05. 그에게는 그럴 만한 <u>理由</u>가 충분히 있다. [　][　]

※ 다음 밑줄 친 漢字語를 漢字로 쓰세요.

06. 그는 한자로 자기 <u>성명</u>을 쓸 줄 안다. [　][　]

07. 마을 회의가 <u>이장</u> 집에서 열렸다. [　][　]

08. 그녀는 다리를 다쳐서 <u>활동</u>이 어렵다. [　][　]

정답

01. 기름 유 02. 경계 계, 세계 계 03. 온실 04. 성과 05. 이유 06. 姓名 07. 里長 08. 活動

031 리사[吏使]
– 吏로 된 한자

구조로 암기

한 일(一)과 가운데 중, 맞힐 중(中)의 변형(史)에 파임 불(乀)이면 관리 리(吏), 관리 리(吏) 앞에 사람 인 변(亻)이면 하여금 사, 부릴 사(使)

한(一)결같이 중립(史)을 지키며(乀) 일해야 하는 관리니
관리 리(이)

+ 乀('파임 불'이지만 여기서는 지키다의 뜻으로 봄)

사람(亻)이 관리(吏)로 하여금 일을 하도록 부리니
하여금 사, 부릴 사

+ 亻(사람 인 변)

| 使 命 | 사명 – 맡겨진 임무. |
| 하여금 사 / 명령할 명 | |

| 使 用 | 사용 – 일정한 목적이나 기능에 맞게 씀. |
| 부릴 사 / 쓸 용 | |

032 경(갱)편(변)[更便]
- 更으로 된 한자

> 🔍 **구조로 암기**
> 한 일(一) 아래에 가로 왈(曰)과 사람 인(人)의 변형(乂)이면 **고칠 경, 다시 갱(更)**, 고칠 경, 다시 갱(更) 앞에 사람 인 변(亻)이면 **편할 편, 똥오줌 변(便)**

4급

  7획

한(一) 번 말(曰)하면 사람(乂)들은 고치거나 다시 하니
고칠 경, 다시 갱

+ 曰(가로 왈), 乂[사람 인(人)의 변형]

> 🧑‍🏫 **선생님의 한 말씀**
> 좋은 사람은 한 번 말하면 고치지만 그렇지 못한 사람은 다시 하지요.

7급

亻(人) 9획

사람(亻)이 잘못을 고치면(更) 편하니 **편할 편**

또 누면 편한 똥오줌이니 **똥오줌 변**

+ 宀 安(편안할 안)

> 🧑‍🏫 **선생님의 한 말씀**
> 편할 편(便)에 어찌 '똥오줌 변'이란 뜻도 있을까요? 생각해 보면 누면 편한 것이 똥오줌이니 그런 것임을 알게 되지요. 이처럼 한 한자에 여러 뜻이 있으면 반드시 그런 뜻이 붙은 이유가 있으니 무조건 외는 시간에 왜 그럴까를 생각해 보면 그 이유가 생각나고 이렇게 생각해서 익히면 절대 잊히지 않습니다.

| 便
편할 편 | 利
이로울 리 | **편리** – 편하고 이로움. |
| 便
똥오줌 변 | 所
장소 소 | **변소** – 대소변을 보는 곳. |

033 목림휴 [木林休]
— 木으로 된 한자 1

> 🔍 **구조로 암기**
> 가지 달린 나무를 본떠서 **나무 목**(木), 나무 목(木) 둘이면 **수풀 림**(林), 나무 목(木) 앞에 사람 인 변(亻)이면 **쉴 휴**(休)

木 4획 (8급)

가지 달린 나무를 본떠서 **나무 목**
+ 📖 林(수풀 림), 樹(세울 수, 나무 수)

角	木
모날 각	나무 목

각목 – (모서리를) 모가 나게 깎은 나무.

草	木
풀 초	나무 목

초목 – 풀과 나무를 함께 이르는 말.

木 木 木

木 8획 (7급)

나무(木)와 나무(木)가 우거진 수풀이니 **수풀 림(임)**
+ 📖 木(나무 목), 樹(세울 수, 나무 수)

林	野
수풀 림(임)	들 야

임야 – 숲이 있는 산이나 들.

林	業
수풀 림(임)	업 업

임업 – 나무와 숲을 경영하는 사업.

林 林 林

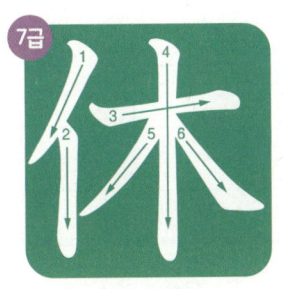
亻(人) 6획 (7급)

사람(亻)이 나무(木) 옆에서 쉬니 **쉴 휴**
+ 나무는 산소와 피톤치드가 많이 나와 건강에 좋답니다.

休	紙
쉴 휴	종이 지

휴지 – ① 못 쓰게 된 종이.
② 허드레로 쓰는 얇은 종이.

公	休	日
공평할 공	쉴 휴	날 일

공휴일 – 공식적으로 쉬는 날.

休 休 休

034 본래[本來]
— 木으로 된 한자 2

구조로 암기

나무 목(木) 중간에 한 일(一)이면 뿌리 본, 근본 본, 책 본(本), 나무 목(木) 중간에 사람 인(人) 둘이면 올 래(來)

6급
木 5획

나무 목(木) 아래, 즉 뿌리 부분에 일(一)을 그어 나무에서는 뿌리가 제일 중요한 근본임을 나타내어 **뿌리 본, 근본 본**
또 근본을 적어 놓은 책이니 **책 본**
+ 유 根(뿌리 근)

선생님의 한 말씀
나무는 뿌리가 튼튼해야 잘 자라니, 묘목을 고를 때도 뿌리가 성한 것을 골라야 하지요.

根	本
뿌리 근	뿌리 본

근본 – '뿌리와 뿌리'로, 사물이 생기는 본바탕.

本	人
근본 본	사람 인

본인 – '근본이 되는 사람'으로, 어떤 일에 직접 관계가 있거나 해당되는 사람.

7급
人 8획

나무(木) 밑으로 두 사람(人人)이 오니 **올 래(내)**

來	年
올 래(내)	해 년

내년 – 올해의 다음 해.

近	來
가까울 근	올 래

근래 – ① 가까운 요즈음.
② 요사이.

035 길수[吉樹]
– 吉로 된 한자

> 🔍 **구조로 암기**
>
> 선비 사, 군사 사, 칭호나 직업에 붙이는 말 사(士) 아래에 입 구, 구멍 구, 말할 구(口)면 길할 길, 상서로울 길(吉), 길할 길, 상서로울 길(吉) 아래에 받쳐 들 공(廾)의 변형(丷), 앞에 나무 목(木), 뒤에 마디 촌, 법도 촌(寸)이면 세울 수, 나무 수(樹)

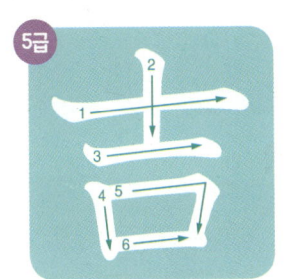

5급
口 6획

선비(士)의 말(口)처럼 길하고 상서로우니

길할 길, 상서로울 길

+ 길(吉)하다 – 운이 좋거나 일이 상서롭다.
+ 상서(祥瑞)롭다 – 복되고 좋은 일이 있을 듯하다.
+ 士(선비 사, 군사 사, 칭호나 직업에 붙이는 말 사), 口(입 구, 구멍 구, 말할 구), 祥(상서로울 상), 瑞(상서로울 서)

6급
木 16획

나무(木)로 좋게(吉) 받쳐(丷) 법도(寸)에 맞게 세우니 **세울 수**

또 세워 심는 나무니 **나무 수**

+ 🈺 木(나무 목), 林(수풀 림)
+ 丷[받쳐 들 공(廾)의 변형], 寸(마디 촌, 법도 촌)

| 樹 세울 수 | 立 설 립 | 수립 – 국가·정부·제도·계획 등을 세움. |
| 樹 나무 수 | 木 나무 목 | 수목 – 살아 있는 나무. |

Day 04

036 목산[目算]
– 目으로 된 한자

> **🔍 구조로 암기**
> 둥글고 눈동자가 있는 눈을 본떠서 **눈 목(目)**, 또 눈으로 보니 **볼 목(目)**, 또 눈에 잘 볼 수 있게 만든 항목이니 **항목 목(目)**, 눈 목, 볼 목, 항목 목(目) 위에 대 죽(竹), 아래에 받쳐 들 공(廾)이면 **셈 산(算)**

 目 5획

둥글고 눈동자가 있는 눈을 본떠서 **눈 목**

또 눈으로 보니 **볼 목**

또 눈에 잘 볼 수 있게 만든 항목이니 **항목 목**

注	目
쏟을 주	눈 목

주목 – 눈길을 쏟아(관심을 갖고) 봄.

目	禮
눈 목	예도 례

목례 – 눈짓으로 인사하거나 또는 그런 인사.

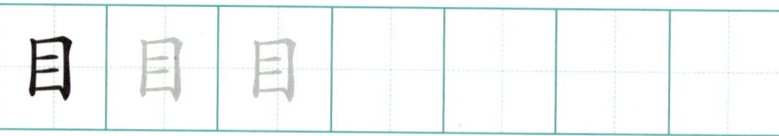

 竹(⺮) 14획

대(⺮)에 눈(目)알 같은 알을 꿰어 만든 주판을 받쳐 들고(廾) 하는 셈이니 **셈 산**

+ 數(셀 수, 두어 수), 計(셈할 계, 꾀할 계)
+ 주판 – 옛날에 셈을 하는 데 쓰였던 도구.
+ ⺮[대 죽(竹)이 부수로 쓰일 때의 모양]

算	出
셈 산	날 출

산출 – 셈하여 냄.

心	算
마음 심	셈 산

심산 – '마음 셈'으로, 속셈.

037 직식[直植]
– 直으로 된 한자

구조로 암기
열 십, 많을 십(十) 아래에 눈 목, 볼 목, 항목 목(目)과 감출 혜, 덮을 혜(ㄴ)면 곧을 직, 바를 직(直), 곧을 직, 바를 직(直) 앞에 나무 목(木)이면 심을 식(植)

7급II 目 8획

많은(十) 눈(目)으로 덮여진(ㄴ) 부분까지 살펴도 곧고 바르니
곧을 직, 바를 직

+ ㊤ 正(바를 정)
+ 十(열 십, 많을 십), 目(눈 목, 볼 목, 항목 목), ㄴ(감출 혜, 덮을 혜 = 匚)

直	線
곧을 직	줄 선

직선 – 곧은 줄.

正	直
바를 정	곧을 직

정직 – (마음이) 바르고 곧음.

7급 木 12획

나무(木)는 곧게(直) 세워 심으니 **심을 식**

+ 木(나무 목)

植	物
심을 식	물건 물

식물 – 온갖 나무와 풀의 총칭.

植	樹
심을 식	나무 수

식수 – 나무를 심음.

Day 04

038 자 수도 [自 首道]
- 自와 首로 된 한자

🔍 구조로 암기
삐침 별(丿) 아래에 눈 목, 볼 목, 항목 목(目)이면 **자기 자, 스스로 자, 부터 자(自)**, 머리털(䒑) 아래 이마(丿)와 눈(目)이 있는 머리니 **머리 수(首)**, 또 머리처럼 위에 있는 우두머리니 **우두머리 수(首)**, 머리 수, 우두머리 수(首) 아래에 뛸 착, 갈 착(辶)이면 **길 도, 도리 도(道)**

自 6획 (7급Ⅱ)

(얼굴이 자기를 대표하니) 얼굴에서 잘 드러나는 이마(丿)와 눈(目)을 본떠서 **자기 자**

또 자기 일은 스스로 하니 **스스로 자**

또 모든 것이 비롯됨은 자기로부터니 **부터 자**

+ 閶 身(몸 신)
+ 丿('삐침 별'이지만 여기서는 이마로 봄), 目(눈 목, 볼 목, 항목 목)

自	動
스스로 자	움직일 동

자동 - 스스로 움직임(작동함).

首 9획 (5급Ⅱ)

머리털(䒑) 아래 이마(丿)와 눈(目)이 있는 머리니 **머리 수**

또 머리처럼 위에 있는 우두머리니 **우두머리 수**

辶(辶) 13획 (7급Ⅱ)

머리(首) 두르고 가는(辶) 길이니 **길 도**

또 가는 길처럼 사람이 지켜야 할 도리니 **도리 도**

+ 閶 路(길 로)
+ 辶(뛸 착, 갈 착 = 辶) - 제목번호 052 아래 참고

道	路
길 도	길 로

도로 - 사람이나 차가 다닐 수 있게 만든 길.

孝	道
효도 효	도리 도

효도 - 부모를 잘 섬기는 도리.

道 道 道

039 도분(푼)[刀分]
– 刀로 된 한자

> **🔍 구조로 암기**
> 옛날 칼 모양을 본떠서 칼 도(刀), 칼 도(刀) 위에 여덟 팔, 나눌 팔(八)이면 나눌 분, 단위 분, 단위 푼, 신분 분, 분별할 분, 분수 분(分)

3급Ⅱ | 刀 2획

옛날 칼 모양을 본떠서 **칼 도**

> **선생님의 한 말씀**
> 글자의 오른쪽에 붙는 부수인 방으로 쓰일 때는 '칼 도 방(刂)'입니다.

6급Ⅱ | 刀 4획

여덟(八) 번이나 칼(刀)질하여 나누니 **나눌 분**

또 나누어 놓은 단위나 신분이니 **단위 분, 단위 푼, 신분 분**

또 나누듯 분별하여 아는 분수니 **분별할 분, 분수 분**

+ 閰 合(맞을 합, 합할 합)
+ 㿌 區(나눌 구, 구역 구), 別(나눌 별, 다를 별), 班(나눌 반, 반 반, 양반 반)

> **선생님의 한 말씀**
> '할·푼·리'는 비율을 소수로 나타내었을 때, '할'은 소수 첫째 자리, '푼'은 소수 둘째 자리, '리'는 소수 셋째 자리를 이르는 말입니다.

구분 – 구별하여 나눔.

신분 – 개인의 사회적인 위치나 계급.

분수 – 사물을 분별하는 지혜. 자기 신분에 맞는 한도.

040 별전[別前]
- ㅣ로 된 한자

> 🔍 **구조로 암기**
> 칼 도(刀)의 변형(力) 위에 입 구, 구멍 구, 말할 구(口), 뒤에 칼 도 방(刂)이면 **나눌 별, 다를 별**(別), 머리털(丷) 아래에 달 월, 육 달 월(月)과 칼 도 방(刂)이면 **앞 전**(前)

刀(刂) 7획

입(口)으로 먹기 위해 칼(力)과 칼(刂)로 나누어 다르니
나눌 별, 다를 별

+ 땐 合(맞을 합, 합할 합)
+ 뜸 分(나눌 분, 단위 분, 단위 푼, 신분 분, 분별할 분, 분수 분), 區(나눌 구, 구역 구)
  班(나눌 반, 반 반, 양반 반)
+ 刂 - 칼 도(刀)가 글자의 뒤에 붙는 부수인 방으로 쓰일 때의 모양으로 '칼 도 방'
+ 口(입 구, 구멍 구, 말할 구), 力[칼 도(刀)의 변형]

別	名
다를 별	이름 명

별명 – (본이름 외의) 다른 이름.

特	別
특별할 특	다를 별

특별 – 특별히(보통과 구별되게) 다름.

刀(刂) 9획

머리털(丷) 세우며 몸(月)에 칼(刂)을 차고 나서는 앞이니 **앞 전**

+ 땐 後(뒤 후, 늦을 후)

> 👨‍🏫 **선생님의 한 말씀**
> 한자가 만들어지던 옛날에는 전쟁이 많아서, 전쟁이나 당시에 쓰던 무기와 관련하여 만들어진 한자가 많아요.

前	面
앞 전	얼굴 면

전면 – 앞면. ↔ 후면(後面).

前	後
앞 전	뒤 후

전후 – ① 앞과 뒤.
② 먼저와 나중.

실력 체크 퀴즈 (031~040)

※ 다음 漢字의 訓(뜻)과 음(소리)을 쓰세요.

01. 別 ☐

02. 目 ☐

※ 다음 밑줄 친 漢字語의 독음을 쓰세요.

03. 어른들께는 존댓말을 <u>使用</u>해야 한다. ☐☐

04. 병은 그 <u>根本</u>을 잘 다스려야 한다. ☐☐

05. 두 나라 간에 국교가 정식으로 <u>樹立</u>되었다. ☐☐

※ 다음 밑줄 친 漢字語를 漢字로 쓰세요.

06. 그는 배탈이 나서 하루 종일 <u>변소</u>를 들락거렸다. ☐☐

07. 이곳은 수목이 울창한 <u>산림</u> 지대이다. ☐☐

08. 오늘은 모처럼 한가로운 <u>휴일</u>이다. ☐☐

정답

01. 나눌 별, 다를 별 02. 눈 목, 볼 목, 항목 목 03. 사용 04. 근본 05. 수립 06. 便所 07. 山林 08. 休日

041 력남[力男]
– 力으로 된 한자

> **구조로 암기**
> 팔에 힘줄이 드러난 모양에서 **힘 력(力)**, 힘 력(力) 위에 밭 전(田)이면 **사내 남(男)**

7급II 力 2획

팔에 힘줄이 드러난 모양에서 **힘 력(역)**

人	力
사람 인	힘 력

인력 – 사람의 힘.

全	心	全	力
온전할 전	마음 심	온전할 전	힘 력

전심전력 – 온 마음과 온 힘.

7급II 田 7획

밭(田)에 나가 힘(力)써 일하는 사내니 **사내 남**

+ 囚 女(여자 녀)
+ 田(밭 전)

美	男
아름다울 미	사내 남

미남 – 아름답게 생긴 남자.

男	女	老	少
사내 남	여자 녀	늙을 로(노)	젊을 소

남녀노소 – '남자와 여자와 늙은이와 젊은이'로, 모든 사람을 함께 이르는 말.

042 을 야 지 [乙 也 地]
– 乙과 也로 된 한자

> 🔍 **구조로 암기**
> 부리가 나오고 목과 가슴 사이가 굽은 새를 본떠서 **새 을(乙)**, 힘 력(力)의 변형(力)에 새 을(乙)이 부수로 쓰일 때의 모양(乚)이면 **또한 야, 어조사 야(也)**, 또한 야, 어조사 야(也) 앞에 흙 토(土)면 **땅 지, 처지 지(地)**

[3급 II]

乙 1획

부리가 나오고 목과 가슴 사이가 굽은 새를 본떠서 **새 을**

+ 부수로 쓰일 때는 변형된 모양(乚)으로도 쓰입니다.

[3급]

乙(乚) 3획

힘(力)껏 새(乚) 같은 힘이라도 또한 보태는 어조사니

또한 야, 어조사 야

+ 또한 - ① 어떤 것을 전제로 하고 그것과 같게.
　　　　② 그 위에 더. 또는 거기에다 더.
+ 力[힘 력(力)의 변형]

[7급]

地

土 6획

흙(土) 또한(也) 온 누리에 깔린 땅이니 **땅 지**

또 어떤 땅 같은 처지니 **처지 지**

+ 반 天(하늘 천)
+ 유 土(흙 토)

地	面
땅 지	얼굴 면

지면 – 땅의 얼굴(표면). 땅바닥.

平	地
평평할 평	땅 지

평지 – (바닥이) 평평한 땅.

043 심필[心必]
– 心으로 된 한자

> **구조로 암기**
>
> 마음이 가슴에 있다고 생각하여 심장을 본떠서 **마음 심**(心), 또 심장이 있는 몸의 중심이니 **중심 심**(心), 마음 심, 중심 심(心)에 삐침 별(丿)이면 **반드시 필**(必)

7급

心 4획

마음이 가슴에 있다고 생각하여 심장을 본떠서 **마음 심**

또 심장이 있는 몸의 중심이니 **중심 심**

+ 凹 物(물건 물), 身(몸 신), 體(몸 체)

> 🧑‍🏫 **선생님의 한 말씀**
>
> 心이 글자의 부수 중 변으로 쓰일 때는 '마음 심 변(忄)', 글자의 발로 쓰일 때는 '마음 심 발(㣺)'이고, 心 그대로 발로 쓰일 때도 있습니다.

 동심 – ① 어린이의 마음.
　　　② 어린이처럼 순진한 마음.

 심신 – 마음과 몸.

5급 II

心 5획

하나(丿)에만 매달리는 마음(心)으로 반드시 이루니 **반드시 필**

+ 丿('삐침 별'이지만 여기서는 하나로 봄)

044 소불(부)[小不]
– 小로 된 한자

> 🔍 **구조로 암기**
> 갈고리 궐(亅)에 여덟 팔, 나눌 팔(八)이면 **작을 소**(小),
> 위에 한 일(一)이면 **아닐 불, 아닐 부**(不)

8급

小 3획

하나(亅)를 나누어(八) 작으니 **작을 소**

+ 땐 大(큰 대), 太(클 태)
+ 亅('갈고리 궐'이지만 여기서는 하나로 봄)

👨‍🏫 **선생님의 한 말씀**
작을 소(小)는 작다는 뜻 외에 소인(小人), 소자(小子)처럼 자신을 낮추어 말할 때도 쓰입니다.

小	路
작을 소	길 로

소로 – 작은 길.

小	人
작을 소	사람 인

소인 – ① (나이가) 어린 사람.
② (키나 몸집 등이) 작은 사람.

7급Ⅱ

一 4획

하나(一)의 작은(小) 잘못도 해서는 아니 되니 **아닐 불, 아닐 부**

+ 땐 正(바를 정)

👨‍🏫 **선생님의 한 말씀**
아닐 불, 아닐 부(不)는 'ㄷ, ㅈ'으로 시작하는 글자 앞에서는 '부'로 발음합니다.

不	安
아닐 불	편안할 안

불안 – 편안하지 않음.

不	足
아닐 부	넉넉할 족

부족 – (필요한 양이나 기준에 미치지 못해) 넉넉하지 아니함.

045 소성(생)[少省]
– 少로 된 한자

구조로 암기
작을 소(小) 아래에 삐침 별(丿)이면 적을 소, 젊을 소(少), 적을 소, 젊을 소(少) 아래에 눈 목, 볼 목, 항목 목(目)이면 살필 성, 줄일 생(省)

7급

小 4획

작은(小) 것이 또 떨어져 나가(丿) 적으니 **적을 소**

또 나이가 적어 젊으니 **젊을 소**

+ 땐 多(많을 다), 老(늙을 로)
+ 丿('삐침 별'이지만 여기서는 떨어져 나가는 모양으로 봄)

少	數
적을 소	셀 수

소수 – 적은 수효.

多	少
많을 다	적을 소

다소 – (분량이나 정도의) 많음과 적음.

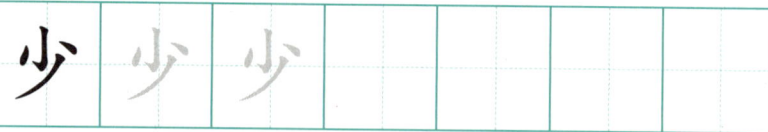

6급Ⅱ

目 9획

적은(少) 것까지 눈(目)여겨 살피니 **살필 성**

또 사물을 적게(少) 줄여서 보니(目) **줄일 생**

+ 目(눈 목, 볼 목, 항목 목)

反	省
뒤집을 반	살필 성

반성 – 자신의 언행에 대하여 잘못이나 부족함이 없는지 돌이켜 봄.

自	省
스스로 자	살필 성

자성 – (자기 자신의 태도나 행동을) 스스로 반성함.

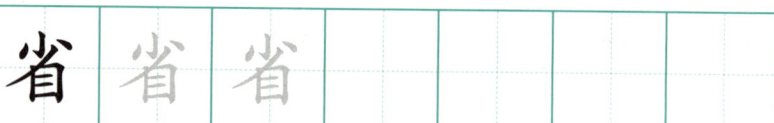

046 소(초)소 [肯 消]
– 肯로 된 한자

> **구조로 암기**
> 작을 소(小) 아래에 달 월, 육 달 월(月)이면 작을 소, 닮을 초(肯), 작을 소, 닮을 초(肯) 앞에 삼 수 변(氵)이면 끌 소, 삭일 소, 물러설 소(消)

3급II
肉(月) 7획

작은(小) 몸(月)이니 **작을 소**
또 작아도(小) 몸(月)은 부모를 닮으니 **닮을 초**
+ 月(달 월, 육 달 월)

6급II
水(氵) 10획

물(氵)로 작아지게(肯) 끄거나 삭이니 **끌 소, 삭일 소**
또 열정을 삭이고 물러서니 **물러설 소**
+ 現(이제 현, 나타날 현)
+ 死(죽을 사)
+ 氵(삼 수 변)

消	火	
끌 소	불 화	소화 – 불을 끔.

消	失	
삭일 소	잃을 실	소실 – 사라져 없어짐. 또는 그렇게 잃어버림.

047 시사 춘 [示社 春]
– 示로 된 한자와 春

> **구조로 암기**
> 둘 이(二) 아래에 작을 소(小)면 **보일 시, 신 시(示)**, 보일 시, 신 시(示) 뒤에 흙 토(土)면 **토지신 사, 모일 사(社)**, 둘 이(二)와 큰 대(大) 아래에 해 일, 날 일(日)이면 **봄 춘(春)**

示 5획 (5급)

하늘 땅(二)에 작은(小) 기미가 보이니 **보일 시**

또 이렇게 기미를 보이는 신이니 **신 시**

+ 二('둘 이'지만 여기서는 하늘과 땅으로 봄)

> **선생님의 한 말씀**
> 글자의 앞에 붙는 부수인 변으로 쓰일 때는 '보일 시, 신 시 변(礻)'으로 바꾸어 씁니다. 옷 의(衣)가 부수로 쓰일 때의 모양인 '옷 의 변(衤)'과는 다르므로 혼동하지 마세요.

示 8획 (6급Ⅱ)

신(示) 중에 토지(土)를 주관하는 토지신이니 **토지신 사**

또 토지신께 제사 지낼 때처럼 모이니 **모일 사**

+ 옛날 농경 사회 때에는 해마다 토지신께 제사를 지냈답니다.
+ 土(흙 토)

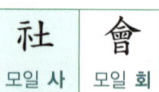 사회 – ① 같은 무리끼리 모여 이루는 집단.
② 공동생활을 영위하는 모든 형태의 집단.

 회사 – 이익을 목적으로 두 사람 이상이 설립한 사단법인.

日 9획 (7급)

하늘 땅(二)에 크게(大) 해(日)가 느껴지는 봄이니 **봄 춘**

+ 秋(가을 추)
+ 봄에는 해가 북쪽으로 올라오기 시작하여 더욱 크게 느껴지지요.

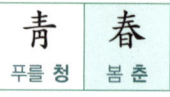 춘추 – ① 봄과 가을.
② 어른의 나이를 높여 이르는 말.

청춘 – '푸른 봄'으로, 스무 살 안팎의 젊은 나이를 이르는 말.

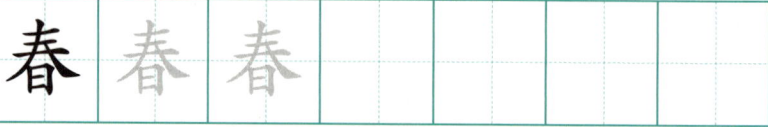

048 여야[予野]
– 予로 된 한자

> **구조로 암기**
> 좌우 손으로 주고받는 모양에서 줄 여(予), 또 주는 나를 뜻하여 나 여(予), 줄 여, 나 여(予) 앞에 마을 리, 거리 리(里)면 들 야, 거칠 야(野)

3급 | ㅣ | 4획

좌우 손으로 주고받는 모양에서 **줄 여**

또 주는 나를 뜻하여 **나 여**

6급 | 里 | 11획

마을(里)에서 내(予)가 먹을거리를 생산하는 들이니 **들 야**

또 들에서 일하면 손발이 거치니 **거칠 야**

+ 里(마을 리, 거리 리)

| 林 수풀 임 | 野 들 야 | 임야 – 숲이 있는 산이나 들. |
| 平 평평할 평 | 野 들 야 | 평야 – 평평한 들. |

049 엄 엄[厂 广]

- 厂과 广

> 🔍 **구조로 암기**
>
> 언덕에 바위가 튀어나와 그 밑이 굴처럼 생긴 굴 바위 모양을 본떠서 **굴 바위 엄, 언덕 엄**(厂), 굴 바위 엄, 언덕 엄(厂) 위에 점 주, 불똥 주(丶)면 **집 엄**(广)

2획

언덕에 바위가 튀어나와 그 밑이 굴처럼 생긴 굴 바위 모양을 본떠서
굴 바위 엄, 언덕 엄

3획

굴 바위 엄(厂) 위에 점(丶)을 찍어, 언덕이나 바위를 지붕 삼아 지은 바위 집 모양을 나타내어 **집 엄**

> 👨‍🏫 **선생님의 한 말씀**
>
> '엄'은 글자의 위와 왼쪽을 가리고 있는 부수 이름이지만, 厂과 广은 독립된 글자로도 쓰이는 경우가 있어서 제목도 '엄 엄'으로 정하였습니다.

050 거(차) 동 [車 東]
― 車와 東

🔍 **구조로 암기**

수레 모양을 본떠서 수레 거(車), 또 수레처럼 물건이나 사람을 실어 옮기는 차니 차 차(車), 나무 목(木) 중간에 해 일, 날 일(日)이면 동쪽 동, 주인 동(東)

車 7획 (7급II)

수레 모양을 본떠서 **수레 거**

또 수레처럼 물건이나 사람을 실어 옮기는 차니 **차 차**

+ 日은 수레의 몸통, ㅣ은 세로축, 一과 一은 앞뒤축과 바퀴.

車	道
차 차	길 도

차도 – 차만 다니도록 만든 길.

人	力	車
사람 인	힘 력	수레 거

인력거 – 사람의 힘으로 끄는 수레.

東 木 8획 (8급)

나무(木) 사이로 해(日)가 떠오르는 동쪽이니 **동쪽 동**

또 옛날에 동쪽에 앉았던 주인이니 **주인 동**

+ 맨 西(서쪽 서)
+ 木(나무 목), 日(해 일, 날 일)

👨‍🏫 **선생님의 한 말씀**

옛날에는 신분에 따라 앉는 방향이 달라서 임금은 북쪽, 신하는 남쪽, 주인은 동쪽, 손님은 서쪽에 자리하고 앉았답니다.

東	洋
동쪽 동	큰 바다 양

동양 – '동쪽 큰 바다'로, 동쪽 아시아 일대. ↔ 서양(西洋).

東	海
동쪽 동	바다 해

동해 – 동쪽에 있는 바다.

Day 05

제1편 한자 익히기 | 55

실력 체크 퀴즈 (041~050)

Day 05

학년   반   성명:
공부한 날짜: 점수:

※ 다음 漢字의 訓(뜻)과 音(소리)을 쓰세요.

01. 野 ☐

02. 春 ☐

※ 다음 밑줄 친 漢字語의 독음을 쓰세요.

03. 매일 밤 하루를 돌아보며 <u>反省</u>의 시간을 갖는다. ☐☐

04. 전쟁으로 많은 문화재가 <u>消失</u>되었다. ☐☐

05. 아버지가 다니시는 <u>會社</u>에 가 보았다. ☐☐

※ 다음 밑줄 친 漢字語를 漢字로 쓰세요.

06. 부모님은 자식 교육에 <u>전심전력</u>하고 있다. ☐☐☐☐

07. 비가 와서 <u>지면</u>이 미끄럽구나. ☐☐

08. 모처럼 산에 오르니 <u>심신</u>이 상쾌해지는구나. ☐☐

정답

01. 들 야, 거칠 야 02. 봄 춘 03. 반성 04. 소실 05. 회사 06. 全心全力 07. 地面 08. 心身

051 멱 면 [冖 宀]
- 冖과 宀

🔍 **구조로 암기**
보자기로 덮은 모양을 본떠서 덮을 멱(冖), 지붕으로 덮여 있는 집을 본떠서 집 면(宀)

부수자

2획

보자기로 덮은 모양을 본떠서 **덮을 멱**

부수자

3획

지붕으로 덮여 있는 집을 본떠서 **집 면**

💬 **선생님의 한 말씀**
冖과 宀은 비슷한 부수자라 함께 설명했어요.
비슷한 한자를 분명하게 구분할 수 있는 것도 실력이지요.

제1편 한자 익히기 | 57

052 군운[軍運]
– 軍으로 된 한자

> 🔍 **구조로 암기**
> 수레 거, 차 차(車) 위에 덮을 멱(冖)이면 군사 군(軍), 군사 군(軍) 아래에 뛸 착, 갈 착(辶)이면 운전할 운, 옮길 운, 운수 운(運)

車 9획

덮어서(冖) 차(車)까지 위장한 군사니 **군사 군**

+ 冖(덮을 멱), 車(수레 거, 차 차)

海	軍
바다 해	군사 군

해군 – 바다를 지키는 군대.

軍	歌
군사 군	노래 가

군가 – 군인들이 부르는 노래.

辶(辵) 13획

군사(軍)들이 갈(辶) 때는 차도 운전하여 옮기니
운전할 운, 옮길 운

또 삶을 옮기는 운수니 **운수 운**

+ 動(움직일 동), 行(다닐 행, 행할 행)
+ 辶(뛸 착, 갈 착 = 辵)

運	動
옮길 운	움직일 동

운동 – 옮겨 다니며 움직임.

運	數
운수 운	운수 수

운수 – 이미 정해져 있어 인간의 힘으로는 어쩔 수 없는 운명.

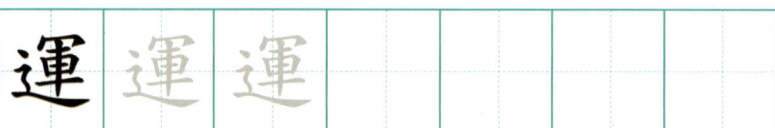

> 👨‍🏫 **선생님의 한 말씀**
> 辶(뛸 착, 갈 착 = 辵)은 뛸 착, 갈 착(辵)이 부수로 쓰일 때의 모양으로, 위에 점이 둘이면 아래를 한 번 구부리고 위에 점이 하나면 아래를 두 번 구부립니다. 글자체에 따라 辶과 辶이 섞여 쓰이지만, 같은 글자로 알고 학습하시기를 바랍니다.

053 자자[子字]
― 子로 된 한자

> 🔍 **구조로 암기**
> 아들이 두 팔 벌린 모양을 본떠서 **아들 자(子)**, 또 낳은 아들처럼 만든 물건의 뒤에 붙이는 접미사니 **접미사 자(子)**, 아들 자, 접미사 자(子) 위에 집 면(宀)이면 **글자 자(字)**

7급

子 3획

아들이 두 팔 벌린() 모양을 본떠서 **아들 자**

또 낳은 아들처럼 만든 물건의 뒤에 붙이는 접미사니 **접미사 자**

+ 凹 女(여자 녀), 夫(사내 부, 남편 부)

子	孫
아들 자	손자 손

자손 – 자신의 세대에서 여러 세대가 지난 뒤의 자녀.

男	子
사내 남	접미사 자

남자 – 남성으로 태어난 사람. 사내.

7급

子 6획

집(宀)에서 자식(子)이 배우고 익히는 글자니 **글자 자**

+ 宀(집 면)

同	字
같을 동	글자 자

동자 – 같은 글자. 모양은 차이가 있어도 같은 글자로 취급되는 글자.

文	字
글월 문	글자 자

문자 – 인간의 언어를 적는 데 사용하는 기호.

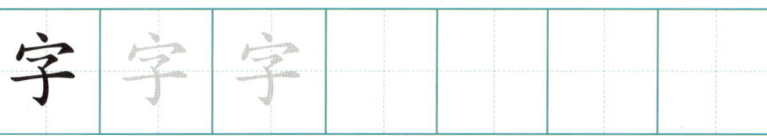

054 혈공창[穴空窓]
- 穴로 된 한자

> 🔍 **구조로 암기**
> 집 면(宀) 아래에 여덟 팔, 나눌 팔(八)이면 **구멍 혈, 굴 혈(穴)**, 구멍 혈, 굴 혈(穴) 아래에 장인 공, 만들 공, 연장 공(工)이면 **빌 공, 하늘 공(空)**, 사사로울 사, 나 사(厶)와 마음 심, 중심 심(心)이면 **창문 창(窓)**

穴 5획 (3급Ⅱ)

집(宀)에 나누어진(八) 구멍이니 **구멍 혈**

또 구멍이 길게 파인 굴이니 **굴 혈**

+ 宀(집 면), 八(여덟 팔, 나눌 팔)

穴 8획 (7급Ⅱ)

굴(穴)처럼 만들어(工) 속이 비니 **빌 공**

또 크게 빈 공간은 하늘이니 **하늘 공**

+ 반 無(없을 무)
+ 반 在(있을 재), 有(있을 유, 가질 유), 海(바다 해)
+ 工(장인 공, 만들 공, 연장 공) - 제목번호 092 참고

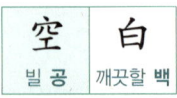

空(빌 공) 白(깨끗할 백) **공백** – 아무것도 없이 비어 있음.

穴 11획 (6급Ⅱ)

구멍(穴)처럼 사사로운(厶) 마음(心)으로 벽에 뚫어 만든 창문이니 **창문 창**

+ 厶(사사로울 사, 나 사) - 제목번호 079 참고, 心(마음 심, 중심 심)

窓(창문 창) 門(문 문) **창문** – 벽이나 지붕에 낸 작은 문.

同(같을 동) 窓(창문 창) **동창** – 같은 학교에서 공부를 한 사이.

055 속속[束速]
― 束으로 된 한자

> 🔍 **구조로 암기**
> 나무 목(木) 중간에 입 구, 구멍 구, 말할 구(口)면 묶을 속(束), 묶을 속(束) 아래에 뛸 착, 갈 착(辶)이면 빠를 속(速)

5급
木 7획

나무(木)를 묶으니(口) **묶을 속**

+ 口[입 구, 구멍 구, 말할 구(口)의 변형이지만, 여기서는 묶은 모양으로 봄]

6급
辵(辶) 11획

(신발 끈을) 묶고(束) 뛰면(辶) 빠르니 **빠를 속**

+ 윤 急(급할 급)
+ 辶(뛸 착, 갈 착 = 辶)

| 速
빠를 속 | 度
정도 도 | 속도 – 빠른 정도. 빠르기. |
| 速
빠를 속 | 讀
읽을 독 | 속독 – 빠른 속도로 읽음. |

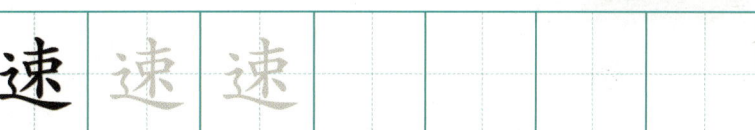

Day 06

056 녀안 [女安]
– 女로 된 한자

구조로 암기
두 손 모으고 앉아 있는 여자 모양을 본떠서 여자 녀(女),
여자 녀(女) 위에 집 면(宀)이면 편안할 안(安)

8급
女 3획

두 손 모으고 앉아 있는 여자 모양을 본떠서 **여자 녀(여)**
+ 띤 子(아들 자, 접미사 자), 男(사내 남)

少	女	
젊을 소	여자 녀	소녀 – (아직 완전히 성숙하지 아니한) 어린 여자아이.

男	女	
사내 남	여자 녀	남녀 – 남자와 여자.

7급II
宀 6획

집(宀)에서 여자(女)가 살림하면 어찌 편안하지 않을까에서
편안할 안
+ 윤 便(편할 편, 똥오줌 변), 全(온전할 전)
+ 宀(집 면)

安	定	
편안할 안	정할 정	안정 – (일이나 마음이) 편안하게 정하여짐.

問	安	
물을 문	편안할 안	문안 – 웃어른에게 안부를 여쭘.

057 모 매해 [母 每海]
– 母와 每로 된 한자

> 🔍 **구조로 암기**
> 여자 녀(女)의 변형(母)에 두 점(:)이면 어머니 모(母), 어머니 모(母) 위에 사람 인(人)의 변형(⺊)이면 매양 매, 항상 매(每), 매양 매, 항상 매(每) 앞에 삼 수 변(氵)이면 바다 해(海)

8급
母 5획

여자(母) 중 젖(:)을 드러낸 어머니니 **어머니 모**

+ 반 父(아버지 부)
+ 비 毋 – 여자 녀(母)에 금지와 부정을 나타내는 가위표(十)를 붙여 '말 무, 없을 무'
+ 母 [여자 녀(女)의 변형]

> 💬 **선생님의 한 말씀**
> 위 아래로 점(、) 둘이 있어 젖을 나타내면 '어머니 모(母)', 금지의 가위표(十)가 있으면 '말 무, 없을 무(毋)'로 구분하세요.

子	母	
아들 자	어머니 모	

자모 – 아들과 어머니.

7급II
母 7획

사람(⺊)이 매양 어머니(母)를 생각하듯 매양(항상)이니

매양 매, 항상 매

+ 매양 – 번번이. 매 때마다. 항상.
+ ⺊ [사람 인(人)의 변형]

每	日
매양 매	날 일

매일 – 날마다.

每	番
매양 매	차례 번

매번 – 번번이. 각각의 차례.

7급II
水(氵) 10획

물(氵)이 항상(每) 있는 바다니 **바다 해**

+ 반 山(산 산), 空(빌 공, 하늘 공)
+ 작은 바다는 '바다 해(海)', 큰 바다는 '큰 바다 양, 서양 양(洋)'

海	洋
바다 해	큰 바다 양

해양 – 넓고 큰 바다.

海	外
바다 해	밖 외

해외 – ① 바다 밖.
② 바다 밖의 다른 나라.

058 사작작 [乍作昨]
― 乍로 된 한자

> **구조로 암기**
> 사람(𠂉)이 하나(丨) 둘(二)을 세는 잠깐이니 **잠깐 사(乍)**,
> 잠깐 사(乍) 앞에 사람 인 변(亻)이면 **지을 작(作)**, 해 일,
> 날 일(日)이면 **어제 작(昨)**

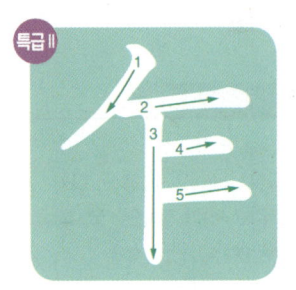

특급Ⅱ 丿 5획

사람(𠂉)이 하나(丨) 둘(二)을 세는 잠깐이니 **잠깐 사**

+ 𠂉[사람 인(人)의 변형], 丨('뚫을 곤'이지만 여기서는 하나로 봄), 二(둘 이)

6급Ⅱ 人(亻) 7획

사람(亻)이 잠깐(乍) 사이에 무엇을 지으니 **지을 작**

+ 工(장인 공, 만들 공, 연장 공)
+ 亻(사람 인 변)

作	名	
지을 작	이름 명	작명 – (사람이나 물건에) 이름을 지어 붙임.

作	心	三	日	
지을 작	마음 심	석 삼	날 일	작심삼일 – 작정한 마음이 삼일을 가지 못함.

作 作 作

6급Ⅱ 日 9획

하루 해(日)가 잠깐(乍) 사이에 넘어가고 되는 어제니 **어제 작**

+ 今(이제 금, 오늘 금)

昨	日	
어제 작	날 일	작일 – 어제.

昨	年	
어제 작	해 년	작년 – 지난해. ↔ 내년(來年).

昨 昨 昨

059 인 인[亻 儿]
- 亻과 儿

> 🔍 **구조로 암기**
> 사람 인(人)이 글자의 왼쪽에 붙는 부수인 변으로 쓰일 때의 모양으로 **사람 인 변(亻)**, 사람 인(人)이 글자의 발로 쓰일 때의 모양으로 **사람 인 발(儿)**

부수자

2획

사람 인(人)이 글자의 왼쪽에 붙는 부수인 변으로 쓰일 때의 모양으로
사람 인 변

부수자

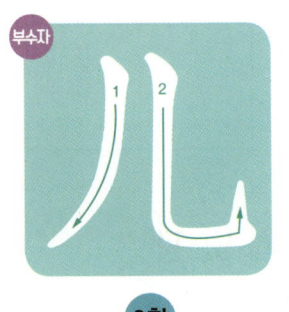

2획

사람 인(人)이 글자의 발로 쓰일 때의 모양으로 **사람 인 발**

> 👨‍🏫 **선생님의 한 말씀**
> '변'은 글자의 왼쪽에 붙는 부수 이름이고, '발'은 글자의 발 부분에 붙는 부수 이름이기에, 여기 제목은 亻과 儿의 원래 글자인 사람 인(人)의 독음인 '인'으로 달았습니다.

Day 06

> 👨‍🏫 **선생님의 한 말씀**
> 한자에서 부수는 한자를 만드는 기본 글자들로, 놓이는 위치에 따라서 다음 여덟 가지 명칭이 있습니다.
> (1) 머리·두(頭): 글자의 머리 부분에 위치한 부수.
> (2) 변(邊): 글자의 왼쪽 부분에 위치한 부수.
> (3) 방(傍): 글자의 오른쪽 부분에 위치한 부수.
> (4) 발: 글자의 발 부분에 위치한 부수.
> (5) 엄(掩): 글자의 위와 왼쪽을 가리고 있는 부수.
> (6) 받침: 글자의 왼쪽과 밑을 받치고 있는 부수.
> (7) 에운담: 글자를 에워싸고 있는 부수.
> (8) 제부수: 독립되어 쓰이면서 부수로도 쓰이는 글자.
> ✚ 頭(머리 두), 邊(가 변), 傍(곁 방), 掩(가릴 엄)

제1편 한자 익히기

060 형광 [兄光]
– 儿로 된 한자

> **구조로 암기**
> 사람 인 발(儿) 위에 입 구, 구멍 구, 말할 구(口)면 **형 형, 어른 형**(兄), 사람 인 발(儿) 위에 작을 소(小)의 변형(⺌)과 한 일(一)이면 **빛 광, 경치 광**(光)

人(儿) 5획 8급

동생을 말하며(口) 지도하는 사람(儿)이 형이고 어른이니

형 형, 어른 형

+ 반 弟(아우 제, 제자 제)
+ 口(입 구, 구멍 구, 말할 구)

兄	夫
형 형	남편 부

형부 – 언니의 남편. ↔ 제부(弟夫).

兄	弟
형 형	아우 제

형제 – 형과 아우.

人(儿) 6획 6급Ⅱ

조금(⺌)씩 땅(一)과 사람(儿)에게 비치는 빛이니 **빛 광**

또 빛으로 말미암아 드러나는 경치니 **경치 광**

+ 유 色(빛 색)
+ ⺌[작을 소(小)의 변형], 一('한 일'이지만 여기서는 땅으로 봄)

日	光
해 일	빛 광

일광 – 햇빛.

風	光
경치 풍	경치 광

풍광 – 경치.

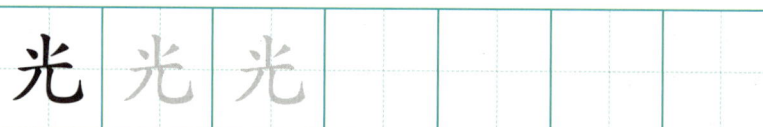

실력 체크 퀴즈 (051~060)

※ 다음 漢字의 訓(뜻)과 音(소리)을 쓰세요.

01. 窓 ☐

02. 速 ☐

※ 다음 밑줄 친 漢字語의 독음을 쓰세요.

03. 걷는 것이야말로 가장 좋은 <u>運動</u>이다. ☐☐

04. 집안 어른께 아이의 <u>作名</u>을 부탁드렸다. ☐☐

05. 올여름은 <u>昨年</u> 여름보다 덥구나. ☐☐

※ 다음 밑줄 친 漢字語를 漢字로 쓰세요.

06. 한 젊은 <u>남자</u>가 가게 문을 열고 들어왔다. ☐☐

07. <u>문자</u>는 문명을 일으키는 터전이 되었다. ☐☐

08. 의문 나는 점은 책의 <u>공백</u>에 기록해 두었다가 질문한다. ☐☐

정답
01. 창문 창 02. 빠를 속 03. 운동 04. 작명 05. 작년 06. 男子 07. 文字 08. 空白

061 견(현)현 [見現]
- 見으로 된 한자

> **구조로 암기**
> 사람 인 발(儿) 위에 눈 목, 볼 목, 항목 목(目)이면 **볼 견, 뵐 현(見)**, 볼 견, 뵐 현(見) 앞에 임금 왕, 으뜸 왕, 구슬 옥 변(王)이면 **이제 현, 나타날 현(現)**

見　7획　5급Ⅱ

눈(目)으로 사람(儿)이 보거나 뵈니 **볼 견, 뵐 현**

+ 뵈다 - ① 웃어른을 대하여 보다.
　　　　② '보이다'의 준말.
+ 目(눈 목, 볼 목, 항목 목)

玉(王)　11획　6급Ⅱ

구슬(王)을 갈고 닦으면 이제 바로 무늬가 보이게(見) 나타나니
이제 현, 나타날 현

+ 消(끌 소, 삭일 소, 물러설 소)
+ 王(임금 왕, 으뜸 왕, 구슬 옥 변)

| 現 이제 현 | 金 돈 금 | 현금 – 현재 있는 돈. |
| 出 날 출 | 現 나타날 현 | 출현 – 없던 것이나 숨겨져 있던 것이 나타남. |

062 서 유의[西 酉 醫]
― 西와 酉로 된 한자

> **구조로 암기**
> 한 일(一) 아래에 사람 인 발(儿)과 에운담, 나라 국(口)의 변형(口)이면 서쪽 서(西), 술 담는 그릇을 본떠서 술그릇 유, 술 유(酉), 또 술 마시듯 고개 들고 물을 마시는 닭이니 닭 유(酉), 술그릇 유, 술 유, 닭 유(酉) 위에 상자 방(匚)과 화살 시(矢), 칠 수, 창 수(殳)면 의원 의(醫)

8급

西

襾 6획

지평선(一) 아래(口)로 해가 들어가는(儿) 서쪽이니 **서쪽 서**

+ 맨 東(동쪽 동, 주인 동)
+ 부수는 襾(덮을 아)네요.
+ 口[에운담, 나라 국(口)의 변형이지만, 여기서는 지평선 아래 땅으로 봄], 儿('사람 인 발'이지만 여기서는 들어가는 모양으로 봄)

東	西	古	今
동쪽 동	서쪽 서	옛 고	이제 금

동서고금 ― '동양이나 서양이나 예나 이제나'로, 언제 어디서나.

| 西 | 西 | 西 | | | | | |

3급

酉

酉 7획

술 담는 그릇을 본떠서 **술그릇 유, 술 유**

또 술 마시듯 고개 들고 물을 마시는 닭이니 **닭 유**

> **선생님의 한 말씀**
> 酉는 술과 관련된 한자의 부수로도 많이 쓰입니다.

6급

醫

酉 18획

상자(匚)처럼 패이고 화살(矢)과 창(殳)에 찔린 곳을 약술(酉)로 소독하고 치료하는 의원이니 **의원 의**

+ 殳 ― 안석(几) 같은 것을 손(又)에 들고 치니 '칠 수'
  또 치려고 드는 창이나 몽둥이니 '창 수, 몽둥이 수'
+ 匚(상자 방), 矢(화살 시), 几(안석 궤, 책상 궤), 又(오른손 우, 또 우)

> **선생님의 한 말씀**
> 소독약이 없으면 알코올 성분이 있는 술로 소독하지요.

醫	藥
의원 의	약 약

의약 ― 병을 고치는 데 쓰는 약.

| 醫 | 醫 | 醫 | | | | | |

063 익 과 [弋 戈]
- 弋과 戈

구조로 암기
주살을 본떠서 주살 익(弋), 주살 익(弋)에 삐침 별(丿)이면 창 과(戈)

弋 3획 (특급)

주살을 본떠서 **주살 익**

+ 주살 – 줄을 매어 쏘는 화살

戈 4획 (2급)

몸체가 구부러지고 손잡이 있는 창을 본떠서 **창 과**

선생님의 한 말씀

옛날에는 전쟁을 많이 했기 때문에, 당시의 전쟁 무기였던 칼 도(刀), 활 궁(弓), 화살 시(矢), 주살 익(弋), 창 과(戈), 창 모(矛) 등과 관련되어 만들어진 한자들도 많습니다.

064 대식[代式]
– 弋으로 된 한자

구조로 암기

주살 익(弋) 앞에 사람 인 변(亻)이면 대신할 대, 세대 대, 대금 대(代), 아래에 장인 공, 만들 공, 연장 공(工)이면 법 식, 의식 식(式)

亻(人) 5획

전쟁터에서 사람(亻)이 할 일을 주살(弋)이 대신하니 **대신할 대**

또 부모를 대신하여 이어가는 세대니 **세대 대**

또 물건을 대신하여 치르는 대금이니 **대금 대**

+ 윤 世(세대 세, 세상 세)

선생님의 한 말씀
화살이나 주살은 멀리 떨어져 있는 적을 향해 쏠 수도 있고 글이나 불을 묶어 보낼 수도 있으니, 사람이 할 일을 대신하지요.

| 代 表 | 대표 – 개인이나 단체를 대신하여 겉으로 나옴. |
| 대신할 대 겉 표 | |

| 世 代 | 세대 – 어린아이가 성장하여 부모 일을 계승할 때까지의 기간. 약 30년. |
| 세대 세 세대 대 | |

| 代 金 | 대금 – 물건을 치르는 돈. |
| 대금 대 돈 금 | |

弋 6획

주살(弋)을 만들(工) 때 따르는 법과 의식이니 **법 식, 의식 식**

+ 윤 例(법식 례, 보기 례)
+ 工(장인 공, 만들 공, 연장 공) – 제목번호 092 참고

| 正 式 | 정식 – 올바른 격식이나 의식. |
| 바를 정 의식 식 | |

| 方 式 | 방식 – 일정한 방법이나 형식. |
| 방법 방 의식 식 | |

065 혹국[或國]
– 或으로 된 한자

> 🔍 **구조로 암기**
> 창 과(戈) 앞에 입 구, 구멍 구, 말할 구(口)와 한 일(一)이면 혹시 혹(或), 혹시 혹(或)에 에운담, 나라 국(囗)이면 나라 국(國)

戈 8획 (4급)

창(戈) 들고 식구(口)와 땅(一)을 지키며 혹시라도 있을지 모르는 적의 침입에 대비하니 **혹시 혹**

+ 口('입 구, 구멍 구, 말할 구'지만 여기서는 식구로 봄), 一('한 일'이지만 여기서는 땅으로 봄)

囗 11획 (8급)

사방을 에워싸고(囗) 혹시(或)라도 쳐들어올 것을 지키는 나라니 **나라 국**

+ 囗(에운담, 나라 국)

국민 – 국가를 구성하는 사람. 또는 그 나라의 국적을 가진 사람.

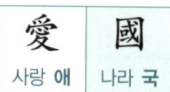
애국 – 나라를 사랑함.

066 단전[單戰]
– 單으로 된 한자

구조로 암기

입 구, 구멍 구, 말할 구(口) 둘 아래에 밭 전(田)과 열 십, 많을 십(十)이면 홑 **단**(單), 홑 단(單) 뒤에 창 과(戈)면 **싸울 전, 무서워 떨 전**(戰)

4급Ⅱ / 口 / 12획

식구의 입들(口口)을 먹여 살리기 위해 밭(田)에 많이(十) 나가 일하는 혼자니 **홑 단**

+ 홑 – 낱. 하나.
+ 口(입 구, 구멍 구, 말할 구), 田(밭 전), 十(열 십, 많을 십)

6급Ⅱ / 戈 / 16획

홀로(單) 창(戈) 들고 싸우니 **싸울 전**

또 싸우면 무서워 떠니 **무서워 떨 전**

+ 만 和(화목할 화)
+ 戈(창 과)

戰 力
싸울 전 / 힘 력

전력 – '싸울 수 있는 힘'으로, 전투나 경기 등을 할 수 있는 힘.

作 戰
지을 작 / 싸울 전

작전 – 어떤 일을 이루기 위하여 필요한 대책을 세움.

067 모 수 [毛 手]
- 毛와 手

> **구조로 암기**
> 짐승의 꼬리털을 본떠서 **털 모**(毛), 손가락을 편 손을 본떠서 **손 수**(手), 또 손으로 하는 재주나 재주 있는 사람을 가리켜서 **재주 수, 재주 있는 사람 수**(手)

4급 II
毛 4획

짐승의 꼬리털(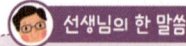→毛)을 본떠서 **털 모**

7급 II
手 4획

손가락을 편 손을 본떠서 **손 수**

또 손으로 하는 재주나 재주 있는 사람을 가리켜서 **재주 수, 재주 있는 사람 수**

+ ﹝반﹞ 足(발 족, 넉넉할 족)
+ 글자의 왼쪽에 붙는 부수인 변으로 쓰일 때는 '손 수 변(扌)'

> **선생님의 한 말씀**
> 털 모(毛)와 손 수, 재주 수, 재주 있는 사람 수(手)는 모양이 비슷하지만 구부러진 방향이 다르네요.

手 손수	足 발족	수족 – ① 손과 발. ② 손발과 같이 마음대로 부리는 사람.
失 잃을실	手 재주수	실수 – 조심하지 아니하여 잘못함.
歌 노래가	手 재주 있는 사람 수	가수 – 노래 부르는 일을 직업으로 삼는 사람.

| 手 | 手 | 手 | | | | | |

068 재 촌촌[才 寸村]
– 才와 寸으로 된 한자

> **구조로 암기**
>
> 땅(一)에 초목(丨)의 싹(丿)이 자라나듯이 그런 바탕이나 재주나 재주 있는 사람이니 **바탕 재, 재주 재, 재주 있는 사람 재(才)**, 손목(寸)에서 맥박(丶)이 뛰는 곳까지의 마디니 **마디 촌(寸)**, 또 마디마디 살피는 법도니 **법도 촌(寸)**, 마디 촌, 법도 촌(寸) 앞에 나무 목(木)이면 **마을 촌(村)**

6급 II

手(扌) 3획

땅(一)에 초목(丨)의 싹(丿)이 자라나듯이 그런 바탕이나 재주나 재주 있는 사람이니 **바탕 재, 재주 재, 재주 있는 사람 재**

+ 윤 術(재주 술, 기술 술)

> **선생님의 한 말씀**
>
> 처음에는 작지만 꽃도 피고 열매도 맺고 큰 재목도 되는 것처럼, 사람에게도 그런 재주와 바탕이 있다는 데서 만든 한자네요.

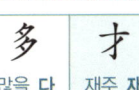 다재 – 재주가 많음.
많을 다 | 재주 재

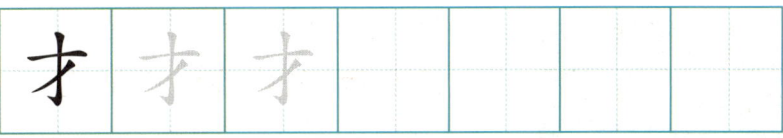

8급

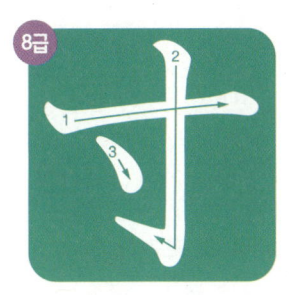

寸 3획

손목(寸)에서 맥박(丶)이 뛰는 곳까지의 마디니 **마디 촌**
또 마디마디 살피는 법도니 **법도 촌**

> **선생님의 한 말씀**
>
> 1촌은 손목에서 손가락 하나를 끼워 넣을 수 있는 거리에 있는 맥박이 뛰는 곳까지니, 손가락 하나의 폭으로 약 3cm입니다.

 촌수 – 친족 사이의 멀고 가까운 정도를 나타내는 수.
마디 촌 | 셀 수

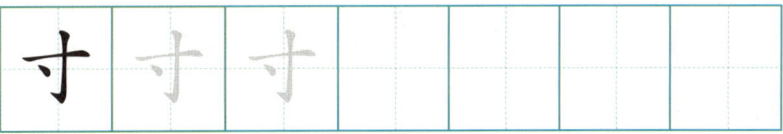

7급

木 7획

나무(木)를 마디마디(寸) 이용하여 집을 지었던 마을이니 **마을 촌**

+ 윤 洞(마을 동, 동굴 동), 里(마을 리, 거리 리)
+ 반 京(서울 경)

農 村 농촌 – 농사짓는 사람들이 주로 사는 마을.
농사 농 | 마을 촌

069 사등[寺等]
– 寺로 된 한자 1

> 🔍 **구조로 암기**
> 마디 촌, 법도 촌(寸) 위에 흙 토(土)면 **절 사(寺)**, 절 사(寺) 위에 대 죽(竹)이면 **같을 등, 무리 등, 차례 등(等)**

4급Ⅱ / 寸 / 6획

일정한 땅(土)에서 법도(寸)를 지키는 절이니 **절 사**

+ 土(흙 토), 寸(마디 촌, 법도 촌)

> 👨‍🏫 **선생님의 한 말씀**
> 어느 사회에나 규칙이 있지만 절 같은 사원(寺院)은 더욱 규칙이 엄격하지요.

6급Ⅱ / 竹(⺮) / 12획

대(⺮)가 절(寺) 주변에 같은 무리를 이루고 차례로 서 있으니 **같을 등, 무리 등, 차례 등**

+ 留 級(등급 급), 同(한가지 동, 같을 동), 平(평평할 평, 평화 평), 部(나눌 부, 마을 부, 거느릴 부)
+ 반 一(한 일)
+ ⺮[대 죽(竹)이 부수로 쓰일 때의 모양]

同	等
같을 동	같을 등

동등 – 등급이나 정도가 같음.

等	式
같을 등	법 식

등식 – 수나 문자, 식을 등호를 써서 나타내는 관계식.

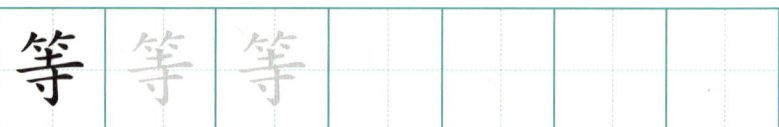

070 시대특 [時待特]
– 寺로 된 한자 2

> **구조로 암기**
> 절 사(寺) 앞에 해 일, 날 일(日)이면 **때 시(時)**, 조금 걸을 척(彳)이면 **대접할 대, 기다릴 대(待)**, 소 우 변(牛)이면 **특별할 특(特)**

7급II
日 10획

(해시계로 시간을 재던 때) 해(日)의 위치에 따라 절(寺)에서 종을 쳐 알리던 때니 **때 시**

時	間
때 시	사이 간

시간 – 어떤 시각에서 어떤 시각까지의 사이.

年	月	日	時
해 년(연)	달 월	날 일	때 시

연월일시 – 해·달·날·시.

6급
彳 9획

천천히 걸어(彳) 절(寺)에 가며 뒤에 오는 사람을 대접하여 같이 가려고 기다리니 **대접할 대, 기다릴 대**

+ 彳(조금 걸을 척)

特	待
특별할 특	대접할 대

특대 – 특별히 대우하거나 또는 특별한 대우.

苦	待
괴로울 고	기다릴 대

고대 – 괴롭게(애타게) 기다림.

6급
牛(牜) 10획

소(牜)가 절(寺)에 가는 일처럼 특별하니 **특별할 특**

+ 㕛 英(꽃부리 영, 영웅 영)
+ 牜 – 소 우(牛)가 글자의 앞에 붙는 부수인 변으로 쓰일 때의 모양으로 '소 우 변'

特	別
특별할 특	다를 별

특별 – 보통과 구별되게 다름.

特	出
특별할 특	날 출

특출 – 남보다 특별히 뛰어남.

실력 체크 퀴즈 (061~070) — Day 07

※ 다음 漢字의 訓(뜻)과 音(소리)을 쓰세요.

01. 醫 ☐

02. 特 ☐

※ 다음 밑줄 친 漢字語의 독음을 쓰세요.

03. 목격자의 <u>出現</u>으로 수사가 진전되었다. ☐☐

04. 아이들은 소풍날만을 <u>苦待</u>하고 있다. ☐☐

05. 학급 반장은 반을 <u>代表</u>하여 활동한다. ☐☐

※ 다음 밑줄 친 漢字語를 漢字로 쓰세요.

06. 어머니는 중풍으로 <u>수족</u>을 못 쓰신다. ☐☐

07. 모든 <u>국민</u>은 법 앞에 평등하다. ☐☐

08. 가을 추수철이 되면 <u>농촌</u>이 바빠진다. ☐☐

정답

01. 의원 의 02. 특별할 특 03. 출현 04. 고대 05. 대표 06. 手足 07. 國民 08. 農村

071 립동[立童]
- 立으로 된 한자

🔍 **구조로 암기**

사람이 다리 벌리고 땅(一)에 서 있는 모양에서 설 립(立), 설 립(立) 아래에 마을 리, 거리 리(里)면 아이 동(童)

7급II

立 5획

사람이 다리 벌리고 땅(一)에 서 있는 모양에서 **설 립(입)**

+ 유 癶(쯸 발, 일어날 발)
+ 一('한 일'이지만 여기서는 땅으로 봄)

| 立 설 립(입) | 場 상황 장 |

입장 – 서 있는(당면하고 있는) 상황.

| 自 스스로 자 | 立 설 립 |

자립 – (남의 힘을 빌리지 않고) 스스로 섬.

6급II

立 12획

서서(立) 마을(里)에서 노는 사람은 주로 아이니 **아이 동**

+ 만 老(늙을 로)
+ 里(마을 리, 거리 리)

👨‍🏫 **선생님의 한 말씀**

어른들은 일터에 나가고 마을에서 노는 사람은 주로 아이들임을 생각하고 만든 한자네요.

| 童 아이 동 | 心 마음 심 |

동심 – 어린이의 마음. 어린이처럼 순진한 마음.

| 童 아이 동 | 話 이야기 화 |

동화 – 어린이를 위하여 동심을 바탕으로 지은 이야기.

제1편 한자 익히기 | 79

072 음장의 [音章意]
- 音으로 된 한자

> 🔍 **구조로 암기**
> 설 립(立) 아래에 가로 왈(曰)이면 **소리 음(音)**, 소리 음(音) 아래에 열 십, 많을 십(十)이면 **문장 장, 글 장(章)**, 마음 심, 중심 심(心)이면 **뜻 의(意)**

音 9획

서서(立) 말하듯(曰) 내는 소리니 **소리 음**

音	讀
소리 음	읽을 독

음독 – 소리 내어 읽음.

音	樂
소리 음	노래 악

음악 – 목소리나 악기를 통하여 감정을 나타내는 예술.

立 11획

소리(音)를 적은 글자 열(十) 개 정도면 되는 문장이나 글이니 **문장 장, 글 장**

+  文(글월 문, 무늬 문), 書(쓸 서, 글 서, 책 서)

文	章
글월 문	문장 장

문장 – 생각이나 느낌을 글자로 기록하여 나타낸 것.

圖	章
그림 도	문장 장

도장 – 일정한 표적으로 삼기 위하여 개인, 단체, 관직 등의 이름을 무엇에 새겨 문서에 찍도록 만든 물건.

心 13획

소리(音)를 듣고 마음(心)에 생각되는 뜻이니 **뜻 의**

同	意
같을 동	뜻 의

동의 – '같은 뜻'으로, 어떤 의견에 찬성함.

合	意
맞을 합	뜻 의

합의 – 의견이 맞음(일치함).

073 신행[辛幸]
– 辛으로 된 한자

구조로 암기

설 립(立) 아래에 열 십, 많을 십(十)이면 고생할 신, 매울 신(辛), 고생할 신, 매울 신(辛) 위에 한 일(一)이면 행복할 행, 바랄 행(幸)

辛 7획

서(立) 있는 곳이 십(十)자가 위인 것처럼 고생하니 **고생할 신**

또 먹기에 고생스럽도록 매우니 **매울 신**

+ 立(설 립), 十(열 십, 많을 십)

> **선생님의 한 말씀**
> '십(十)자가 위에 서(立) 있는 것처럼 고생하니 고생할 신'으로 어원을 풀면 더 자연스러운데, 필순을 고려해서 어원을 풀다 보니 어색한 어원이 되었네요. 이 교재는 좀 어색한 어원이 되더라도 모두 필순을 고려해서 어원을 풀었습니다.

干 8획

하나(一) 정도만 바꿔 생각하면 고생(辛)도 행복하니 **행복할 행**

또 행복은 누구나 바라니 **바랄 행**

> **선생님의 한 말씀**
> 모든 것은 마음먹기에 따라 달라져, 조금만 바꿔 생각하면 고생도 행복이 되지요.

幸(행복할 행) 運(운수 운) **행운** – 행복한 운수. 좋은 운수. ↔ 불운(不運).

多(많을 다) 幸(행복할 행) **다행** – '많은 행복'으로, 운수가 좋음.

074 친신[親新]
― 효과 木으로 된 한자

> **구조로 암기**
> 설 립(효)과 나무 목(木) 뒤에 볼 견, 뵐 현(見)이면 **어버이 친, 친할 친(親)**, 도끼 근, 저울 근(斤)이면 **새로울 신(新)**

見 16획

서(효) 있는 나무(木)를 돌보듯(見) 자식을 보살피는 어버이니
어버이 친
또 어버이처럼 친하니 **친할 친**

+ 효(설 립), 木(나무 목), 見(볼 견, 뵐 현)

父	親
아버지 부	어버이 친

부친 – '아버지'를 정중히 이르는 말.

親	近
친할 친	가까울 근

친근 – '친하고 가까움'으로, 사귀어 지내는 사이가 아주 가까움.

斤 13획

서(효) 있는 나무(木)를 도끼(斤)로 베어 새로 만들어 새로우니
새로울 신

+ 凹 古(오랠 고, 옛 고)
+ 斤(도끼 근, 저울 근) - 제목번호 124 참고

新	聞
새로울 신	들을 문

신문 – '새로 들음'으로, 새로운 소식을 전달하는 정기 간행물을 부르는 말.

新	入	生
새로울 신	들 입	사람을 부를 때 쓰는 접사 생

신입생 – 새로 들어온(입학한) 학생.

> 🧑‍🏫 **선생님의 한 말씀**
> 親과 新에서 공통되는 부분은 효과 木이지요. 이렇게 공통되는 부분에 다른 무엇만 붙여 만들어진 글자로 익히면 훨씬 쉽게 익혀집니다.

075 부부[音部]
– 音로 된 한자

> **구조로 암기**
> 설 립(立) 아래에 입 구, 구멍 구, 말할 구(口)면 갈라질 부(音), 갈라질 부(音) 뒤에 고을 읍 방(阝)이면 나눌 부, 마을 부(部), 또 나눠진 마을을 거느리니 거느릴 부(部)

口 8획

서서(立) 입(口)씨름할 때 튀기는 침처럼 갈라지니 **갈라질 부**

+ 立(설 립), 口(입 구, 구멍 구, 말할 구)

邑(阝) 11획

갈라놓은(音) 것처럼 고을(阝)의 여기저기 나눠진 마을이니
나눌 부, 마을 부

또 나눠진 마을을 거느리니 **거느릴 부**

+ 等(같을 등, 무리 등, 차례 등)
+ 阝(고을 읍 방) – 제목번호 168 邑(고을 읍) 참고

一 한 일	部 나눌 부	일부 – 전체를 몇 개로 나눈 것의 일부분.
部 나눌 부	分 나눌 분	부분 – 전체를 몇 개로 나눈 것의 하나.
部 거느릴 부	下 아래 하	부하 – 직책상 자기보다 더 낮은 자리에 있는 사람.

部	部	部					

076 포 물물 [勹 勿 物]
― 勹와 勿로 된 한자

구조로 암기
사람(人)이 몸 구부려 에워싸니 쌀 포(勹), 쌀 포(勹) 안에 삐침 별(丿) 둘이면 없을 물, 말 물(勿), 없을 물, 말 물(勿) 앞에 소 우 변(牜)이면 물건 물(物)

부수자 2획

사람(人)이 몸 구부려 에워싸니 **쌀 포**

선생님의 한 말씀
사람 인(人)의 한쪽을 구부린 모양으로 쌀 포(勹)를 만들었네요.

3급Ⅱ 勹 4획

싸(勹) 놓은 것을 털어 버리면(丿丿) 없으니 **없을 물**

또 이처럼 털어 버리지 말라는 데서 **말 물**

+ 丿('삐침 별'이지만 여기서는 털어 버리는 모양으로 봄)

7급Ⅱ 牛(牜) 8획

소(牜) 같은 재산을 팔아 없애서(勿) 사는 물건이니 **물건 물**

+ 忄心(마음 심, 중심 심)
+ 牜(소 우 변)

선생님의 한 말씀
옛날 시골에서는 소가 재산 목록 1호였으니, 큰 일이 있으면 소를 팔아서 그 돈으로 필요한 물건을 샀답니다.

事	物	
일 사	물건 물	사물 – 일과 물건을 함께 이르는 말.

生	物	
살 생	물건 물	생물 – 살아있는 물건.

物	物	物					

077 단양[旦昜]
– 旦으로 된 한자

구조로 암기
해 일, 날 일(日) 아래에 한 일(一)이면 아침 단(旦), 아침 단(旦) 아래에 없을 물, 말 물(勿)이면 볕 양, 햇살 양(昜)

日 5획 [3급Ⅱ]

해(日)가 지평선(一) 위로 떠오르는 아침이니
아침 단
+ 一('한 일'이지만 여기서는 지평선으로 봄)

선생님의 한 말씀
아침 단(旦)은 설날 같은 아주 특별한 아침에, 아침 조(朝)는 보통의 아침에 쓰입니다.

日 9획 [특급]

아침(旦)마다 없던(勿) 해가 떠서 비치는 볕과 햇살이니
볕 양, 햇살 양

078 양장[陽場]
– 昜으로 된 한자

> **구조로 암기**
> 볕 양, 햇살 양(昜) 앞에 언덕 부 변(阝)이면 볕 양, 드러날 양(陽), 흙 토(土)면 마당 장, 상황 장(場)

阜(阝) 12획

언덕(阝)을 비추는 볕(昜)이니 **볕 양**

또 볕이 비추면 드러나니 **드러날 양**

+ 阝(언덕 부 변) – 제목번호 168 참고

陽	地
볕 양	땅 지

양지 – 볕이 바로 드는 땅.

夕	陽
저녁 석	볕 양

석양 – 저녁때의 햇빛.

土 12획

흙(土)이 햇살(昜)처럼 넓게 펴진 마당이니 **마당 장**

또 마당에서 벌어지는 상황이니 **상황 장**

+ 土(흙 토)

場	所
마당 장	장소 소

장소 – 어떤 일을 하거나 할 수 있는 공간.

現	場
나타날 현	상황 장

현장 – ① 일이 생긴 그 마당.
② 사물이 현재 있는 곳.

079 사육[厶育]
– 厶로 된 한자

> 🔍 **구조로 암기**
> 팔 굽혀 사사로이 나에게 끌어당기는 모양에서 **사사로울 사**, **나 사(厶)**, 사사로울 사, 나 사(厶) 위에 머리 부분 두(亠), 아래에 달 월, 육 달 월(月)이면 **기를 육(育)**

부수자 2획

팔 굽혀 사사로이 나에게 끌어당기는 모양에서 **사사로울 사, 나 사**

💬 **선생님의 한 말씀**
지금은 부수로만 쓰이고 '사사롭다'라는 뜻의 한자로는 '사사로울 사(私)'를 씁니다.

7급 肉(月) 8획

머리(亠)부터 내(厶) 몸(月)처럼 기르니 **기를 육**

+ 亠(머리 부분 두), 月(달 월, 육 달 월)

育	成
기를 육	이룰 성

육성 – 길러 이루게(자라게) 함.

敎	育
가르칠 교	기를 육

교육 – 가르쳐서 기름.

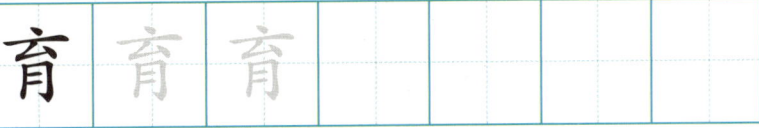

080 태(이)시[台始]
– 台로 된 한자

구조로 암기
사사로울 사, 나 사(厶) 아래에 입 구, 구멍 구, 말할 구(口)면 **별 태, 나 이, 기쁠 이**(台), 별 태, 나 이, 기쁠 이(台) 앞에 여자 녀(-女)면 **처음 시**(始)

1급Ⅱ

口 5획

사사로운(厶) 말(口)들처럼 무수히 뜬 수많은 별이니 **별 태**

또 사사로운(厶) 말(口)들에도 나는 기쁘니 **나 이, 기쁠 이**

+ 口(입 구, 구멍 구, 말할 구)

6급Ⅱ

女 8획

여자(女)에게 별(台)처럼 새 생명이 잉태되는 처음이니 **처음 시**

+ 유 本(근본 본, 뿌리 본, 책 본)

始	作	
처음 시	지을 작	시작 – 무엇을 처음으로 하거나 쉬었다가 다시 함.

開	始	
시작할 개	처음 시	개시 – 행동이나 일 등을 시작함.

始	始	始				

실력 체크 퀴즈 (071~080)

Day 08

학년   반   성명:
공부한 날짜: 점수:

※ 다음 漢字의 訓(뜻)과 音(소리)을 쓰세요.

01. 童 [ ]

02. 新 [ ]

※ 다음 밑줄 친 漢字語의 독음을 쓰세요.

03. 자주 쓰이는 영어 **文章**을 암기해 두었다. [ ][ ]

04. 나는 고개를 끄덕여 **同意**의 뜻을 나타냈다. [ ][ ]

05. 일이 잘 해결되어 **多幸**이다. [ ][ ]

※ 다음 밑줄 친 漢字語를 漢字로 쓰세요.

06. 자라나는 아이들에게 **자립**정신을 심어 주었다. [ ][ ]

07. 환경에 적응하지 못한 **생물**은 점점 없어진다. [ ][ ]

08. 추위를 피할 **장소**를 찾아보았다. [ ][ ]

정답

01. 아이 동   02. 새로울 신   03. 문장   04. 동의   05. 다행   06. 自立   07. 生物   08. 場所

081 지실[至室]
- 至로 된 한자

> **구조로 암기**
> 한 일(一) 아래에 사사로울 사, 나 사(厶)와 흙 토(土)면 **이를 지, 지극할 지(至)**, 이를 지, 지극할 지(至) 위에 집 면(宀)이면 **집 실, 방 실, 아내 실(室)**

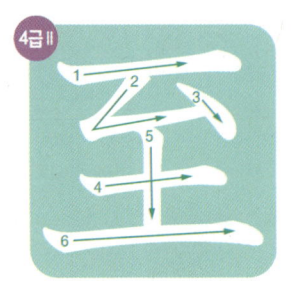

至 6획

하나(一)의 사사로운(厶) 땅(土)에 이르니 **이를 지**

또 이르러(至) 보살핌이 지극하니 **지극할 지**

+ 一(한 일), 厶(사사로울 사, 나 사), 土(흙 토)

宀 9획

지붕(宀) 아래 이르러(至) 쉬는 집이나 방이니 **집 실, 방 실**

또 주로 집에서 살림하는 아내도 가리켜서 **아내 실**

+ 유 家(집 가, 전문가 가), 堂(집 당, 당당할 당)

室	內
집 실	안 내

실내 – 집이나 방의 안.

室	溫
집 실	따뜻할 온

실온 – 방 안의 온도.

082 요후 [幺後]
– 幺로 된 한자

> 🔍 **구조로 암기**
>
> 작고 어린 아기 모양을 본떠서 작을 요, 어릴 요(幺), 작을 요, 어릴 요(幺) 아래에 천천히 걸을 쇠, 뒤져올 치(夂), 앞에 조금 걸을 척(彳)이면 뒤 후, 늦을 후(後)

부수자
3획

작고 작은 어린 아기 모양을 본떠서 **작을 요, 어릴 요**

7급Ⅱ
彳 9획

조금씩 걷고(彳) 조금(幺)씩 천천히 걸으면(夂) 뒤지고 늦으니
뒤 후, 늦을 후

+ 世 先(먼저 선), 前(앞 전)
+ 彳(조금 걸을 척), 夂(천천히 걸을 쇠, 뒤져올 치)

| 後 半 |
| 뒤 후 / 반 반 |

후반 – 전체를 반씩 둘로 나눈 것의 뒤쪽 반.

| 午 後 |
| 낮 오 / 뒤 후 |

오후 – 오시의 한 중앙인 낮 12시 이후.

| 前 後 |
| 앞 전 / 뒤 후 |

전후 – ① 앞과 뒤.
② 먼저와 나중.

083 악(락·요)약[樂藥]
- 樂으로 된 한자

> 🔍 **구조로 암기**
> 작을 요, 어릴 요(幺) 둘 사이에 흰 백, 밝을 백, 깨끗할 백, 아뢸 백(白)과 아래에 나무 목(木)이면 **노래 악, 즐길 락, 좋아할 요**(樂), 노래 악, 즐길 락, 좋아할 요(樂) 위에 초 두(艹)면 **약 약**(藥)

木 15획

(악기의 대표인) 북(白)을 작고(幺) 작은(幺) 실로 나무(木) 받침대 위에 묶어 놓고 치며 노래 부르고 즐기며 좋아하니

노래 **악**, 즐길 **락(낙)**, 좋아할 **요**

+ 🔲 歌(노래 가)
+ 🔲 苦(쓸 고, 괴로울 고)
+ 白('흰 백, 밝을 백, 깨끗할 백, 아뢸 백'이지만 여기서는 북으로 봄)

| 農 농사 농 | 樂 노래 악 | 농악 – 농촌에서 농부들 사이에 행해지는 우리나라 고유의 음악. |

| 安 편안할 안 | 樂 즐길 락 | 안락 – 편안하고 즐거움. |

| 樂 좋아할 요 | 山 산 산 | 樂 좋아할 요 | 水 물 수 | 요산요수 – 산수(山水)의 자연을 좋아함. |

草(艹) 19획

풀(艹) 중 환자에게 좋은(樂) 성분이 있는 약이니 **약 약**

+ 艹(초 두) – 제목번호 016 草 참고

> **선생님의 한 말씀**
> 옛날에는 대부분의 약을 풀에서 구했답니다.

| 藥 약 약 | 水 물 수 | 약수 – (먹거나 몸을 담그면) 약효(藥效)가 있는 샘물. |

| 藥 약 약 | 用 쓸 용 | 약용 – 약으로 씀. |

084 사 계손 [糸 系 孫]
– 糸와 系로 된 한자

> **구조로 암기**
> 실을 감아놓은 실타래를 본떠서 실 사, 실 사 변(糸), 실 사, 실 사 변(糸) 위에 삐침 별(丿)이면 이을 계, 혈통 계(系), 이을 계, 혈통 계(系) 앞에 아들 자, 접미사 자(子)면 손자 손(孫)

特급 · 糸 · 6획

실을 감아놓은 실타래( )를 본떠서 **실 사, 실 사 변**

+ 타래 – 동그랗게 감아서 뭉쳐 놓은 실이나 노끈 등의 뭉치.

4급 · 糸 · 7획

하나(丿)의 실(糸)처럼 이어지는 혈통이니 **이을 계, 혈통 계**

+ 丿('삐침 별'이지만 여기서는 하나로 봄)

6급 · 子 · 10획

아들(子)의 대를 이어주는(系) 손자니 **손자 손**

+ 子(아들 자, 접미사 자)

孫	子	손자 – 아들이 낳은 아들.
손자 손	아들 자	

代	代	孫	孫	대대손손 – 대대로 내려오는 자손.
세대 대	세대 대	손자 손	손자 손	

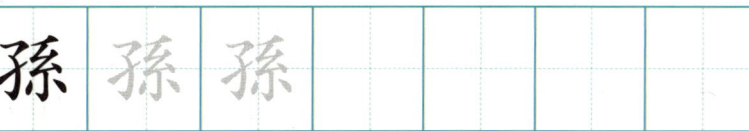

085 호소 [戶所]
− 戶로 된 한자

> **구조로 암기**
> 한 짝으로 된 문을 본떠서 문 호(戶), 또 집도 나타내어 집 호(戶), 문 호, 집 호(戶) 뒤에 도끼 근, 저울 근(斤)이면 장소 소, 바 소(所)

4급Ⅱ / 戶 / 4획

한 짝으로 된 문(戶)을 본떠서 **문 호**

또 (옛날에는 대부분 문이 한 짝씩 달린 집이었으니) 집도 나타내어 **집 호**

+ 두 짝으로 된 문은 '문 문(門)'

7급 / 戶 / 8획

집(戶)에 도끼(斤)를 두는 장소니 **장소 소**

또 장소처럼 앞에서 말한 내용을 이어 받는 '바'로도 쓰여 **바 소**

+ 바 − ① 앞에서 말한 내용 그 자체나 일 등을 나타내는 말.
    ② (어미 '~을' 뒤에 쓰여) 일의 방법이나 방도.
+ 斤(도끼 근, 저울 근)

| 所 有 | 소유 – 가지고 있음. 또는 그 물건. |
| 바 소 / 있을 유 | |

| 所 在 | 소재 – ① 어떤 곳에 있음. 또는 있는 곳. |
| 장소 소 / 있을 재 | ② 주요 건물이나 기관 등이 자리 잡고 있는 곳. |

086 문문간 [門問間]
– 門으로 된 한자 1

> **구조로 암기**
> 좌우 두 개의 문짝 있는 문을 본떠서 문 문(門), 문 문(門) 안에 입 구, 구멍 구, 말할 구(口)면 물을 문(問), 해 일, 날 일(日)이면 사이 간(間)

좌우 두 개의 문짝 있는 문을 본떠서 **문 문**

+ 한 짝으로 된 문을 본떠서는 '문 호, 집 호(戶)'

| 大 큰 대 | 門 문 문 | 대문 – 큰 문. 집의 정문. |
| 部 나눌 부 | 門 문 문 | 부문 – 일정한 기준에 따라 나누어 놓은 낱낱의 범위나 부분. |

문(門) 앞에서 말하여(口) 물으니 **물을 문**

+ 땝 答(대답할 답, 갚을 답)

| 問 물을 문 | 答 대답할 답 | 문답 – 물음과 대답. 또는 서로 묻고 대답함. |
| 問 물을 문 | 病 병들 병 | 문병 – '병을 물음'으로, 병들어 앓는 사람을 찾아가 위로함. |

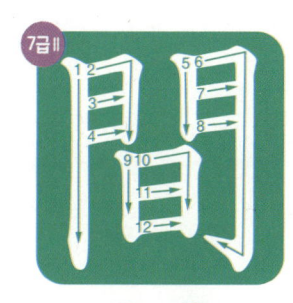

문(門) 안으로 햇(日)빛이 들어오는 사이니 **사이 간**

| 間 사이 간 | 食 먹을 식 | 간식 – 끼니 사이에 먹는 음식. 새참. |
| 夜 밤 야 | 間 사이 간 | 야간 – 해가 진 뒤부터 먼동이 트기 전까지의 동안.
↔ 주간(晝間) |

087 문개 [聞開]
― 門으로 된 한자 2

> **구조로 암기**
> 문 문(門) 안에 귀 이(耳)면 들을 문(聞), 한 일(一)과 받쳐 들 공(廾)이면 열 개, 시작할 개(開)

耳 14획

문(門)에 귀(耳) 대고 들으니 **들을 문**

+ 耳(귀 이)

百	聞
많을 백	들을 문

백문 – 여러 번 들음.

所	聞
바 소	들을 문

소문 – 사람들 입에 오르내려 전하여 들리는 말.

聞 聞 聞

門 12획

문(門)의 빗장(一)을 받쳐 들듯(廾) 잡아 여니 **열 개**

또 문을 열고 시작하니 **시작할 개**

+ 一('한 일'이지만 여기서는 빗장으로 봄), 廾(받쳐 들 공)

開	發
열 개	일어날 발

개발 – 연구하거나 개척하여 유용하게 만듦.

開	花
열 개	꽃 화

개화 – 꽃이 핌.

開	始
시작할 개	처음 시

개시 – 행동이나 일을 시작함.

開 開 開

최신 기출 완벽 분석

빅데이터 합격한자

합격을 위한 가장 빠르고 확실한 방법!

- ☑ **빅데이터**를 기반으로 어문회 6급 빈출 한자 완벽 분석!
- ☑ **빈출순**으로 6급 한자 · 한자어 완벽 복습!
- ☑ 시험 직전, **예상 퀴즈 180개**로 실력 점검!

시대에듀

빈출순으로 정리한 한자

배정한자 300자 한눈에 보기

※ 최신 기출문제를 분석해 빈출순으로 번호를 붙였습니다.
　왼쪽 페이지는 한자, 오른쪽 페이지는 훈음으로 구성하였으니 번갈아 보며 학습해 보세요.

❶ 長	❷ 苦	❸ 生	❹ 自	❺ 今	❻ 夕	❼ 草	❽ 遠
❾ 地	❿ 氣	⓫ 動	⓬ 服	⓭ 場	⓮ 家	⓯ 間	⓰ 民
⓱ 海	⓲ 老	⓳ 然	⓴ 食	㉑ 日	㉒ 物	㉓ 陽	㉔ 族
㉕ 弱	㉖ 朝	㉗ 心	㉘ 農	㉙ 別	㉚ 電	㉛ 夏	㉜ 手
㉝ 道	㉞ 作	㉟ 親	㊱ 和	㊲ 山	㊳ 所	㊴ 後	㊵ 話
㊶ 路	㊷ 綠	㊸ 命	㊹ 室	㊺ 明	㊻ 祖	㊼ 植	㊽ 利
㊾ 用	㊿ 發	51 事	52 算	53 感	54 幸	55 夜	56 內
57 育	58 色	59 頭	60 運	61 童	62 方	63 午	64 安
65 年	66 集	67 洋	68 數	69 空	70 角	71 名	72 術
73 根	74 度	75 理	76 面	77 體	78 等	79 計	80 樂

❶ 길 **장**	❷ 쓸 **고**	❸ 날 **생**	❹ 스스로 **자**	❺ 이제 **금**	❻ 저녁 **석**	❼ 풀 **초**	❽ 멀 **원**
❾ 땅 **지**	❿ 기운 **기**	⓫ 움직일 **동**	⓬ 옷 **복**	⓭ 마당 **장**	⓮ 집 **가**	⓯ 사이 **간**	⓰ 백성 **민**
⓱ 바다 **해**	⓲ 늙을 **로**	⓳ 그러할 **연**	⓴ 밥 **식**	㉑ 날 **일**	㉒ 물건 **물**	㉓ 볕 **양**	㉔ 겨레 **족**
㉕ 약할 **약**	㉖ 아침 **조**	㉗ 마음 **심**	㉘ 농사 **농**	㉙ 다를 **별**	㉚ 번개 **전**	㉛ 여름 **하**	㉜ 손 **수**
㉝ 길 **도**	㉞ 지을 **작**	㉟ 친할 **친**	㊱ 화목할 **화**	㊲ 산 **산**	㊳ 바 **소**	㊴ 뒤 **후**	㊵ 말씀 **화**
㊶ 길 **로**	㊷ 푸를 **록**	㊸ 목숨 **명**	㊹ 집 **실**	㊺ 밝을 **명**	㊻ 할아버지 **조**	㊼ 심을 **식**	㊽ 이로울 **리**
㊾ 쓸 **용**	㊿ 쏠 **발**	(51) 일 **사**	(52) 셈 **산**	(53) 느낄 **감**	(54) 행복할 **행**	(55) 밤 **야**	(56) 안 **내**
(57) 기를 **육**	(58) 빛 **색**	(59) 머리 **두**	(60) 옮길 **운**	(61) 아이 **동**	(62) 모 **방**	(63) 낮 **오**	(64) 편안할 **안**
(65) 해 **년**	(66) 모일 **집**	(67) 큰 바다 **양**	(68) 셀 **수**	(69) 빌 **공**	(70) 뿔 **각**	(71) 이름 **명**	(72) 재주 **술**
(73) 뿌리 **근**	(74) 정도 **도**	(75) 다스릴 **리**	(76) 얼굴 **면**	(77) 몸 **체**	(78) 무리 **등**	(79) 셈할 **계**	(80) 즐길 **락**

81 時	82 青	83 特	84 速	85 近	86 多	87 古	88 人
89 大	90 前	91 番	92 庭	93 成	94 始	95 本	96 現
97 新	98 晝	99 代	100 花	101 校	102 市	103 登	104 便
105 直	106 孝	107 線	108 勝	109 衣	110 短	111 死	112 敎
113 中	114 木	115 村	116 球	117 樹	118 信	119 號	120 溫
121 圖	122 身	123 天	124 足	125 同	126 禮	127 意	128 春
129 活	130 正	131 野	132 表	133 風	134 書	135 開	136 通
137 聞	138 行	139 秋	140 學	141 戰	142 習	143 軍	144 少
145 每	146 歌	147 世	148 住	149 弟	150 急	151 式	152 消
153 在	154 口	155 待	156 目	157 由	158 藥	159 堂	160 平

(81) 때 **시**	(82) 푸를 **청**	(83) 특별할 **특**	(84) 빠를 **속**	(85) 가까울 **근**	(86) 많을 **다**	(87) 옛 **고**	(88) 사람 **인**
(89) 큰 **대**	(90) 앞 **전**	(91) 차례 **번**	(92) 뜰 **정**	(93) 이룰 **성**	(94) 처음 **시**	(95) 근본 **본**	(96) 나타날 **현**
(97) 새로울 **신**	(98) 낮 **주**	(99) 대신할 **대**	(100) 꽃 **화**	(101) 학교 **교**	(102) 시장 **시**	(103) 오를 **등**	(104) 편할 **편**
(105) 곧을 **직**	(106) 효도 **효**	(107) 줄 **선**	(108) 이길 **승**	(109) 옷 **의**	(110) 짧을 **단**	(111) 죽을 **사**	(112) 가르칠 **교**
(113) 가운데 **중**	(114) 나무 **목**	(115) 마을 **촌**	(116) 공 **구**	(117) 나무 **수**	(118) 믿을 **신**	(119) 이름 **호**	(120) 따뜻할 **온**
(121) 그림 **도**	(122) 몸 **신**	(123) 하늘 **천**	(124) 발 **족**	(125) 한가지 **동**	(126) 예도 **례**	(127) 뜻 **의**	(128) 봄 **춘**
(129) 살 **활**	(130) 바를 **정**	(131) 들 **야**	(132) 겉 **표**	(133) 바람 **풍**	(134) 글 **서**	(135) 열 **개**	(136) 통할 **통**
(137) 들을 **문**	(138) 다닐 **행**	(139) 가을 **추**	(140) 배울 **학**	(141) 싸울 **전**	(142) 익힐 **습**	(143) 군사 **군**	(144) 적을 **소**
(145) 매양 **매**	(146) 노래 **가**	(147) 세상 **세**	(148) 살 **주**	(149) 아우 **제**	(150) 급할 **급**	(151) 법 **식**	(152) 삭일 **소**
(153) 있을 **재**	(154) 입 **구**	(155) 기다릴 **대**	(156) 눈 **목**	(157) 말미암을 **유**	(158) 약 **약**	(159) 집 **당**	(160) 평평할 **평**

⑯¹ 上	⑯² 油	⑯³ 病	⑯⁴ 白	⑯⁵ 科	⑯⁶ 共	⑯⁷ 公	⑯⁸ 答
⑯⁹ 外	⑰⁰ 交	⑰¹ 太	⑰² 使	⑰³ 勇	⑰⁴ 美	⑰⁵ 米	⑰⁶ 省
⑰⁷ 萬	⑰⁸ 姓	⑰⁹ 出	⑱⁰ 先	⑱¹ 向	⑱² 英	⑱³ 園	⑱⁴ 注
⑱⁵ 業	⑱⁶ 有	⑱⁷ 記	⑱⁸ 立	⑱⁹ 分	⑲⁰ 合	⑲¹ 子	⑲² 重
⑲³ 休	⑲⁴ 窓	⑲⁵ 夫	⑲⁶ 雪	⑲⁷ 門	⑲⁸ 形	⑲⁹ 席	²⁰⁰ 醫
²⁰¹ 高	²⁰² 孫	²⁰³ 入	²⁰⁴ 南	²⁰⁵ 部	²⁰⁶ 飮	²⁰⁷ 失	²⁰⁸ 界
²⁰⁹ 工	²¹⁰ 女	²¹¹ 愛	²¹² 永	²¹³ 區	²¹⁴ 章	²¹⁵ 郡	²¹⁶ 昨
²¹⁷ 冬	²¹⁸ 邑	²¹⁹ 火	²²⁰ 黃	²²¹ 光	²²² 林	²²³ 兄	²²⁴ 者
²²⁵ 來	²²⁶ 淸	²²⁷ 百	²²⁸ 神	²²⁹ 班	²³⁰ 銀	²³¹ 江	²³² 右
²³³ 男	²³⁴ 一	²³⁵ 放	²³⁶ 旗	²³⁷ 里	²³⁸ 父	²³⁹ 母	²⁴⁰ 左

⑯¹ 위 상	⑯² 기름 유	⑯³ 병 병	⑯⁴ 흰 백	⑯⁵ 과목 과	⑯⁶ 함께 공	⑯⁷ 공평할 공	⑯⁸ 대답할 답
⑯⁹ 밖 외	⑰⁰ 사귈 교	⑰¹ 클 태	⑰² 하여금 사	⑰³ 날랠 용	⑰⁴ 아름다울 미	⑰⁵ 쌀 미	⑰⁶ 살필 성
⑰⁷ 일만 만	⑰⁸ 성씨 성	⑰⁹ 날 출	⑱⁰ 먼저 선	⑱¹ 향할 향	⑱² 꽃부리 영	⑱³ 동산 원	⑱⁴ 물댈 주
⑱⁵ 업 업	⑱⁶ 있을 유	⑱⁷ 기록할 기	⑱⁸ 설 립	⑱⁹ 나눌 분	⑲⁰ 합할 합	⑲¹ 아들 자	⑲² 무거울 중
⑲³ 쉴 휴	⑲⁴ 창문 창	⑲⁵ 사내 부	⑲⁶ 눈 설	⑲⁷ 문 문	⑲⁸ 모양 형	⑲⁹ 자리 석	⑳⁰ 의원 의
㉑ 높을 고	㉒ 손자 손	㉓ 들 입	㉔ 남쪽 남	㉕ 나눌 부	㉖ 마실 음	㉗ 잃을 실	㉘ 경계 계
㉙ 장인 공	㉚ 여자 녀	㉛ 사랑 애	㉜ 길 영	㉝ 구분할 구	㉞ 글 장	㉟ 고을 군	㊱ 어제 작
㊲ 겨울 동	㊳ 고을 읍	㊴ 불 화	㊵ 누를 황	㊶ 빛 광	㊷ 수풀 림	㊸ 형 형	㊹ 놈 자
㊺ 올 래	㊻ 맑을 청	㊼ 일백 백	㊽ 귀신 신	㊾ 나눌 반	㊿ 은 은	㉛ 강 강	㉜ 오른쪽 우
㉝ 사내 남	㉞ 한 일	㉟ 놓을 방	㊱ 기 기	㊲ 마을 리	㊳ 아버지 부	㊴ 어머니 모	㊵ 왼쪽 좌

7

㉑才	㉒月	㉓京	㉔石	㉕各	㉖洞	㉗功	㉘西
㉙果	㉚主	㉛金	㉜千	㉝言	㉞水	㉟畫	㊱寸
㊲土	㊳川	㊴小	㊵半	㊶下	㊷北	㊸反	㊹對
㊺車	㊻全	㊼九	㊽社	㊾強	㊿例	㈰三	㈱八
㉓王	㉔問	㉕文	㉖國	㉗讀	㉘韓	㉙四	㉚會
㉛題	㉜紙	㉝五	㉞語	㉟二	㉠李	㉡音	㉢朴
㉣十	㉤力	㉥訓	㉦定	㉧七	㉨字	㉩六	㉪第
㉫級	㉬東	㉭不	㉮漢				

㉑ 재주 재	㉒ 달 월	㉓ 서울 경	㉔ 돌 석	㉕ 각각 각	㉖ 마을 동	㉗ 공 공	㉘ 서쪽 서
㉙ 과실 과	㉚ 주인 주	㉛ 쇠 금 성씨 김	㉜ 일천 천	㉝ 말씀 언	㉞ 물 수	㉟ 그림 화	㊱ 마디 촌
㊲ 흙 토	㊳ 내 천	㊴ 작을 소	㊵ 반 반	㊶ 아래 하	㊷ 북쪽 북	㊸ 거꾸로 반	㊹ 상대할 대
㊺ 수레 거 수레 차	㊻ 온전할 전	㊼ 아홉 구	㊽ 모일 사	㊾ 강할 강	㊿ 법식 례	㉛ 석 삼	㉜ 여덟 팔
㉝ 임금 왕	㉞ 물을 문	㉟ 글월 문	㊱ 나라 국	㊲ 읽을 독	㊳ 한국 한	㊴ 넉 사	㊵ 모일 회
㊶ 제목 제	㊷ 종이 지	㊸ 다섯 오	㊹ 말씀 어	㊺ 둘 이	㊻ 오얏 리 성씨 리	㊼ 소리 음	㊽ 성씨 박
㊾ 열 십	㊿ 힘 력	㉛ 가르칠 훈	㉜ 정할 정	㉝ 일곱 칠	㉞ 글자 자	㉟ 여섯 륙	㊱ 차례 제
㊲ 등급 급	㊳ 동쪽 동	㊴ 아닐 불 아닐 부	㊵ 한나라 한				

※ 다음 한자의 훈과 음을 적어 봅시다.

	한자	훈음		한자	훈음
1	計		16	樂	
2	由		17	利	
3	全		18	立	
4	王		19	七	
5	國		20	不	
6	八		21	定	
7	理		22	車	
8	五		23	字	
9	音		24	六	
10	讀		25	年	
11	語		26	省	
12	十		27	度	
13	訓		28	第	
14	北		29	分	
15	禮		30	木	

01 셈할 계 02 말미암을 유 03 온전할 전 04 임금 왕 05 나라 국 06 여덟 팔 07 다스릴 리
08 다섯 오 09 소리 음 10 읽을 독 11 말씀 어 12 열 십 13 가르칠 훈 14 북쪽 북
15 예도 례 16 즐길 락/노래 악/좋아할 요 17 이로울 리 18 설 립 19 일곱 칠 20 아닐 불/부
21 정할 정 22 수레 거/수레 차 23 글자 자 24 여섯 륙 25 해 년 26 살필 성 27 정도 도
28 차례 제 29 나눌 분 30 나무 목

※ 다음 한자의 훈과 음을 적어 봅시다.

한자		훈음		한자		훈음
31	萬		46	李	
32	孫		47	二	
33	里		48	朴	
34	老		49	對	
35	社		50	來	
36	文		51	問	
37	韓		52	九	
38	會		53	成	
39	紙		54	例	
40	題		55	水	
41	力		56	石	
42	金		57	反	
43	綠		58	三	
44	四		59	京	
45	路		60	父	

31 일만 만 32 손자 손 33 마을 리 34 늙을 로 35 모일 사 36 글월 문 37 한국 한
38 모일 회 39 종이 지 40 제목 제 41 힘 력 42 쇠 금/성씨 김 43 푸를 록 44 넉 사
45 길 로 46 오얏/성씨 리 47 둘 이 48 성씨 박 49 상대할 대 50 올 래 51 물을 문
52 아홉 구 53 이룰 성 54 법식 례 55 물 수 56 돌 석 57 거꾸로 반 58 석 삼
59 서울 경 60 아버지 부

※ 다음 훈과 음에 해당하는 한자를 적어 봅시다.

	훈음	한자			훈음	한자
61	어머니 모			76	있을 유	
62	사내 남			77	일천 천	
63	일백 백			78	아들 자	
64	올 래			79	주인 주	
65	아래 하			80	각각 각	
66	내 천			81	공 공	
67	귀신 신			82	한 일	
68	그림 화			83	아름다울 미	
69	빛 광			84	가르칠 교	
70	말씀 언			85	군사 군	
71	들 입			86	늙을 로	
72	성씨 성			87	몸 신	
73	문 문			88	눈 목	
74	쇠 금/성씨 김			89	위 상	
75	마실 음			90	다스릴 리	

61 母 62 男 63 百 64 來 65 下 66 川 67 神 68 畫 69 光 70 言 71 入
72 姓 73 門 74 金 75 飮 76 有 77 千 78 子 79 主 80 各 81 功 82 一
83 美 84 敎 85 軍 86 老 87 身 88 目 89 上 90 理

※ 다음 한자어의 음을 적어 봅시다.

	한자어	음		한자어	음
91	自然		106	姓名	
92	太陽		107	溫度	
93	左右		108	現在	
94	兄弟		109	便利	
95	敎育		110	便安	
96	始作		111	電氣	
97	庭園		112	成功	
98	根本		113	敎室	
99	番號		114	植物	
100	計算		115	飮食	
101	勝利		116	新聞	
102	午前		117	歌手	
103	時間		118	海軍	
104	每日		119	特別	
105	衣服		120	科目	

91 자연 92 태양 93 좌우 94 형제 95 교육 96 시작 97 정원 98 근본 99 번호
100 계산 101 승리 102 오전 103 시간 104 매일 105 의복 106 성명 107 온도 108 현재
109 편리 110 편안 111 전기 112 성공 113 교실 114 식물 115 음식 116 신문 117 가수
118 해군 119 특별 120 과목

※ 다음 한자어에 포함된 한글을 한자로 바르게 바꾸어 적어 봅시다.

음	한자		음	한자
121	集合		136	住民
122	交通		137	住소
123	入구		138	反성
124	시場		139	新록
125	手족		140	正오
126	祖상		141	永원
127	農사		142	활動
128	理유		143	父모
129	안心		144	백姓
130	家정		145	秋석
131	주夜		146	空간
132	동里		147	美술
133	산數		148	親족
134	野구		149	의術
135	전話		150	동話

121 集 122 交 123 口 124 市 125 足 126 上 127 事 128 由 129 安 130 庭
131 晝 132 洞 133 算 134 球 135 電 136 住 137 所 138 省 139 綠 140 午
141 遠 142 活 143 母 144 百 145 夕 146 間 147 術 148 族 149 醫 150 童

※ 다음 사자성어의 음을 적어 봅시다.

	사자성어	음		사자성어	음
151	春夏秋冬		166	人命在天	
152	東西古今		167	同苦同樂	
153	九死一生		168	山川草木	
154	千萬多幸		169	晝夜長川	
155	一朝一夕		170	東問西答	
156	作心三日		171	生死苦樂	
157	公明正大		172	白衣民族	
158	十中八九		173	一長一短	
159	淸風明月		174	同姓同本	
160	草綠同色		175	大韓民國	
161	電光石火		176	東西南北	
162	子孫萬代		177	花朝月夕	
163	父子有親		178	門前成市	
164	男女老少		179	一日三省	
165	二八靑春		180	一口二言	

151 춘하추동 152 동서고금 153 구사일생 154 천만다행 155 일조일석 156 작심삼일
157 공명정대 158 십중팔구 159 청풍명월 160 초록동색 161 전광석화 162 자손만대
163 부자유친 164 남녀노소 165 이팔청춘 166 인명재천 167 동고동락 168 산천초목
169 주야장천 170 동문서답 171 생사고락 172 백의민족 173 일장일단 174 동성동본
175 대한민국 176 동서남북 177 화조월석 178 문전성시 179 일일삼성 180 일구이언

· 15

빅데이터 합격한자

088 임 정정 [壬 廷庭]
― 壬과 廷으로 된 한자

> **구조로 암기**
> 삐침 별(丿) 아래에 선비 사, 군사 사, 칭호나 직업 이름에 붙이는 말 사(士)면 **간사할 임, 짊어질 임, 북방 임**(壬), 간사할 임, 짊어질 임, 북방 임(壬) 앞에 길게 걸을 인(廴)이면 **조정 정, 관청 정**(廷), 조정 정, 관청 정(廷) 위에 집 엄(广)이면 **뜰 정**(庭)

3급 II 士 4획

삐뚤어진(丿) 선비(士)는 간사하여 나중에 큰 죄업을 짊어지니
간사할 임, 짊어질 임

또 지도의 방위 표시에서 땅(一)의 네 방위(十) 중 북방을 가리키니(丿)
북방 임

+ 丿(삐침 별), 士(선비 사, 군사 사, 칭호나 직업 이름에 붙이는 말 사)

3급 II 廴 7획

임무를 맡고(壬) 걸어가는(廴) 조정이나 관청이니
조정 정, 관청 정

+ 廴 – 다리를 끌며 길게 걷는 모양에서 '길게 걸을 인'

6급 II 广 10획

집(广) 안에 조정(廷)처럼 가꾼 뜰이니 **뜰 정**

+ 广(집 엄) – 제목번호 049 참고

| 家
집 가 | 庭
뜰 정 | 가정 – '집의 뜰'로, 한 가족이 살림하고 있는 집. |
| 校
학교 교 | 庭
뜰 정 | 교정 – '학교의 뜰'로, 학교의 마당이나 운동장. |

庭 庭 庭

제1편 한자 익히기

089 왕옥반 [王玉班]
- 王으로 된 한자

> 🔍 **구조로 암기**
>
> 하늘(一) 땅(一) 사람(一)의 뜻을 두루 꿰뚫어(丨) 보아야 했던 임금이니 **임금 왕, 으뜸 왕, 구슬 옥 변(王)**, 임금 왕, 으뜸 왕, 구슬 옥 변(王) 우측 아래에 점 주, 불똥 주(丶)면 **구슬 옥(玉)**, 임금 왕, 으뜸 왕, 구슬 옥 변(王) 둘 사이에 칼 도 방(刂)의 변형(丿)이면 **나눌 반, 반 반, 양반 반(班)**

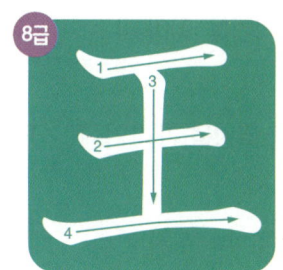

王(玉) 4획

하늘(一) 땅(一) 사람(一)의 뜻을 두루 꿰뚫어(丨) 보아야 했던 임금이니 **임금 왕**

또 임금처럼 그 분야에서 으뜸이니 **으뜸 왕**

또 구슬 옥(玉)이 부수로 쓰일 때의 모양으로 **구슬 옥 변**

+ 📖 民(백성 민)
+ 一('한 일'이지만 여기서는 하늘·땅·사람으로 봄), 丨(뚫을 곤)

여왕 – 여자 임금.

王	王	王					

王 5획

임금 왕(王) 우측에 점(丶)을 찍어서 **구슬 옥**

> 👤 **선생님의 한 말씀**
>
> 원래는 구슬 세(三) 개를 끈으로 꿰어(丨) 놓은 모양(玉)이었으나 임금 왕(王)과 구별하기 위하여 점 주, 불똥 주(丶)를 더했네요. 그러나 임금 왕(王)은 부수로 쓰이지 않으니, 구슬 옥(玉)이 부수로 쓰일 때는 원래의 모양인 王으로 쓰고 '구슬 옥 변'이라 부르지요.

玉(王) 10획

구슬(王)과 구슬(王)을 칼(丿)로 나눈 반이니 **나눌 반, 반 반**

또 옛날에 서민과 나누어 대접했던 양반이니 **양반 반**

+ 🔗 分(나눌 분, 단위 분, 단위 푼, 신분 분, 분별할 분, 분수 분), 別(나눌 별, 다를 별)
+ 📖 合(합할 합, 맞을 합)

班	長
나눌 반	어른 장

반장 – 반(班)을 대표하거나 지휘하는 사람.

合	班
합할 합	나눌 반

합반 – 두 학급 이상이 합치거나 또는 그렇게 만든 반.

班	班	班					

090 주주주 [主住注]
– 主로 된 한자

> **구조로 암기**
> 임금 왕, 으뜸 왕, 구슬 옥 변(王) 위에 점 주, 불똥 주(丶)면 **주인 주(主)**, 주인 주(主) 앞에 사람 인 변(亻)이면 **살 주, 사는 곳 주(住)**, 삼 수 변(氵)이면 **물댈 주, 쏟을 주(注)**

7급
丶 5획

(임금보다 더 책임감을 갖는 분이 주인이니)
점(丶)을 임금 왕(王) 위에 찍어서 **주인 주**

+ 반 客(손님 객), 民(백성 민)
+ 丶(점 주, 불똥 주)

公	主
귀공자 공	주인 주

공주 – 왕비가 낳은 임금의 딸.

主	人	公
주인 주	사람 인	귀공자 공

주인공 – ① (연극, 영화, 소설 등에서) 사건의 중심이 되는 인물.
② (어떤 일에서) 중심이 되는 사람.

7급
人(亻) 7획

사람(亻)이 주(主)로 사는 곳이니 **살 주, 사는 곳 주**

+ 비 活(살 활)

住	所
사는 곳 주	장소 소

주소 – 사는 장소.

住	民
살 주	백성 민

주민 – (일정한 지역에) 살고 있는 사람.

6급 II
水(氵) 8획

물(氵)을 한쪽으로 주(主)로 대고 쏟으니 **물댈 주, 쏟을 주**

+ 氵(삼 수 변)

注	油
물댈 주	기름 유

주유 – 기름을 넣음.

注	目
쏟을 주	볼 목

주목 – 눈길을 쏟아(관심을 갖고) 봄.

실력 체크 퀴즈 (081~090)

Day 09

학년   반   성명:
공부한 날짜: 점수:

※ 다음 漢字의 訓(뜻)과 音(소리)을 쓰세요.

01. 聞 [　　]

02. 開 [　　]

※ 다음 밑줄 친 漢字語의 독음을 쓰세요.

03. 라디오에서는 신나는 <u>音樂</u>이 흘러나왔다. [　][　]

04. 아버지는 아침마다 <u>藥水</u>터에 가신다. [　][　]

05. 할아버지는 <u>孫子</u>를 귀여워하신다. [　][　]

※ 다음 밑줄 친 漢字語를 漢字로 쓰세요.

06. 강연이 끝나자 잠시 <u>문답</u>하는 시간이 있었다. [　][　]

07. 구운 감자는 내가 제일 좋아하는 <u>간식</u>이다. [　][　]

08. 학교의 <u>주인</u>은 학생이다. [　][　]

정답

01. 들을 문 02. 열 개, 시작할 개 03. 음악 04. 약수 05. 손자 06. 問答 07. 間食 08. 主人

091 양양미 [羊洋美]
– 羊으로 된 한자

> **구조로 암기**
> 앞에서 바라본 양을 본떠서 양 양(羊), 양 양(羊) 앞에 삼 수 변(氵)이면 큰 바다 양, 서양 양(洋), 양 양(羊)의 변형(𦍌) 아래에 큰 대(大)면 아름다울 미(美)

4급Ⅱ 羊 6획

앞에서 바라본 양을 본떠서 **양 양**

🧑‍🏫 **선생님의 한 말씀**
양은 성질이 온순하여 방목하거나 길들이기도 좋으며, 부드럽고 질긴 털과 가죽 그리고 고기를 주니 이로운 짐승이지요. 때문에, 양(羊)이 부수로 쓰이면 대부분 좋은 의미의 한자입니다.

6급 水(氵) 9획

물(氵)결이 수만 마리 양(羊) 떼처럼 출렁이는 큰 바다니 **큰 바다 양**

또 큰 바다 건너편에 있는 서양이니 **서양 양**

+ 유 海(바다 해)

洋	食
서양 양	먹을 식

양식 – 서양식 음식.

洋	洋	大	海
큰 바다 양	큰 바다 양	큰 대	바다 해

양양대해 – 한없이 넓고 큰 바다.

6급 羊 9획

양(羊)이 커(大)가는 모양처럼 아름다우니 **아름다울 미**

+ 𦍌[양 양(羊)의 변형], 大(큰 대)

美	人
아름다울 미	사람 인

미인 – 아름다운 사람.

美	術
아름다울 미	재주 술

미술 – (공간이나 시각적으로) 아름답게 꾸미는 재주.

Day 10

092 공강공 [工江功]
- 工으로 된 한자

> **구조로 암기**
> 장인이 물건을 만들 때 쓰는 자를 본떠서 **장인 공, 만들 공, 연장 공(工)**, 장인 공, 만들 공, 연장 공(工) 앞에 삼 수 변(氵)이면 **강 강(江)**, 뒤에 힘 력(力)이면 **공 공, 공로 공(功)**

工 3획

장인이 물건을 만들 때 쓰는 자를 본떠서
장인 공, 만들 공, 연장 공

+ 장인 - ① 匠人 - 물건 만듦을 직업으로 삼는 기술자.
　　　　② 丈人 - 아내의 아버지. 여기서는 ①의 뜻.
+ 匠(장인 장), 丈(어른 장, 길이 장)

木	工
나무 목	만들 공

목공 - ① 나무를 다루어 물건을 만드는 일.
　　　② 목수(木手).

工	作
만들 공	지을 작

공작 - ① 물건을 만듦.
　　　② 어떤 목적을 위하여 미리 일을 꾸밈.

水(氵) 6획

물(氵)이 흘러갈 때 만들어지는(工) 강이니 **강 강**

江	村
강 강	마을 촌

강촌 - 강가의 마을.

力 5획

만드는(工) 데 힘(力)들인 공이며 공로니 **공 공, 공로 공**

+ 공(功) - 힘들여 이루어 낸 결과.
+ 공로(功勞) - 어떤 목적을 이루는 데에 힘쓴 노력이나 수고.
+ 力(힘 력), 勞(수고할 로, 일할 로)

成	功
이룰 성	공 공

성공 - 목적하는 바를 이룸.

有	功	者
있을 유	공로 공	놈 자

유공자 - 공로가 있는 사람.

功	功	功					

093 정형[井形]
– 井으로 된 한자

🔍 구조로 암기

나무로 엇갈리게 쌓아 만들었던 우물이나 우물틀 모양을 본떠서 **우물 정, 우물틀 정(井)**, 우물 정, 우물틀 정(井)의 변형(开) 뒤에 터럭 삼, 긴머리 삼(彡)이면 **모양 형(形)**

3급Ⅱ
二 4획

나무로 엇갈리게 쌓아 만들었던 우물이나 우물틀() 모양을 본떠서
우물 정, 우물틀 정

👨 선생님의 한 말씀
옛날에는 우물을 파고 흙이 메워지지 않도록 통나무를 井자 모양으로 쌓아 올렸답니다.

6급Ⅱ
彡 7획

우물(开)에 머리털(彡)이 비친 모양이니 **모양 형**

+ 开[우물 정, 우물틀 정(井)의 변형], 彡(터럭 삼, 긴머리 삼)

👨 선생님의 한 말씀
거울이 없던 옛날에는 우물에 자기 모습을 비추어 보기도 했지요.

成	形	
이룰 성	모양 형	

성형 – ① 일정한 형체를 만듦.
② 신체의 어떤 부분을 고치거나 만듦.

形	形	色	色
모양 형	모양 형	빛 색	빛 색

형형색색 – 가지각색의 사물을 말함.

094 쇠(치)하동[夊夏冬]
– 夊로 된 한자

> **구조로 암기**
> 사람(夂)이 다리를 끌며(乀) 천천히 걸어 뒤져오니 **천천히 걸을 쇠, 뒤져올 치(夊)**, 천천히 걸을 쇠, 뒤져올 치(夊) 위에 한 일(一)과 스스로 자(自)면 **여름 하(夏)**, 아래에 이 수 변(冫)의 변형(冫)이면 **겨울 동(冬)**

부수자 · 3획

사람(夂)이 다리를 끌며(乀) 천천히 걸어 뒤져오니
천천히 걸을 쇠, 뒤져올 치

+ 夂['사람 인(人)'의 변형], 乀('파임 불'이지만 여기서는 다리를 끄는 모양으로 봄)

7급 · 夊 · 10획

(너무 더워서) 하나(一) 같이 스스로(自) 천천히 걸으려고(夊) 하는 여름이니 **여름 하**

+ 自(자기 자, 스스로 자, 부터 자) – 제목번호 038 참고

夏	服
여름 하	옷 복

하복 – 여름철에 입는 옷.

立	夏
설 입	여름 하

입하 – 24절기의 하나로, 농작물이 잘 자라는 여름의 시작.

7급 · 氷(冫) · 5획

계절 중 뒤에 와서(夊) 물이 어는(冫) 겨울이니 **겨울 동**

+ 冫['얼음 빙(氷)'이 부수로 쓰일 때의 모양인 이 수 변(冫)의 변형]

冬	服
겨울 동	옷 복

동복 – 겨울철에 입는 옷.

冬	天
겨울 동	하늘 천

동천 – ① 겨울 하늘.
② 겨울날.

095 고 남 [高 南]
— 高와 南

> 🔍 **구조로 암기**
> 높은 누각을 본떠서 **높을 고**(高), 멀 경, 성 경(冂) 위에 열 십, 많을 십(十), 안에 이쪽저쪽의 모양(䒑)과 방패 간, 범할 간, 얼마 간, 마를 간(干)이면 **남쪽 남**(南)

6급 II

高

高 10획

높은 누각(→ 髙)을 본떠서 **높을 고**

高	校
높을 고	학교 교

고교 – 고등학교의 준말.

高	速
높을 고	빠를 속

고속 – 매우 빠른 속도.

高 高 高

8급

南

十 9획

많은(十) 성(冂)마다 양쪽(䒑)으로 열리는 방패(干) 같은 문이 있는 남쪽이니 **남쪽 남**

+ 十(열 십, 많을 십), 干(방패 간, 범할 간, 얼마 간, 마를 간) – 제목번호 103 참고

> 👨‍🏫 **선생님의 한 말씀**
> 우리가 사는 북반구에서는 남쪽이 밝고 따뜻하니, 대부분의 성은 남향으로 짓고 문도 남쪽에 있지요.

南	向
남쪽 남	향할 향

남향 – 남쪽으로 향함.

南	半	球
남쪽 남	반 반	공 구

남반구 – (적도를 경계로) 지구를 반으로 나누었을 때의 남쪽 부분.

南 南 南

Day 10

096 두시야 [亠市夜]
亠로 된 한자

> 🔍 **구조로 암기**
> (옛날 갓을 쓸 때) 상투를 튼 머리 부분 모양에서 **머리 부분 두(亠)**, 머리 부분 두(亠) 아래에 수건 건(巾)이면 **시장 시, 시내 시(市)**, 사람 인 변(亻)과 저녁 석(夕), 파임 불(㇏)이면 **밤 야(夜)**

부수자

2획

(옛날 갓을 쓸 때) 상투를 튼 머리 부분 모양에서 **머리 부분 두**

+ 상투 – 옛날에 장가든 남자가 머리털을 끌어 올려 정수리 위에 틀어 감아 맨 것.
+ 갓 – 옛날에 어른이 된 남자가 머리에 쓰던 의관의 하나.

7급Ⅱ

巾 5획

머리(亠)를 수건(巾)으로라도 꾸미고 가던 시장이나 시내니
시장 시, 시내 시

> 🧑‍🏫 **선생님의 한 말씀**
> '저자 시'라고도 하는데, '저자'는 시장의 옛날 말이지요.
> 옛날에는 모자처럼 수건을 두르고 시장에 갔던가 봐요.

市	場
시장 시	마당 장

시장 – 여러 가지 상품을 사고파는 일정한 장소.

門	前	成	市
문 문	앞 전	이룰 성	시장 시

문전성시 – 찾아오는 사람이 많아 집 문 앞이 시장을 이루다시피 함.

市	市	市						

6급

夕 8획

머리(亠) 두르고 사람(亻)이 집으로 돌아가는 저녁(夕)부터 이어지는(㇏) 밤이니 **밤 야**

+ 亻(사람 인 변), 夕(저녁 석), ㇏('파임 불'이지만 여기서는 이어지는 모양으로 봄)

夜	光
밤 야	빛 광

야광 – ① 어둠 속에서 빛을 냄.
② 달이 없고 맑게 갠 밤하늘에 보이는 희미한 빛.

晝	夜
낮 주	밤 야

주야 – 밤낮.

夜	夜	夜						

097 경경[京景]
– 京으로 된 한자

> 🔍 **구조로 암기**
> 높을 고(高)의 획 줄임(亠) 아래에 작을 소(小)면 서울 경(京),
> 서울 경(京) 위에 해 일, 날 일(日)이면 볕 경, 경치 경, 클 경(景)

6급 亠 8획

높은(亠) 곳에도 작은(小) 집들이 많은 서울이니 **서울 경**

+ 팬 村(마을 촌)
+ 亠[높을 고(高)의 획 줄임], 小(작을 소)

💬 **선생님의 한 말씀**
요즘은 서울이 잘 정비되어 좋아졌지만, 옛날에는 고지대에 달동네가 많았답니다.

北	京
북쪽 북	서울 경

북경 – 중국의 수도. '베이징'을 한자음으로 읽은 이름.

上	京
오를 상	서울 경

상경 – 지방에서 서울로 감.

京 京 京

5급 日 12획

햇(日)볕이 서울(京)을 비추면 드러나는 경치가 크니
볕 경, 경치 경, 클 경

098 언어[言語]
- 言으로 된 한자 1

구조로 암기
머리 부분 두(亠) 아래에 둘 이(二)와 입 구, 구멍 구, 말할 구(口)면 말씀 언(言), 말씀 언(言) 뒤에 나 오(吾)면 말씀 어(語)

言 7획 (6급)

머리(亠)로 두(二) 번 이상 생각하고 입(口)으로 말하는 말씀이니

말씀 언

+ 유 話(말씀 화, 이야기 화), 語(말씀 어)
+ 반 文(글월 문, 무늬 문), 行(다닐 행, 행할 행)
+ 亠(머리 부분 두)

선생님의 한 말씀
한 번 한 말은 되돌릴 수 없으니, 말은 잘 생각하고 해야 하지요.

方	言
모 방	말씀 언

방언 – 어느 한 지방에서만 쓰는 표준어가 아닌 말.

名	言
이름날 명	말씀 언

명언 – 사리에 맞는 훌륭한 말. 널리 알려진 말.

言 14획 (7급)

말(言)로 나(吾)의 뜻을 알리는 말씀이니 **말씀 어**

+ 유 言(말씀 언), 話(말씀 화, 이야기 화)
+ 반 行(다닐 행, 행할 행)
+ 吾 – 다섯(五) 손가락, 즉 손으로 자신을 가리키며 말하는(口) 나니 '나 오'

語	感
말씀 어	느낄 감

어감 – 말에서 오는 느낌.

國	語
나라 국	말씀 어

국어 – 한 나라의 국민이 쓰는 말.

099 신계[信計]
— 言으로 된 한자 2

구조로 암기
말씀 언(言) 앞에 사람 인 변(亻)이면 믿을 신, 소식 신(信), 뒤에 열 십, 많을 십(十)이면 셈할 계, 꾀할 계(計)

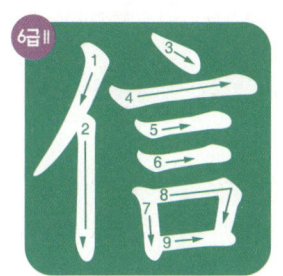

人(亻) 9획

사람(亻)이 말한(言) 대로 행하면 믿으니 **믿을 신**

또 믿을 만한 소식이니 **소식 신**

+ 亻(사람 인 변)

不	信
아닐 불	믿을 신

불신 – 믿지 아니함. 또는 믿지 못함.

通	信
통할 통	소식 신

통신 – 소식을 통함(전함).

言 9획

말(言)로 많이(十) 셈하고 꾀하니 **셈할 계, 꾀할 계**

+ 유 數(셀 수, 두어 수), 算(셈 산)
+ 言(말씀 언), 十(열 십, 많을 십)

計	算
셈할 계	셈 산

계산 – (수나 어떤 일을 헤아려) 셈함.

生	計
살 생	셈할 계

생계 – 살림을 살아 나갈 방도나 또는 현재 살림을 살아가고 있는 형편.

100 천훈[川訓]
– 川으로 된 한자

🔍 **구조로 암기**
물 흐르는 내를 본떠서 내 천(川), 내 천(川) 앞에 말씀 언(言)이면 가르칠 훈(訓)

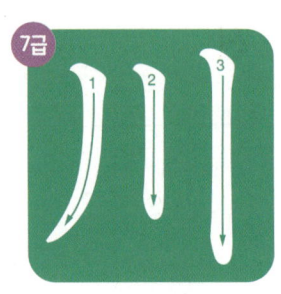

川 3획

물 흐르는 내를 본떠서 **내 천**
+ 윤 水(물 수), 江(강 강)
+ 반 山(산 산)

山	川
산 산	내 천

산천 – 산과 내를 함께 이르는 말.

晝	夜	長	川
낮 주	밤 야	길 장	내 천

주야장천 – 밤낮으로 쉬지 않고 흐르는 시냇물과 같이 늘 잇따름.

言 10획

말(言)을 내(川)처럼 길게 하며 가르치니 **가르칠 훈**
+ 윤 敎(가르칠 교)
+ 반 學(배울 학, 학교 학), 習(익힐 습)
+ 言(말씀 언)

敎	訓
가르칠 교	가르칠 훈

교훈 – 앞으로의 행동이나 생활에 지침이 될 만한 것을 가르침.

校	訓
학교 교	가르칠 훈

교훈 – 학교의 이념이나 목표를 간단명료하게 나타낸 표어.

실력 체크 퀴즈 (091~100)

※ 다음 漢字의 訓(뜻)과 音(소리)을 쓰세요.

01. 形 ☐

02. 高 ☐

※ 다음 밑줄 친 漢字語의 독음을 쓰세요.

03. 우리 식구들은 <u>洋食</u>보다 한식을 좋아한다. ☐☐

04. 내 동생은 상당한 <u>美人</u>이다. ☐☐

05. 그는 열심히 노력하여 <u>成功</u>하였다. ☐☐

※ 다음 밑줄 친 漢字語를 漢字로 쓰세요.

06. 그는 가구 회사에 들어가 <u>목공</u>일을 배웠다. ☐☐

07. 봄이면 <u>강산</u>에 많이 피는 꽃이 진달래꽃이다. ☐☐

08. 목욕탕은 <u>시내</u>에 가야 있다. ☐☐

정답
01. 모양 형 02. 높을 고 03. 양식 04. 미인 05. 성공 06. 木工 07. 江山 08. 市內

101 천 우선 [千 牛 先]
- 千과 牛로 된 한자

🔍 구조로 암기

무엇을 강조하는 삐침 별(丿)을 열 십, 많을 십(十) 위에 써서 **일천 천, 많을 천(千)**, 뿔 있는 소를 본떠서 **소 우(牛)**, 소 우(牛)의 변형(𠂉) 아래에 사람 인 발(儿)이면 **먼저 선(先)**

7급 · 十 · 3획

강조하는 **삐침 별(丿)**을 열 십, 많을 십(十) 위에 써서

일천 천, 많을 천

> 🧑‍🏫 **선생님의 한 말씀**
> 한자에서는 삐침 별(丿)이나 점 주, 불똥 주(丶)로 무엇이나 어느 부분을 강조하지요.

千	萬
일천 천	일만 만

천만 – 만의 천 배가 되는 수.

數	千
두어 수	일천 천

수천 – 천의 여러 배가 되는 수. 또는 그런 수의.

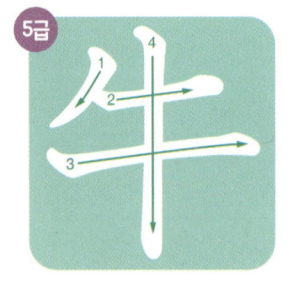

5급 · 牛 · 4획

뿔 있는 소를 본떠서 **소 우**

> 🧑‍🏫 **선생님의 한 말씀**
> 글자의 앞에 붙는 부수인 변으로 쓰일 때는 '소 우 변(牜)'입니다.

8급 · 人(儿) · 6획

(소를 부릴 때) 소(𠂉)가 사람(儿) 앞에 서서 먼저 가듯 먼저니 **먼저 선**

+ 소를 몰 때는 소를 앞에 세우지요.
+ ㊤ 前(앞 전)
+ ㊥ 後(뒤 후, 늦을 후)
+ 𠂉 [소 우(牛)의 변형], 儿(사람 인 발)

先	頭
먼저 선	머리 두

선두 – (대열이나 행렬, 활동 등에서) 맨 앞.

先	祖
먼저 선	조상 조

선조 – 먼 윗대의 조상.

102 설활화 [舌活話]
― 舌로 된 한자

> **구조로 암기**
> 혀(千)가 입(口)에서 나온 모양을 본떠서 **혀 설**(舌), 혀 설(舌) 앞에 삼 수 변(氵)이면 **살 활**(活), 말씀 언(言)이면 **말씀 화, 이야기 화**(話)

4급
舌 6획

혀(千)가 입(口)에서 나온 모양을 본떠서 **혀 설**
+ 千('일천 천, 많을 천'이지만 여기서는 혀의 모양으로 봄)

7급Ⅱ
水(氵) 9획

물(氵)기가 혀(舌)에 있어야 사니 **살 활**
+ 㘸 生(날 생, 살 생), 住(살 주, 사는 곳 주)
+ 맨 死(죽을 사)
+ 氵(삼 수 변)

| 活 | 力 | 활력 – 살아 움직이는 힘. |
| 살 활 | 힘 력 | |

| 活 | 路 | 활로 – (고난을 헤치고) 살아나갈 수 있는 길. |
| 살 활 | 길 로 | |

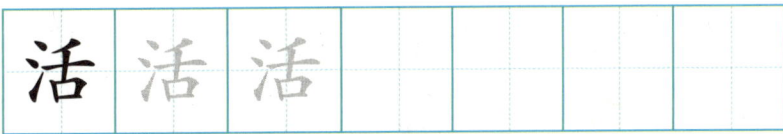

7급Ⅱ
言 13획

말(言)을 혀(舌)로 하는 말씀이나 이야기니 **말씀 화, 이야기 화**
+ 㘸 言(말씀 언), 語(말씀 어)

| 話 | 術 | 화술 – 말하는 기술. 말재주. |
| 말씀 화 | 재주 술 | |

| 對 | 話 | 대화 – 마주 대하여 이야기함. |
| 상대할 대 | 이야기 화 | |

103 간평[干平]
- 干으로 된 한자

> **구조로 암기**
> 손잡이 있는 방패를 본떠서 방패 간(干), 또 방패로 무엇을 범하면 얼마간 정도 마르니 범할 간, 얼마 간, 마를 간(干), 방패 간, 범할 간, 얼마 간, 마를 간(干) 사이에 여덟 팔, 나눌 팔(八)이면 평평할 평, 평화 평(平)

干 3획 (4급)

손잡이 있는 방패를 본떠서 **방패 간**

또 방패로 무엇을 범하면 얼마간 정도 마르니
범할 간, 얼마 간, 마를 간

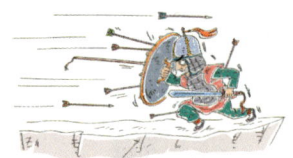

平 5획 (7급Ⅱ)

방패(干)의 나누어진(八) 면처럼 평평하니 **평평할 평**

또 평평하듯 아무 일 없는 평화니 **평화 평**

+ 유 和(화목할 화), 安(편안할 안), 等(같을 등, 무리 등, 차례 등)

平 평평할 평	等 같을 등	**평등** – 차별 없이 고르고 한결같음.
平 평평할 평	地 땅 지	**평지** – 바닥이 평평한 땅.
平 평화 평	和 화목할 화	**평화** – 평화롭고 화목함.

104 오년[午年]
- 午로 된 한자

구조로 암기

방패 간, 범할 간, 얼마 간, 마를 간(干) 위에 삐침 별(丿)이면 말 오, 낮 오(午), 말 오, 낮 오(午) 사이에 감출 혜(ㄴ)의 변형(ㅗ)이면 해 년, 나이 년(年)

7급II

十 4획

방패 간(干) 위에 **삐침 별**(丿)을 그어,
전쟁에서 중요한 동물이 말임을 나타내어 **말 오**
또 **방패**(干)에 비치는 햇빛이 거꾸로 **기울기**(丿) 시작하는 낮이니
낮 오

+ 🔂 晝(낮 주)
+ 🔁 夜(밤 야)

正	午
바를 정	낮 오

정오 – 오시의 한 중앙인 12시.

午	前
낮 오	앞 전

오전 – 자정부터 낮 열 두시까지의 시간.

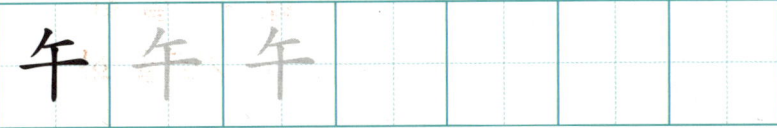

8급

干 6획

낮(午)이 숨은(ㅗ) 듯 가고 오고 하여 해가 바뀌고 나이를 먹으니
해 년(연), 나이 년(연)

+ ㅗ [감출 혜, 덮을 혜(ㄴ, = ㄷ)의 변형]

今	年
이제 금	해 년

금년 – 올해.

每	年
매양 매	해 년

매년 – ① 한 해 한 해.
② 해마다.

105 비 화화 [匕 化花]
– 匕와 化로 된 한자

> 🔍 **구조로 암기**
> 비수를 본떠서 비수 비(匕), 또 비수처럼 입에 찔러 먹는 숟가락이니 숟가락 비(匕), 비수 비, 숟가락 비(匕) 앞에 사람 인 변(亻)이면 될 화, 변화할 화, 가르칠 화(化), 될 화, 변화할 화, 가르칠 화(化) 위에 초 두(艹)면 꽃 화(花)

1급 · 匕 · 2획

비수를 본떠서 **비수 비**

또 비수처럼 입에 찔러 먹는 숟가락이니 **숟가락 비**

+ 비수(匕首) – 짧고 날카로운 칼.
+ 首(머리 수, 우두머리 수)

5급Ⅱ · 匕 · 4획

사람(亻)이 비수(匕) 같은 마음을 품고 일하면 안 되는 일도 되고 변화하니 **될 화, 변화할 화**

또 되도록 가르치니 **가르칠 화**

+ 亻(사람 인 변)

7급 · 草(艹) · 8획

풀(艹)에서 일부가 변하여(化) 피는 꽃이니 **꽃 화**

+ 艹(초 두)

| 花 꽃 화 | 草 풀 초 | 화초 – 꽃이 피는 풀과 나무. 또는 꽃이 없더라도 관상용이 되는 모든 식물을 통틀어 이르는 말. |
| 生 살 생 | 花 꽃 화 | 생화 – 살아 있는 꽃. |

花 花 花

106 알사 [歹死]
― 歹로 된 한자

구조로 암기

하루(一) 저녁(夕) 사이에 뼈 앙상하게 말라 죽으니 **뼈 앙상할 알, 죽을 사 변(歹)**, 뼈 앙상할 알, 죽을 사 변(歹) 뒤에 비수 비, 숟가락 비(匕)면 **죽을 사(死)**

특급
歹 4획

하루(一) 저녁(夕) 사이에 뼈 앙상하게 말라 죽으니
뼈 앙상할 알, 죽을 사 변
+ 동 歺 – 점(卜)쳐 나온 대로 저녁(夕)에 뼈 앙상하게 말라 죽으니 '뼈 앙상할 알, 죽을 사 변'
+ 卜(점 복), 夕(저녁 석)

6급
歹 6획

죽도록(歹) 비수(匕)에 찔려 죽으니 **죽을 사**
+ 반 生(날 생, 살 생), 活(살 활), 有(있을 유, 가질 유)
+ 匕(비수 비, 숟가락 비)

| 死 죽을 사 | 活 살 활 |

사활 – '죽기 살기'로, 어떤 중대한 문제를 비유적으로 이르는 말.

| 生 살 생 | 死 죽을 사 |

생사 – 삶과 죽음을 함께 이르는 말.

107 렬례 [列例]
– 列로 된 한자

> 🔍 **구조로 암기**
> 뼈 앙상할 알, 죽을 사 변(歹) 뒤에 칼 도 방(刂)이면 벌일 렬, 줄 렬(列), 벌일 렬, 줄 렬(列) 앞에 사람 인 변(亻)이면 법식 례, 보기 례(例)

刀(刂) 6획

짐승을 잡아(歹) 칼(刂)로 잘라 벌이니 **벌일 렬(열)**

또 벌여 놓은 줄이니 **줄 렬(열)**

+ 벌이다 – 여러 가지 물건을 늘어놓다.
+ 刂(칼 도 방)

人(亻) 8획

사람(亻)이 물건을 벌여(列) 놓는 법식과 보기니

법식 례(예), 보기 례(예)

+ 법식(法式) – 법도와 양식.
+ 亻(사람 인 변), 法(법 법), 式(법 식, 의식 식)

| 事 | 例 | 사례 – 어떤 일이 전에 실제로 일어난 예. |
| 일 사 | 보기 례 | |

| 定 | 例 | 정례 – (일정하게) 정하여진 규칙이나 관례. |
| 정할 정 | 법식 례 | |

| 例 | 外 | 예외 – (일반적 규칙이나) 정례에서 벗어나는 일. |
| 법식 례(예) | 밖 외 | |

108 로로 [耂老]
- 耂로 된 한자 1

> **🔍 구조로 암기**
> 흙 토(土)에 삐침 별(丿)이면 늙을 로 엄(耂), 늙을 로 엄
> (耂) 아래에 비수 비, 숟가락 비(匕)면 늙을 로(老)

Day 11

부수자

4획

늙을 로(老)가 부수로 쓰일 때의 모양으로,
흙(土)에 지팡이(丿)를 짚으며 걸어야 할 정도로 늙으니 **늙을 로 엄**

+ 土(흙 토), 丿('삐침 별'이지만 여기서는 지팡이로 봄)

> **선생님의 한 말씀**
> '엄'은 글자의 위와 왼쪽을 덮는 부수 이름이기에, 제목은 늙을 로(老)의 '로'로 달았습니다.

7급

老 6획

흙(土)에 지팡이(丿)를 비수(匕)처럼 꽂으며 걸어야 할 정도로 늙으니
늙을 로(노)

+ 반 少(적을 소, 젊을 소), 童(아이 동)
+ 匕(비수 비, 숟가락 비)

老	人	
늙을 로(노)	사람 인	노인 – (나이가 들어) 늙은 사람.

年	老	
나이 년(연)	늙을 로	연로 – 나이가 많음.

老	老	老					

109 효자[孝者]
- 耂로 된 한자 2

🔍 **구조로 암기**
늙을 로 엄(耂) 아래에 아들 자(子)면 효도 효(孝), 흰 백, 밝을 백, 깨끗할 백, 아뢸 백(白)이면 놈 자, 것 자(者)

7급II

子 7획

늙은(耂) 부모를 아들(子)이 받들어 모시는 효도니 **효도 효**

+ 子(아들 자, 접미사 자)

孝	心
효도 효	마음 심

효심 – 효성스러운 마음.

孝	子
효도 효	아들 자

효자 – 효도하는 아들.

孝 孝 孝

6급

耂 9획

노인(耂)이 사람이나 물건을 일컬어 말하던(白) 놈이나 것이니
놈 자, 것 자

+ 白(흰 백, 밝을 백, 깨끗할 백, 아뢸 백)

> 👨‍🏫 **선생님의 한 말씀**
>
> 놈 자, 것 자(者)는 글의 문맥으로 보아 사람을 말할 때는 '놈'이나 '사람', 물건을 말할 때는 '것'으로 해석하세요. '놈'이나 '계집'이라는 말은 요즘은 듣기 거북한 욕(辱)으로 쓰이지만, 옛날에는 남자와 여자를 부르는 말이었습니다.
>
> + 辱(욕될 욕, 욕 욕)

讀	者
읽을 독	놈 자

독자 – (글을) 읽는 사람.

學	者
배울 학	놈 자

학자 – 학문에 능통한 사람. 또는 학문을 연구하는 사람.

者 者 者

110 비 배(북) [比 北]
— 比와 北

> **구조로 암기**
> 두 사람이 나란히 앉은 모양에서 나란할 비(比), 또 나란히 앉혀 놓고 견주니 견줄 비(比), 두 사람이 등지고 달아나는 모양에서 등질 배, 달아날 배(北), 또 항상 남쪽을 향하여 앉았던 임금의 등진 북쪽이니 북쪽 북(北)

比 4획 (5급)

두 사람이 나란히 앉은 모양에서 **나란할 비**

또 나란히 앉혀 놓고 견주니 **견줄 비**

北 5획 (8급)

두 사람이 등지고 달아나는 모양에서 **등질 배, 달아날 배**

또 항상 남쪽을 향하여 앉았던 임금의 등진 북쪽이니 **북쪽 북**

＋ 凹 南(남쪽 남)

> **선생님의 한 말씀**
> 임금은 어느 장소에서나 그곳의 북쪽에서 남쪽을 향하여 앉았으니, 항상 남쪽을 향하여 앉는 임금의 등진 쪽이라는 데서 '등질 배, 달아날 배(北)'에 '북쪽 북(北)'이라는 뜻이 붙게 되었지요.

北 向
북쪽 북 / 향할 향

북향 – 북쪽으로 향함. 또는 그 방향.

對 北
상대할 대 / 북쪽 북

대북 – '북한에 대한'의 뜻을 나타내는 말.

실력 체크 퀴즈 (101~110)

Day 11

학년   반   성명:
공부한 날짜: 점수:

※ 다음 漢字의 訓(뜻)과 音(소리)을 쓰세요.

01. 者 ☐

02. 死 ☐

※ 다음 밑줄 친 漢字語의 독음을 쓰세요.

03. 환경 문제는 선진국이나 후진국이나 **例外**가 있을 수 없다. ☐☐

04. 그는 새로운 **活路**를 개척해나갔다. ☐☐

05. 우리들의 문제를 **對話**로 풀어 보자. ☐☐

※ 다음 밑줄 친 漢字語를 漢字로 쓰세요.

06. 조화가 아무리 예쁘다고 해도 **생화**만 할까? ☐☐

07. 할머니는 벌써 환갑이 지난 **노인**이셨다. ☐☐

08. 강원도의 한 마을에 **효자**가 살고 있었다. ☐☐

 정답

01. 놈 자, 것 자   02. 죽을 사   03. 예외   04. 활로   05. 대화   06. 生花   07. 老人   08. 孝子

111 호 호호 [虍 虎號]
– 虍와 虎로 된 한자

> 🔍 **구조로 암기**
> 범의 머리를 본떠서 범 호 엄(虍), 범 호 엄(虍) 아래에 사람 인 발(儿)이면 **범 호**(虎), 범 호(虎) 앞에 입 구, 구멍 구, 말할 구(口)와 큰 대(大)의 변형(丂)이면 **부르짖을 호, 이름 호, 부호 호**(號)

부수자 · 6획

범의 머리를 본떠서 **범 호 엄**
+ 범 – 호랑이.

> 🧑‍🏫 **선생님의 한 말씀**
> 범, 즉 호랑이와 관련된 한자에 부수로 쓰입니다. '엄'은 부수 이름이고, 이 한자를 독음으로 찾으려면 '호'로 찾아야 하니 제목을 '호'로 했습니다.

3급Ⅱ · 虍 8획

범(虍)은 사람처럼 영리하니 사람 인 발(儿)을 붙여서 **범 호**

6급 · 虍 13획

입(口)을 크게(丂) 벌리고 범(虎)처럼 부르짖으니 **부르짖을 호**
또 부르는 이름이나 부호니 **이름 호, 부를 호**
+ 약 名(이름 명, 이름날 명)
+ 丂['공교할 교, 교묘할 교'지만 여기서는 큰 대(大)의 변형으로 봄]

口	號
말할 구	부르짖을 호

구호 – ① 집회나 시위 등에서 어떤 요구나 주장 등을 간결한 형식으로 표현한 문구.
② 서로 눈짓이나 말 등으로 몰래 연락하거나 또는 그런 신호.

國	號
나라 국	이름 호

국호 – 나라의 이름.

等	號
같을 등	부를 호

등호 – 두 식, 또는 두 수가 같음을 나타내는 부호.

號	號	號						

112 궁 홍강 [弓 弘強]
- 弓과 弘으로 된 한자

> **구조로 암기**
> 등이 굽은 활을 본떠서 활 궁(弓), 활 궁(弓) 뒤에 사사로울 사, 나 사(厶)면 넓을 홍, 클 홍(弘), 넓을 홍, 클 홍(弘)에 벌레 충(虫)이면 강할 강, 억지 강(強)

3급Ⅱ 弓 3획

등이 굽은 활(⌇ → 弓)을 본떠서 **활 궁**

3급 弓 5획

활(弓)시위를 내(厶) 앞으로 당기면 넓게 커지니 **넓을 홍, 클 홍**

+ 厶(사사로울 사, 나 사) - 제목번호 079 참고

6급 弓 11획

큰(弘) 벌레(虫)는 강하니 **강할 강**

또 강하게 밀어붙이는 억지니 **억지 강**

+ 반 弱(약할 약)
+ 속 强 - 활(弓)처럼 입(口)으로 벌레(虫)가 당겨 무는 힘이 강하니 '강할 강'
         또 강하게 밀어붙이는 억지니 '억지 강'
+ 虫 - 벌레 모양을 본떠서 '벌레 충'

強	力
강할 강	힘 력

강력 - 강한 힘.

強	弱
강할 강	약할 약

강약 - 강함과 약함.

強	強	強					

113 제제 약 [弟第 弱]
— 弟로 된 한자와 弱

> 🔍 **구조로 암기**
>
> 머리를 땋은 모양(丫)에 활 궁(弓)과 삐침 별(丿)이면 **아우 제, 제자 제(弟)**, 아우 제, 제자 제(弟)의 획 줄임(弔) 위에 대 죽(竹)이면 **차례 제(第)**, 활 궁(弓) 둘에 삐침 별(丿) 둘씩이면 **약할 약(弱)**

8급 · 弓 · 7획

머리 땋고(丫) 활(弓)과 화살(丿)을 가지고 노는 아이는
아우나 제자니 **아우 제, 제자 제**

+ 囲 兄(형 형, 어른 형)

弟	夫	
아우 제	남편 부	제부 – 동생의 남편.

弟	子	
제자 제	아들 자	제자 – 스승의 가르침을 받거나 받은 사람.

6급Ⅱ · 竹(⺮) · 11획

대(⺮)마디처럼 아우(弔)들에게 있는 차례니 **차례 제**

+ 윾 級(등급 급), 番(차례 번, 번지 번)

第	一	
차례 제	한 일	제일 – 여럿 가운데서 첫째가는 것.

第	三	者
차례 제	석 삼	놈 자

제삼자 – 직접 관계없는 남을 말함.

6급Ⅱ · 弓 · 10획

한 번에 활 두 개(弓弓)에다 화살 두 개(丿丿)씩을 끼워 쏜 것처럼
힘이 약하니 **약할 약**

+ 囲 強(강할 강, 억지 강)

弱	者	
약할 약	놈 자	약자 – 힘이나 세력이 약한 사람이나 생물. 또는 그런 집단.

弱	小	國
약할 약	작을 소	나라 국

약소국 – 정치·경제·군사적으로 힘이 약한 작은 나라.

114 시실 [矢失]
- 矢로 된 한자

구조로 암기
화살을 본떠서 **화살 시(矢)**, 화살 시(矢)의 위를 연장하여 이미 쏘아버린 화살을 나타내어 **잃을 실(失)**

矢 5획

화살(↑ → ↑)을 본떠서 **화살 시**

大 5획

화살 시(矢) 위를 연장하여 이미 쏘아버린 화살을 나타내어 (쏘아진 화살은 잃어버린 것이란 데서) **잃을 실**

失	業
잃을 실	업 업

실업 – 업(먹고 사는 직업)을 잃음.

消	失
삭일 소	잃을 실

소실 – 사라져 없어짐. 또는 그렇게 잃어버림.

115 재존 [在存]
- 一, 亻으로 된 한자

구조로 암기

사람 인 변(亻) 중간에 한 일(一) 아래에 흙 토(土)면 **있을 재(在)**, 아들 자, 접미사 자(子)면 **있을 존(存)**

6급
土 6획

한(一) 사람(亻)에게 땅(土)이 있으니 **있을 재**

+ 유 有(있을 유, 가질 유)
+ 반 無(없을 무), 空(빌 공, 하늘 공)
+ 亻(사람 인 변), 土('흙 토'지만 여기서는 땅으로 봄)

在	學
있을 재	학교 학

재학 – '학교에 있음'으로, 학교에 다니는 중임.

所	在
장소 소	있을 재

소재 – 어떤 곳에 있음. 또는 있는 곳.

4급
子 6획

한(一) 사람(亻)에게 아들(子)이 있으니 **있을 존**

+ 子(아들 자, 접미사 자)

Day 12

116 유좌[有左]
- 十의 변형(ナ)으로 된 한자

> 🔍 **구조로 암기**
> 열 십, 많을 십(十)의 변형(ナ) 아래에 달 월, 육 달 월(月)이면 가질 유, 있을 유(有), 장인 공, 만들 공, 연장 공(工)이면 왼쪽 좌(左)

7급 有 肉(月) 6획

많이(ナ) 고기(月)를 가지고 있으니 **가질 유, 있을 유**

+ 🔲 在(있을 재)
+ 🔲 無(없을 무), 死(죽을 사), 空(빌 공, 하늘 공)
+ ナ['열 십, 많을 십(十)'의 변형], 月(달 월, 육 달 월)

有	力
있을 유	힘 력

유력 – 세력이나 재산이 있음.

有	利
있을 유	이로울 리

유리 – 이익이 있음.

7급II 左 工 5획

(목수는 왼손에 자를 들고 오른손에 연필이나 연장을 드는 것을 생각하여)
많이(ナ) 자(工)를 쥐는 왼쪽이니 **왼쪽 좌**

+ 🔲 右(오른쪽 우)
+ 工('장인 공, 만들 공, 연장 공'이지만 여기서는 자로 봄)

左	手
왼쪽 좌	손 수

좌수 – 왼손.

左	便
왼쪽 좌	편할 편

좌편 – 왼쪽.

117 우 석 [右 石]
— 右와 石

> 🔍 **구조로 암기**
>
> 열 십, 많을 십(十)의 변형(ナ) 아래에 입 구, 구멍 구, 말할 구(口)면 **오른쪽 우(右)**, 굴 바위 엄, 언덕 엄(厂)의 변형(ア) 아래에 입 구, 구멍 구, 말할 구(口)면 **돌 석(石)**

7급II

口　5획

자주(ナ) 써서 말(口)에 잘 움직이는 오른쪽이니 **오른쪽 우**

+ 땐 左(왼쪽 좌)

좌우 – '왼쪽과 오른쪽'으로, 주변을 뜻함.

전후좌우 – 앞뒤 쪽과 좌우의 쪽. 곧, 사방을 말함.

右	右	右					

6급

石　5획

언덕(ア) 밑에 있는 돌(口)을 본떠서 **돌 석**

+ 땐 玉(구슬 옥)
+ ア['굴 바위 엄, 언덕 엄(厂)'의 변형], 口('입 구, 구멍 구, 말할 구'지만 여기서는 돌로 봄)

석수 – 돌을 다루어 물건을 만드는 사람.

석유 – '돌 기름'으로, 땅속에서 천연으로 나는 불에 잘 타는 기름.

石	石	石					

118 우우반 [又友反]
– 又로 된 한자

> 🔍 **구조로 암기**
> 주먹을 쥔 오른손을 본떠서 오른손 우(又), 또 오른손은 또또 자주 쓰이니 **또 우(又)**, 오른손 우, 또 우(又) 위에 열 십, 많을 십(十)의 변형(ナ)이면 **벗 우(友)**, 굴 바위 엄, 언덕 엄(厂)이면 **거꾸로 반, 뒤집을 반(反)**

3급 / 又 2획

주먹을 쥔 오른손(✊)을 본떠서 **오른손 우**

또 오른손은 또또 자주 쓰이니 **또 우**

5급Ⅱ / 又 4획

자주(ナ) 손(又) 잡으며 사귀는 벗이니 **벗 우**

+ ナ['열 십, 많을 십(十)'의 변형]

6급Ⅱ / 又 4획

굴 바위(厂)처럼 덮인 것을 손(又)으로 거꾸로 뒤집으니

거꾸로 반, 뒤집을 반

+  正(바를 정)
+ 厂('굴 바위 엄, 언덕 엄'이지만 여기서는 덮어 가린 모양으로 봄)

反 對	
거꾸로 반 상대할 대	**반대** – ① 두 사물의 모양·위치·방향·순서 등에서 등지거나 서로 맞서거나 또는 그런 상태. ② 어떤 행동이나 견해·제안 등에 따르지 아니하고 맞서 거스름.

反 省	
뒤집을 반 살필 성	**반성** – 자신의 언행에 대하여 잘못이나 부족함이 없는지 돌이켜 봄.

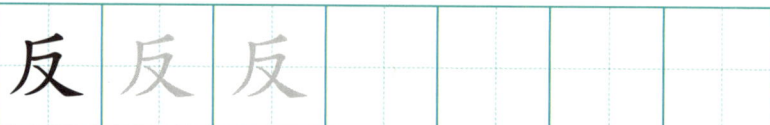

119 화회[火灰]
– 火로 된 한자

> 🔍 **구조로 암기**
> 타오르는 불을 본떠서 불 화(火), 열 십, 많을 십(十)의 변형
> (ナ) 아래에 불 화(火)면 재 회(灰)

8급

火 4획

타오르는 불을 본떠서 **불 화**

+ 반 水(물 수)

> 👨‍🏫 **선생님의 한 말씀**
> 火가 4획이니, 글자의 아래에 붙는 부수인 발로 쓰일 때도 점 네 개를 찍어 '불 화 발(灬)'이라 부릅니다.

火	力
불 화	힘 력

화력 – 불의 힘.

活	火	山
살 활	불 화	산 산

활화산 – '살아 있는 화산'으로, 현재 불을 내뿜는 화산.

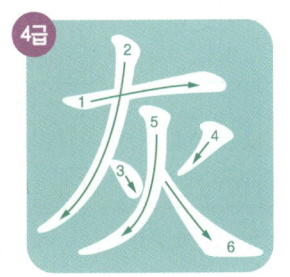

4급

火 6획

많이(ナ) 불(火)에 타고 남은 재니 **재 회**

+ ナ['열 십, 많을 십(十)'의 변형]

120 두단두 [豆短頭]
- 豆로 된 한자

> **구조로 암기**
> 제기 모양을 본떠서 제기 두(豆), 제기처럼 둥근 콩이니 콩 두(豆), 제기 두, 콩 두(豆) 앞에 화살 시(矢)면 짧을 단, 모자랄 단(短), 뒤에 머리 혈(頁)이면 머리 두, 우두머리 두(頭)

豆 7획 (4급Ⅱ)

제기(→) 모양을 본떠서 **제기 두**

또 제기처럼 둥근 콩이니 **콩 두**

+ 제기(祭器) - 제사 때 쓰는 그릇.
+ 祭(제사 제, 축제 제), 器(그릇 기, 기구 기)

矢 12획 (6급Ⅱ)

화살(矢)이 콩(豆)만 하여 짧고 모자라니 **짧을 단, 모자랄 단**

+ 閚 長(길 장, 어른 장)
+ 矢(화살 시)

長	短
길 장	짧을 단

장단 - ① 길고 짧음.
② 장점과 단점.
③ 곡조의 빠름과 느림.

短	音
짧을 단	소리 음

단음 - 짧은소리(짧게 내는 소리). ↔ 장음(長音).

頁 16획 (6급)

콩(豆)처럼 둥근 머리(頁)니 **머리 두**

또 조직의 머리가 되는 우두머리니 **우두머리 두**

+ 頁 - 머리(一)에서 이마(丿)와 눈(目) 있는 얼굴 아래 목(八)까지를 본떠서 '머리 혈'

頭	部
머리 두	나눌 부

두부 - ① (동물의) 머리가 되는 부분.
② (어떤 물체의) 위쪽 부분.

話	頭
이야기 화	우두머리 두

화두 - ① 이야기의 첫머리.
② 관심을 두어 중요하게 생각하거나 이야기할 만한 것.

실력 체크 퀴즈 (111~120)

학년   반   성명:
공부한 날짜: 점수:

※ 다음 漢字의 訓(뜻)과 음(소리)을 쓰세요.

01. 第 [　　]

02. 失 [　　]

※ 다음 밑줄 친 漢字語의 독음을 쓰세요.

03. 우리나라의 <u>國號</u>는 대한민국이다. [　][　]

04. 악기는 <u>強弱</u>을 잘 조절해서 연주해야 한다. [　][　]

05. 동생은 초등학교에 <u>在學</u> 중이다. [　][　]

※ 다음 밑줄 친 漢字語를 漢字로 쓰세요.

06. 학교 시설은 개인 <u>소유</u>가 아니기 때문에 더욱 아껴야 한다. [　][　]

07. 파도에 여객선이 <u>좌우</u>로 흔들렸다. [　][　]

08. 저는 다섯 <u>형제</u> 중의 장남입니다. [　][　]

정답
01. 차례 제 02. 잃을 실 03. 국호 04. 강약 05. 재학 06. 所有 07. 左右 08. 兄弟

121 발발등 [癶發登]

– 癶로 된 한자

> **구조로 암기**
> 등지고 걸어가는 모양에서 등질 발, 걸을 발(癶), 등질 발, 걸을 발(癶) 아래에 활 궁(弓)과 칠 수, 창 수, 몽둥이 수(殳)면 쏠 발, 일어날 발(發), 제기 두, 콩 두(豆)면 오를 등, 기재할 등(登)

부수자 5획

등지고 걸어가는 모양에서 **등질 발, 걸을 발**

6급Ⅱ 癶 12획

걸어가(癶) 활(弓)과 창(殳)을 쏘면 싸움이 일어나니
쏠 발, 일어날 발

+ 弓(활 궁), 殳(칠 수, 창 수, 몽둥이 수) – 제목번호 062 醫의 주 참고

發	表
일어날 발	겉 표

발표 – 어떤 사실이나 결과, 작품 등을 세상에 널리 드러내어 알림.

發	生
일어날 발	날 생

발생 – (어떤 것이) 일어나 생김.

7급 癶 12획

걸어서(癶) 제기(豆)처럼 높은 곳에 오르니 **오를 등**
또 문서에 올려 기재하니 **기재할 등**

+ 豆(제기 두, 콩 두)

登	山
오를 등	산 산

등산 – 산에 오름.

登	記
기재할 등	기록할 기

등기 – (어떤 사실이나 관계를) 공식 문서에 올려 적음.

122 곡 풍례 [曲 豊禮]
– 曲과 豊으로 된 한자

> 🔍 **구조로 암기**
> 대바구니의 굽은 모양을 본떠서 굽을 곡(曲), 또 굽은 듯 올라가고 내려가는 가락의 노래니 노래 곡(曲), 굽을 곡, 노래 곡(曲) 아래에 제기 두, 콩 두(豆)면 풍년 풍, 풍성할 풍(豊), 풍년 풍, 풍성할 풍(豊) 앞에 보일 시, 신 시(示)면 예도 례(禮)

5급   日   6획

대바구니의 굽은 모양을 본떠서 **굽을 곡**

또 굽은 듯 올라가고 내려가는 가락의 노래니 **노래 곡**

4급 II   豆   13획

상다리가 굽을(曲) 정도로 제기(豆)에 음식을 차려 풍년이니 **풍년 풍**

또 풍년이 든 듯 풍성하니 **풍성할 풍**

> 👨‍🏫 **선생님의 한 말씀**
> 원래 한자는 제기에 음식이 많은 모양을 본뜬 豐이지만, 대부분 약자인 豊으로 많이 씁니다.

6급   示   18획

신(示) 앞에 풍성한(豊) 음식을 차리는 것은 신에 대한 예도니
예도 례(예)

+ 示(보일 시, 신 시)

禮	度
예도 례(예)	법도 도

예도 – 예의와 법도를 함께 이르는 말.

禮	物
예도 례(예)	물건 물

예물 – ① 고마움을 나타내거나 예의를 갖추기 위하여 보내는 돈이나 물건.
② 혼인할 때 신랑과 신부가 기념으로 주고받는 물품.

禮	禮	禮					

123 신 골체 [身 骨體]
— 身과 骨로 된 한자

구조로 암기
임신한 여자의 몸을 본떠서 **몸 신(身)**, 살 속의 뼈를 본떠서 **뼈 골(骨)**, 뼈 골(骨) 뒤에 풍년 풍, 풍성할 풍(豊)이면 **몸 체(體)**

6급Ⅱ
身 7획

임신한 여자의 몸(→)을 본떠서 **몸 신**

+ 유 體(몸 체)
+ 반 心(마음 심, 중심 심)

身	長
몸 신	길 장

신장 – '몸길이'로, 사람의 키.

全	身
온전할 전	몸 신

전신 – 온몸.

身 身 身

4급
骨 10획

살 속의 뼈를 본떠서 **뼈 골**

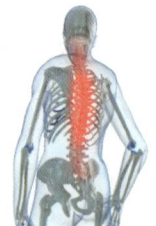

6급Ⅱ
骨 23획

뼈(骨)마디로 풍성하게(豊) 이루어진 몸이니 **몸 체**

+ 유 身(몸 신), 物(물건 물)
+ 반 心(마음 심, 중심 심)

身	體
몸 신	몸 체

신체 – 사람의 몸.

形	體
모양 형	몸 체

형체 – 물건의 생김새나 그 바탕이 되는 몸체.

體 體 體

124 근근 [斤近]
– 斤으로 된 한자

구조로 암기

도끼나 옛날 저울을 본떠서 **도끼 근, 저울 근**(斤), 도끼 근, 저울 근(斤) 아래에 뛸 착, 갈 착(辶)이면 **가까울 근, 비슷할 근**(近)

3급
斤 4획

도끼나 옛날 저울을 본떠서 **도끼 근, 저울 근**

🧑‍🏫 **선생님의 한 말씀**
도끼나 물건을 들어 올려 달던 옛날의 저울 모양을 보고 만든 한자네요. 근(斤)은 재래식 저울로 다는 무게 단위를 말하며, 1근은 보통 약 600g이 원칙이나 약재 같은 것은 375g으로 재지요.

6급
走(辶) 8획

(저울에 물건을 달 때) 저울(斤)의 막대가 눈금에서 좌우로 옮겨 가는(辶) 거리처럼 가깝고 비슷하니 **가까울 근, 비슷할 근**

+ 반 遠(멀 원)
+ 辶[뛸 착, 갈 착 = 辶]

🧑‍🏫 **선생님의 한 말씀**
저울에 물건을 달면 눈금을 가리키는 막대가 조금씩 좌우로 움직이지요.

| 遠 | 近 | 원근 – 멀고 가까움. |
| 멀 원 | 가까울 근 | |

| 親 | 近 | 친근 – (서로 사이가) 친하고 가까움. |
| 친할 친 | 가까울 근 | |

Day 13

제1편 한자 익히기 | 137

125 내 급급 [乃 及 級]
– 乃와 及으로 된 한자

> 🔍 **구조로 암기**
> 사람은 지팡이(丿)에 의지할 허리 굽은(㇌) 사람으로 이에 곧 늙으니 **이에 내, 곧 내(乃)**, 이에 내, 곧 내(乃) 아래에 파임 불(㇏)이면 **이를 급, 미칠 급(及)**, 이를 급, 미칠 급(及) 앞에 실 사, 실 사 변(糹)이면 **등급 급(級)**

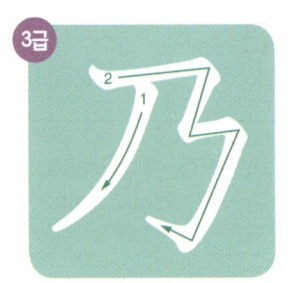

3급 / 丿 2획

(세월이 빨라) 사람은 **지팡이(丿)**에 의지할 **허리 굽은(㇌)** 사람으로 이에 곧 늙으니 **이에 내, 곧 내**

+ 이에 – 이리하여 곧.
+ 丿('삐침 별'이지만 여기서는 지팡이로 봄)

> 👨‍🏫 **선생님의 한 말씀**
> 세월은 빠르고 인생은 짧으니, 백 년을 살아도 삼만육천오백 일밖에 안 되네요.

3급Ⅱ / 又 4획

곧(乃) 이르러 **미치니(㇏)** **이를 급, 미칠 급**

+ ㇏('파임 불'이지만 여기서는 이르러 미치는 모양으로 봄)

6급 / 糹 10획

실(糹)을 **이을(及)** 때 따지는 등급이니 **등급 급**

+ 🈁 等(같을 등, 무리 등, 차례 등), 番(차례 번, 번지 번), 第(차례 제)
+ 糹(실 사, 실 사 변)

> 👨‍🏫 **선생님의 한 말씀**
> 실을 이을 때는 아무 실이나 잇지 않고 굵기나 곱기의 등급을 따져 차례로 잇지요.

等	級
차례 등	등급 급

등급 – 여러 층으로 구분한 단계를 세는 단위.

級	數
등급 급	셀 수

급수 – '등급의 수'로, 기술 등을 우열에 따라 매긴 등급.

級	級	級					

126 궤 범풍 [几 凡風]
– 几와 凡으로 된 한자

> 🔍 **구조로 암기**
> 안석이나 책상의 모양을 본떠서 **안석 궤, 책상 궤**(几), 안석 궤, 책상 궤(几)에 점 주, 불똥 주(丶)면 **무릇 범, 보통 범**(凡), 무릇 범, 보통 범(凡)에 벌레 충(虫)이면 **바람 풍, 풍속 풍, 경치 풍, 모습 풍, 기질 풍, 병 이름 풍**(風)

1급 / 几 / 2획

안석이나 책상의 모양을 본떠서 **안석 궤, 책상 궤**
+ 안석(案席) – 벽에 세워 놓고 앉을 때 몸을 기대는 방석.
+ 案(책상 안, 생각 안, 계획 안), 席(자리 석)

3급Ⅱ / 几 / 3획

공부하는 책상(几)에 점(丶)이 찍힘은 무릇 보통이니
무릇 범, 보통 범
+ 무릇 – 종합하여 살펴보건대.
+ 丶(점 주, 불똥 주)

6급Ⅱ / 風 / 9획

무릇(凡) 벌레(虫)도 옮기는 바람이니 **바람 풍**
또 어떤 바람으로 말미암은
풍속 풍, 경치 풍, 모습 풍, 기질 풍, 병 이름 풍
+ 작은 벌레는 바람을 타고 옮겨가지요.
+ 虫(벌레 충)

풍토 – '바람과 흙'으로, 어떤 지역의 기후와 토지의 상태.

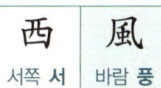
서풍 – 서쪽에서 부는 바람.

제1편 한자 익히기 | 139

127 경건향 [冂巾向]
- 冂으로 된 한자

> 🔍 **구조로 암기**
>
> 멀리 떨어져 윤곽만 보이는 성이니 **멀 경, 성 경(冂)**, 멀 경, 성 경(冂)에 뚫을 곤(丨)이면 **수건 건(巾)**, 멀 경, 성 경(冂) 안에 입 구, 구멍 구, 말할 구(口), 위에 삐침 별(丿)이면 **향할 향, 나아갈 향(向)**

부수자 · 2획

멀리 떨어져 윤곽만 보이는 성이니 **멀 경, 성 경**

> 👨‍🏫 **선생님의 한 말씀**
> 좌우 두 획은 문의 기둥이고, 가로획은 빗장을 그린 것이지요.

1급 · 巾 3획

성(冂)처럼 사람(丨)이 몸에 두르는 수건이니 **수건 건**

+ 丨('뚫을 곤'이지만 여기서는 사람으로 봄)

6급 · 口 6획

표시(丿)된 성(冂)의 입구(口)를 향하여 나아가니
향할 향, 나아갈 향

+ 丿('삐침 별'이지만 여기서는 안내 표시로 봄), 口(입 구, 구멍 구, 말할 구)

方 향	向 향
방향 방	향할 향

방향 – 어떤 방위를 향한 쪽.

向 향	上 상
나아갈 향	위 상

향상 – 생활이나 기술·학습 등의 수준이 나아짐.

128 앙영 [央英]
- 央으로 된 한자

> 🔍 **구조로 암기**
> 멀 경, 성 경(冂)에 큰 대(大)면 가운데 앙(央), 가운데 앙(央) 위에 초 두(艹)면 꽃부리 영, 영웅 영(英)

3급Ⅱ
大 5획

성(冂)처럼 큰(大) 둘레의 가운데니 **가운데 앙**

+ 大(큰 대)

6급
草(艹) 9획

풀(艹)의 가운데(央)에서 핀 꽃부리니 **꽃부리 영**

또 꽃부리처럼 빛나는 업적을 쌓은 영웅이니 **영웅 영**

+ 🈲 特(특별할 특)
+ 꽃부리 - 꽃잎 전체를 이르는 말.

| 英 영웅 영 | 特 특별할 특 | **영특** – 남달리 뛰어나고 훌륭함. |
| 英 영웅 영 | 才 재주 재 | **영재** – 뛰어난 재주. 또는 그런 사람. |

129 동동 [同洞]
− 同으로 된 한자

> 🔍 **구조로 암기**
>
> 멀 경, 성 경(冂) 안에 한 일(一)과 입 구, 구멍 구, 말할 구 (口)면 한가지 동, 같을 동(同), 한가지 동, 같을 동(同) 앞에 삼 수 변(氵)이면 마을 동, 동굴 동(洞)

7급

口 6획

성(冂)에서 하나(一)의 출입구(口)로 다니는 것처럼 한 가지로 같으니
한가지 동, 같을 동

+ 유 一(한 일), 共(함께 공)
+ 口(입 구, 구멍 구, 말할 구)

同	生
같을 동	날 생

동생 – ① 아우나 손아래 누이.
② 같은 항렬에서 자기보다 나이가 적은 사람.

同	行
같을 동	다닐 행

동행 – 같이 감.

7급

水(氵) 9획

물(氵)을 같이(同) 쓰는 마을이나 동굴이니 **마을 동, 동굴 동**
또 물(氵) 같이(同) 살아 사리에 밝으니 **밝을 통**

+ 유 郡(고을 군), 里(마을 리, 거리 리), 村(마을 촌)
+ 물은 자기 모양을 주장하지 않으며, 항상 낮은 곳으로만 흐르고, 구덩이가 있으면 채우고 넘쳐야 흐르는 등 배울 점이 많지요. 그래서 이런 물 같이 살면 사리에 밝다고 본 것이네요.

洞	口
마을 동	구멍 구

동구 – 동네 어귀.

洞	長
마을 동	어른 장

동장 – ① 한 동네의 우두머리.
② 동사무소의 우두머리.

130 내전[內全]
– 入으로 된 한자

> **구조로 암기**
> 들 입(入)에 멀 경, 성 경(冂)이면 **안 내(內)**, 들 입(入) 아래에 임금 왕, 으뜸 왕, 구슬 옥 변(王)이면 **온전할 전(全)**

入 4획

성(冂)으로 들어(入)간 안이니 **안 내**

+ 맨 外(밖 외)
+ 족 內 – 성(冂) 안으로 사람(人)이 들어간 안이니 '안 내'
+ 冂(멀 경, 성 경), 入(들 입), 人(사람 인)

내과 – 몸 내부의 병을 치료하는 의술의 한 부분.

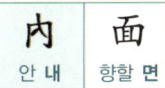
내면 – ① 물건의 안쪽.
② 밖으로 드러나지 아니하는 사람의 속마음.

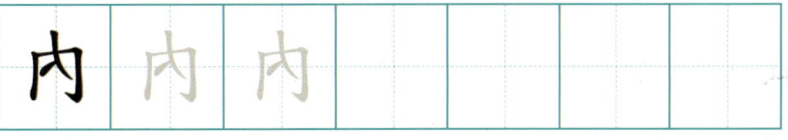

入 6획

조정에 들어가(入) 왕(王)이 된 것처럼 모든 것이 갖추어져 온전하니 **온전할 전**

+ 유 安(편안할 안)
+ 족 仝 – 사람(人)이 왕(王)이 되면 모든 것이 갖추어져 온전하니 '온전할 전'
+ 王(임금 왕, 으뜸 왕, 구슬 옥 변) – 제목번호 089 참고

안전 – 편안하고 온전함.

전체 – 대상의 모두. ↔ 부분(部分).

실력 체크 퀴즈 (121~130)

학년   반   성명:
공부한 날짜: 점수:

※ 다음 漢字의 訓(뜻)과 音(소리)을 쓰세요.

01. 禮 [　　]

02. 級 [　　]

※ 다음 밑줄 친 漢字語의 독음을 쓰세요.

03. 화재가 <u>發生</u>하지 않도록 불조심을 해야 한다. [　][　]

04. 적당한 <u>體重</u>을 유지하기 위해서 운동을 하자. [　][　]

05. 두 사람은 친형제처럼 <u>親近</u>하였다. [　][　]

※ 다음 밑줄 친 漢字語를 漢字로 쓰세요.

06. 아침마다 가까운 산을 <u>등산</u>하는 것은 건강에 좋다. [　][　]

07. 괜찮다면 내가 <u>동행</u>이 되어 주겠다. [　][　]

08. 얼어붙은 개울물에서 <u>동리</u> 꼬마들이 썰매를 타고 있다. [　][　]

 정답

01. 예도 례 02. 등급 급 03. 발생 04. 체중 05. 친근 06. 登山 07. 同行 08. 洞里

131 녁 병병 [疒 丙病]
– 疒과 丙으로 된 한자

> 🔍 **구조로 암기**
> 머리 부분 두(亠)에 나무 조각 장, 장수 장 변(爿)의 약자(丬)면 병들 녁(疒), 한 일(一) 아래에 안 내(內)의 속자(內)면 남쪽 병, 밝을 병(丙), 병들 녁(疒)에 남쪽 병, 밝을 병(丙)이면 병들 병, 근심할 병(病)

부수자
5획

머리 부분(亠)을 나무 조각(丬)에 기대야 할 정도로 병드니 **병들 녁**

+ 爿 – 나무를 세로로 나눈 왼쪽 조각을 본떠서 '나무 조각 장' 또 나무 조각이라도 들고 싸우는 장수니 '장수 장 변'
+ 亠(머리 부분 두), 丬[나무 조각 장, 장수 장 변(爿)의 약자]

3급Ⅱ
一 5획

(북반구의) 하늘(一)에서는 안(內)이 남쪽이고 밝으니
남쪽 병, 밝을 병

+ 一('한 일'이지만 여기서는 하늘로 봄), 內[안 내(內)의 속자]

6급
疒 10획

병들어(疒) 불 밝혀(丙) 놓고 간호하며 근심하니
병들 병, 근심할 병

> 👨‍🏫 **선생님의 한 말씀**
> 병이 심하면 저녁에도 불 켜놓고 간호하며 근심하지요.

| 病 | 苦 | **병고** – 병들어 괴로움. |
| 병들 병 | 괴로울 고 | |

| 病 | 弱 | **병약** – 병으로 인하여 몸이 쇠약함. |
| 병들 병 | 약할 약 | |

132 용 각 [用 角]
− 用과 角

> **구조로 암기**
> 멀 경, 성 경(冂) 안에 둘 이(二)와 뚫을 곤(丨)이면 쓸 용(用), 짐승의 뿔을 본떠서 뿔 각(角), 또 뿔은 모나서 싸우거나 겨룰 때도 쓰이니 모날 각, 겨룰 각(角)

用 5획

성(冂)에서 두(二) 개의 송곳(丨)을 쓰니 쓸 용

+ 冂(멀 경, 성 경), 二(둘 이), 丨('뚫을 곤'이지만 여기서는 송곳으로 봄)
+ 원래는 '(옛날에는 거북이 등껍데기도 도구로 썼으니) 거북이 등껍데기 모양을 본떠서 쓸 용'입니다.

活	用
살 활	쓸 용

활용 − 충분히 잘 이용함.

服	用
먹을 복	쓸 용

복용 − 약을 먹음.

角 7획

짐승의 뿔을 본떠서 뿔 각

또 뿔은 모나서 싸우거나 겨룰 때도 쓰이니 모날 각, 겨룰 각

角	度
모날 각	정도 도

각도 − ① 각의 크기.
② 생각의 방향이나 관점.

三	角
석 삼	모날 각

삼각 − 세모.

頭	角
머리 두	뿔 각

두각 − ① 짐승의 머리에 있는 뿔.
② 뛰어난 학식이나 재능을 비유적으로 이르는 말.

133 용용통[甬勇通]
– 甬으로 된 한자

구조로 암기
꽃봉오리가 부풀어 솟아오르는 모양을 본떠서 솟을 용(甬), 솟을 용(甬) 아래에 힘 력(力)이면 날랠 용(勇), 뛸 착, 갈 착(辶)이면 통할 통(通)

특급Ⅱ | 用 | 7획

꽃봉오리가 부풀어 솟아오르는 모양을 본떠서 **솟을 용**

6급Ⅱ | 力 | 9획

솟는(甬) 힘(力)이 있어 날래니 **날랠 용**

+ 力(힘 력)

勇	氣
날랠 용	기운 기

용기 – 날랜(씩씩하고 굳센) 기운.

大	勇
큰 대	날랠 용

대용 – 큰 용기.

6급 | 辶(辶) | 11획

무슨 일이나 솟을(甬) 정도로 뛰며(辶) 열심히 하면 통하니 **통할 통**

+ 辶[뛸 착, 갈 착 = 辶]

通	信
통할 통	소식 신

통신 – (우편이나 전신, 전화 등으로) 정보나 의사를 전달함.

交	通
오고 갈 교	통할 통

교통 – 자동차・기차・배・비행기 등을 이용하여 사람이 오고 가거나, 짐을 실어 나르는 일.

134 상당[尚當]
— 尙으로 된 한자

> **구조로 암기**
> 작을 소(小) 아래에 높을 고(高)의 획 줄임(冋)이면 오히려 상, 높을 상, 숭상할 상(尙), 오히려 상, 높을 상, 숭상할 상(尙)의 변형(龸) 아래에 흙 토(土)면 집 당, 당당할 당(堂)

小 8획

조금(小)이라도 더 높이(冋) 쌓아 오히려 높으니
오히려 상, 높을 상

또 이런 일은 숭상하니 **숭상할 상**

+ 小(작을 소), 冋[높을 고(高)의 획 줄임]

> **선생님의 한 말씀**
> 尙은 변형된 龸 모양으로 변하여 다른 글자의 구성 요소에 쓰입니다.

土 11획

높이(龸) 흙(土)을 다져 세운 집이니 **집 당**

또 집에서처럼 당당하니 **당당할 당**

+ 家(집 가, 전문가 가), 室(집 실, 방 실, 아내 실)
+ 土(흙 토)

食	堂	
먹을 식	집 당	식당 – 밥을 파는 집(가게).

正	正	堂	堂	
바를 정	바를 정	당당할 당	당당할 당	정정당당 – 바르고 당당함.

135 우설전 [雨雪電]
― 雨로 된 한자

> 🔍 **구조로 암기**
> 한 일(一) 아래에 멀 경, 성 경(冂)과 물 수 발(氺)의 변형(㇀)이면 **비 우(雨)**, 비 우(雨) 아래에 고슴도치 머리 계, 오른손 우(⺕)의 변형(ヨ)이면 **눈 설, 씻을 설(雪)**, 펼 신, 아뢸 신, 원숭이 신(申)의 변형(甩)이면 **번개 전, 전기 전(電)**

雨 8획

하늘(一)의 구름(冂)에서 물(氺)로 내리는 비니 **비 우**

+ 一('한 일'이지만 여기서는 하늘로 봄), 冂('멀 경, 성 경'이지만 여기서는 구름으로 봄), 氺[물 수 발(水)의 변형]

🧑‍🏫 **선생님의 한 말씀**
雨는 날씨와 관계되는 한자의 부수로도 많이 쓰입니다.

雨 11획

비(雨)가 얼어 고슴도치 머리(ヨ)처럼 어지럽게 내리는 눈이니 **눈 설**

또 하얀 눈처럼 깨끗하게 씻으니 **씻을 설**

+ ヨ[고슴도치 머리 계, 오른손 우(⺕)의 변형]

白	雪
흰 백	눈 설

백설 – 흰 눈.

雪	夜
눈 설	밤 야

설야 – 눈 내리는 밤.

雪	雪	雪					

雨 13획

비(雨) 올 때 번쩍 빛을 펴는(甩) 번개니 **번개 전**

또 번개처럼 빛을 내는 전기니 **전기 전**

+ 甩[펼 신, 아뢸 신, 원숭이 신(申)의 변형]

電	氣
전기 전	기운 기

전기 – 물체의 마찰에서 일어나는 에너지의 한 형태.

電	話
전기 전	이야기 화

전화 – 전화기를 이용하여 말을 주고받음.

電	電	電					

136 원(엔) 청청 [円 靑 淸]
— 円과 靑으로 된 한자

구조로 암기

멀 경, 성 경(冂) 안에 세로(丨)와 가로(一)면 둥글 원, 둘레 원(円), 또 일본 화폐 단위로도 쓰여 **일본 화폐 단위 엔(円)**, 둥글 원, 둘레 원, 일본 화폐 단위 엔(円) 위에 주인 주(主)의 변형(龶)이면 푸를 청, 젊을 청(靑), 푸를 청, 젊을 청(靑) 앞에 삼 수 변(氵)이면 맑을 청(淸)

특급Ⅱ
冂 4획

성(冂)은 세로(丨)나 가로(一)로 보아도 둥근 둘레니
둥글 원, 둘레 원

또 일본 화폐 단위로도 쓰여 **일본 화폐 단위 엔**

+ 冂(멀 경, 성 경)

8급
靑 8획

주(龶)된 둘레(円)의 색은 푸르니 **푸를 청**

또 푸르면 젊으니 **젊을 청**

+ 유 綠(푸를 록)
+ 龶 [주인 주(主)의 변형]

선생님의 한 말씀
푸를 청, 젊을 청(靑)이 들어간 한자는 대부분 '푸르고 맑고 희망이 있고 젊다'는 좋은 의미지요. 靑이 들어간 한자를 약자로 쓸 때는 '円'부분을 '月(달 월, 육 달 월)'로 씁니다.

靑	山	
푸를 청	산 산	청산 – 푸른 산.

靑	少	年
젊을 청	젊을 소	나이 년

청소년 – 청년과 소년의 총칭으로, 10대의 남녀를 말함.

6급Ⅱ
水(氵) 11획

물(氵)이 푸른(靑)빛이 나도록 맑으니 **맑을 청**

+ 물이 아주 맑으면 푸른빛이 나지요.
+ 氵(삼 수 변)

淸	明
맑을 청	밝을 명

청명 – 맑고 밝음.

137 정 가가 [丁 可歌]
— 丁과 可로 된 한자

> 🔍 **구조로 암기**
> 고무래나 못을 본떠서 고무래 정, 못 정(丁), 또 고무래처럼 튼튼한 장정도 가리켜서 장정 정(丁), 고무래 정, 못 정, 장정 정(丁)에 입 구, 구멍 구, 말할 구(口)면 옳을 가, 가히 가, 허락할 가(可), 옳을 가, 가히 가, 허락할 가(可) 둘 뒤에 하품 흠, 모자랄 흠(欠)이면 노래 가(歌)

一 2획 4급

고무래나 못(丁)을 본떠서 **고무래 정, 못 정**

또 고무래처럼 튼튼한 장정도 가리켜서 **장정 정**

+ 고무래 – 곡식을 말릴 때 넓게 펴서 고르는 도구로, 단단한 나무로 튼튼하게 만듦.

口 5획 5급

장정(丁)처럼 씩씩하게 말할(口) 수 있는 것은 옳으니 **옳을 가**

또 옳으면 가히 허락하니 **가히 가, 허락할 가**

> 🧑‍🏫 **선생님의 한 말씀**
> '가히'는 '～ㄹ 만하다', '～ㄹ 수 있다', '～ㅁ직하다' 등과 함께 쓰여, '능히', '넉넉히'의 뜻입니다.

欠 14획 7급

옳다(可) 옳다(可) 하며 하품(欠)하듯 입 벌리고 부르는 노래니

노래 가

+ 🈯 樂(노래 악, 즐길 락, 좋아할 요)
+ 欠 – 기지개켜며 사람(人)이 하품하는 모양에서 '하품 흠' 또 하품하며 나태하면 능력이 모자라니 '모자랄 흠'

校	歌
학교 교	노래 가

교가 – 학교를 상징하는 노래.

愛	國	歌
사랑 애	나라 국	노래 가

애국가 – 우리나라의 국가.

138 조 수애 [爪 受愛]
— 爪와 爫, 冖으로 된 한자

> **구조로 암기**
> 손톱 모양을 본떠서 **손톱 조**(爪), 손톱 조(爪)가 부수로 쓰일 때의 모양(爫)과 덮을 멱(冖) 아래에 오른손 우, 또 우(又)면 **받을 수**(受), 마음 심, 중심 심(心)과 천천히 걸을 쇠, 뒤져올 치(夂)면 **사랑 애, 즐길 애, 아낄 애**(愛)

爪 4획

손톱 모양을 본떠서 **손톱 조**

🧑‍🏫 **선생님의 한 말씀**
부수로 쓰일 때는 爫 모양으로 길이가 짧습니다.

又 8획

손톱(爫)처럼 덮어(冖) 손(又)으로 받으니 **받을 수**
+ 冖(덮을 멱), 又(오른손 우, 또 우)

心 13획

손톱(爫)처럼 덮어(冖)주며 마음(心)으로 서서히 다가가는(夂) 사랑이니 **사랑 애**

또 사랑하여 즐기고 아끼니 **즐길 애, 아낄 애**
+ 心(마음 심, 중심 심), 夂(천천히 걸을 쇠, 뒤져올 치)

愛 사랑 애	國 나라 국	애국 – 나라를 사랑하는 마음.
愛 즐길 애	讀 읽을 독	애독 – 즐겨서 읽음.

139 계(우)급사 [ㅋ急事]
– ㅋ로 된 한자

> 🔍 **구조로 암기**
>
> 고슴도치 머리 모양을 본떠서 **고슴도치 머리 계**(ㅋ), 또 오른손의 손가락을 편 모양으로도 보아 **오른손 우**(ㅋ), 고슴도치 머리 계, 오른손 우(ㅋ)의 변형(彐)위에 사람 인(人)의 변형(⺈), 아래에 마음 심, 중심 심(心)이면 **급할 급**(急), 고슴도치 머리 계, 오른손 우(ㅋ)의 변형(彐) 위에 한 일(一)과 입 구, 구멍 구, 말할 구(口), 갈고리 궐(亅)이면 **일 사, 섬길 사**(事)

부수자
3획

고슴도치 머리 모양을 본떠서 **고슴도치 머리 계**

또 오른손의 손가락을 편 모양으로도 보아 **오른손 우**

> 🧑‍🏫 **선생님의 한 말씀**
>
> 오른손 주먹을 쥔 모양(✊)을 본떠서 '오른손 우, 또 우(又)', 오른손 손가락을 편 모양(🖐)을 본떠서 '오른손 우(ㅋ)'지요. 이 한자는 원래 ㅋ인데 변형된 모양인 彐로도 많이 쓰입니다.

6급Ⅱ
心 9획

위험을 느껴 아무 사람(⺈)이나 손(ㅋ)으로 잡는 마음(心)처럼 급하니

급할 급

+ 유 速(빠를 속)

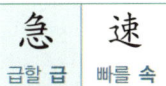 급속 – (사물의 발생이나 진행 등이) 급하고 빠름.

 급행 – ① 큰 역에만 정차하는 운행 속도가 빠른 열차.
② 급히 감.

7급Ⅱ
亅 8획

한(一) 입(口)이라도 더 먹이기 위해 손(ㅋ)에 갈고리(亅) 같은 도구도 들고 하는 일이니 **일 사**

또 일하여 섬기니 **섬길 사**

+ 유 業(업 업, 일 업)
+ ㅋ[고슴도치 머리 계, 오른손 우(ㅋ)의 변형], 亅(갈고리 궐)

事	業	
일 사	일 업	

사업 – 어떤 일을 일정한 목적과 계획을 가지고 짜임새 있게 지속적으로 경영함.

인사불성 – ① 제 몸에 벌어지는 일을 모를 만큼 정신을 잃은 상태.
② 사람으로서의 예절을 차릴 줄 모름.

140 윤 군군 [尹 君 郡]
– 尹과 君으로 된 한자

> **구조로 암기**
> 고슴도치 머리 계, 오른손 우(⇒)의 변형(⇒)에 삐침 별(丿)이면 **다스릴 윤, 벼슬 윤(尹)**, 다스릴 윤, 벼슬 윤(尹) 아래에 입 구, 구멍 구, 말할 구(口)면 **임금 군, 남편 군, 그대 군(君)**, 임금 군, 남편 군, 그대 군(君) 뒤에 고을 읍 방(阝)이면 **고을 군(郡)**

1급II
尸 4획

오른손(⇒)에 지휘봉(丿) 들고 다스리는 벼슬이니
다스릴 윤, 벼슬 윤

+ 부수가 주검 시, 몸 시(尸)임이 특이하네요.
+ 丿('삐침 별'이지만 여기서는 지휘봉으로 봄)

4급
口 7획

다스리며(尹) 입(口)으로 명령하는 임금이니 **임금 군**

또 임금처럼 섬기는 남편이나 그대니 **남편 군, 그대 군**

6급
邑(阝) 10획

임금(君)이 다스리는 고을(阝)이니 **고을 군**

+ 㖌 洞(마을 동, 동굴 동), 邑(고을 읍)
+ 阝(고을 읍 방)

| 郡 | 民 |
|고을 군|백성 민|

군민 – 그 군에 사는 백성.

| 郡 | 內 |
|고을 군|안 내|

군내 – 군의 안이나 고을의 안.

실력 체크 퀴즈 (131~140)

Day 14

학년   반   성명:
공부한 날짜: 점수:

※ 다음 漢字의 訓(뜻)과 音(소리)을 쓰세요.

01. 通 ☐

02. 急 ☐

※ 다음 밑줄 친 漢字語의 독음을 쓰세요.

03. 오랜 <u>病苦</u>로 얼굴이 창백하구나. ☐☐

04. 이 약은 캡슐로 되어 <u>服用</u>이 간편하다. ☐☐

05. 편의점에 가서 라면과 <u>三角</u>김밥을 샀다. ☐☐

※ 다음 밑줄 친 漢字語를 漢字로 쓰세요.

06. 사고가 나자 그 지역의 <u>전기</u> 공급을 중단하였다. ☐☐

07. 밴드가 연주를 시작하고 <u>가수</u>가 나와서 노래를 불렀다. ☐☐

08. 그는 <u>사리</u>를 분별할 줄 아는 사람이다. ☐☐

정답

01. 통할 통 02. 급할 급 03. 병고 04. 복용 05. 삼각 06. 電氣 07. 歌手 08. 事理

141 서주화[書晝畫]
– 聿의 변형(⺻)으로 된 한자

> 🔍 **구조로 암기**
> 붓 율(聿)의 변형(⺻) 아래에 가로 왈(曰)이면 쓸 서, 글 서, 책 서(書), 해 일, 날 일(日)과 한 일(一)이면 낮 주(晝), 밭 전(田)과 한 일(一)이면 그림 화(畫)

曰 10획

붓(⺻)으로 말하듯(曰) 쓰니 **쓸 서**
또 써 놓은 글이나 책이니 **글 서, 책 서**
+ 🔑 文(글월 문, 무늬 문), 章(문장 장, 글 장)
+ ⺻[붓 율(聿)의 변형], 曰(가로 왈)

書	畫
글 서	그림 화

서화 – 글과 그림.

日 11획

붓(⺻)으로 해(日) 하나(一)를 보고 그릴 수 있는 낮이니 **낮 주**
+ 🔑 夜(밤 야)

晝	間
낮 주	사이 간

주간 – 낮 동안. ↔ 야간(夜間).

白	晝
밝을 백	낮 주

백주 – 대낮. 환히 밝은 낮.

田 12획

붓(⺻)으로 밭(田) 하나(一)를 그린 그림이니 **그림 화**
+ 田(밭 전)

畫	家
그림 화	전문가 가

화가 – 그림을 전문으로 그리는 사람.

畫	面
그림 화	볼 면

화면 – ① 그림이나 도형을 그린 면.
② 텔레비전이나 컴퓨터 등에서 그림이나 영상이 나타나는 면.

142 시가 [豕家]
– 豕로 된 한자

구조로 암기

서 있는 돼지를 본떠서 **돼지 시**(豕), 돼지 시(豕) 위에 집 면(宀)이면 **집 가, 전문가 가**(家)

특급II 豕 7획

서 있는 돼지를 본떠서 **돼지 시**

7급II 宀 10획

지붕(宀) 아래 돼지(豕)처럼 먹고 자는 집이니 **집 가**

또 하나의 집처럼 어느 분야에 일가를 이룬 전문가도 뜻하여 **전문가 가**

+ 윤 堂(집 당, 당당할 당), 室(집 실, 방 실, 아내 실)
+ 일가 – ① 한집안.
  ② 성(姓)과 본(本)이 같은 겨레붙이.
  ③ 어느 분야에서 독자적인 경지나 체계를 이룬 상태.
  여기서는 ③의 뜻.
+ 宀(집 면)

家	族
집 가	겨레 족

가족 – 한 가정을 이루는 사람들.

作	家
지을 작	전문가 가

작가 – (시·소설 등 예술품을) 창작하는 일에 종사하는 사람.

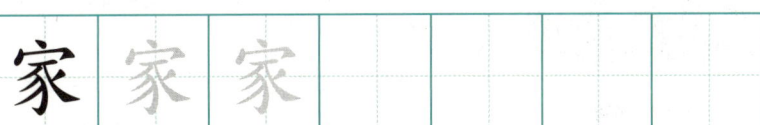

143 수 록록 [氷 彔綠]
– 氷와 彔으로 된 한자

> **구조로 암기**
> 물 수(水)가 글자의 발로 쓰일 때의 모양으로 **물 수 발**(氷), 엇갈리게(⺕) 한(一)곳으로 물(氺) 같은 진액이 나오도록 나무를 깎고 새기니 **깎을 록**, **새길 록**(彔), 깎을 록, 새길 록(彔) 앞에 실 사, 실 사 변(糸)이면 **푸를 록**(綠)

부수자 · 5획

물 수(水)가 글자의 발로 쓰일 때의 모양으로 **물 수 발**

특급 · 크(彑) · 8획

엇갈리게() 한(一)곳으로 물(氺) 같은 진액이 나오도록 나무를 깎고 새기니 **깎을 록(녹), 새길 록(녹)**

+ 団 彖(끊을 단) – 엇갈려(⺕) 돼지(豕)가 여기저기를 물어 끊으니 '끊을 단'
+ 豕(돼지 시)

> **선생님의 한 말씀**
> 원래는 彑(고슴도치 머리 계, 오른손 우)와 氺(물 수 발)로 나누어 부수가 크이지요. 크를 변형하여 彑로도 씁니다.

6급 · 糸 · 14획

실(糸)이 나무 깎을(彔) 때 나오면 푸르니 **푸를 록(녹)**

+ 岀 靑(푸를 청, 젊을 청)
+ 糸(실 사, 실 사 변)

綠	色
푸를 록(녹)	빛 색

녹색 – 초록색(파랑과 노랑의 중간색).

新	綠
새로울 신	푸를 록

신록 – (늦봄이나 초여름에) 새로 나온 잎의 푸른빛.

綠	綠	綠					

144 구구구 [求球救]
– 求로 된 한자

구조로 암기

물 수 발(氺) 위에 한 일(一)과 점 주, 불똥 주(丶)면 **구할 구(求)**, 구할 구(求) 앞에 임금 왕, 으뜸 왕, 구슬 옥 변(王)이면 **둥글 구, 공 구(球)**, 뒤에 칠 복(攵)이면 **구원할 구, 도울 구(救)**

 水(氺) 7획

하나(一)의 물(氺)방울(丶)이라도 구하니 **구할 구**

+ 丶('점 주, 불똥 주'지만 여기서는 물방울로 봄)

玉(王) 11획

구슬(王)처럼 재료를 구해(求) 만든 둥근 공이니 **둥글 구, 공 구**

+ 대부분의 옥은 둥글게 가공함을 생각하고 만든 한자.

地	球
땅 지	둥글 구

지구 – 인류가 사는 천체.

半	球
반 반	공 구

반구 – 구(球)의 절반. 또는 그런 모양의 물체.

 攵 11획

(나쁜 길에 빠진 사람을 쳐서라도) 구하기(求) 위하여 치며(攵) 구원하고 도우니 **구원할 구, 도울 구**

선생님의 한 말씀

내가 필요해서 구하면 '구할 구(求)', 남을 구원하고 도와주면 '구원할 구, 도울 구(救)'입니다.

145 씨지민[氏紙民]
- 氏로 된 한자

> **구조로 암기**
> 나무뿌리가 지상으로 나온 모양을 본떠서 성 씨, 뿌리 씨(氏), 또 사람을 높여 부르는 조사로도 쓰여 사람을 높여 부를 때 붙이는 씨(氏), 성 씨, 뿌리 씨, 사람을 높여 부를 때 붙이는 씨(氏) 앞에 실 사, 실 사 변(糸)이면 종이 지(紙), 위에 덮을 멱(冖)이면 백성 민(民)

氏 4획

(사람의 씨족도 나무뿌리처럼 번지니)
나무뿌리가 지상으로 나온 모양을 본떠서 **성 씨, 뿌리 씨**
또 사람을 높여 부르는 조사로도 쓰여
사람을 높여 부를 때 붙이는 씨

糸 10획

나무의 섬유질 실(糸)이 나무뿌리(氏)처럼 엉겨서 만들어지는 종이니
종이 지

+ 糸(실 사, 실 사 변)

休	紙
쉴 휴	종이 지

휴지 - ① 못 쓰게 된 종이.
② 허드레로 쓰는 얇은 종이.

五	線	紙
다섯 오	줄 선	종이 지

오선지 - 악보를 그리기 위하여 다섯줄을 그어 놓은 종이.

氏 5획

모인(冖) 여러 씨(氏)족들로 이루어진 백성이니 **백성 민**

+ 町 王(임금 왕, 으뜸 왕, 구슬 옥 변), 主(주인 주)
+ 백성(百姓) - 나라의 근본을 이루는 일반 국민을 예스럽게 이르는 말.
+ 예스럽다 - 옛것과 같은 맛이나 멋이 있다.
+ 冖('덮을 멱'이지만 여기서는 모여있는 모양으로 봄), 百(일백 백, 많을 백), 姓(성씨 성, 백성 성)

住	民
살 주	백성 민

주민 - (일정한 지역에) 살고 있는 사람.

平	民
평평할 평	백성 민

평민 - '평범한 백성'으로, (벼슬이 없는) 일반인.

146 간근[艮根]
— 艮으로 된 한자

> 🔍 **구조로 암기**
> 눈 목, 볼 목, 항목 목(目)의 변형(罒)에 비수 비, 숟가락 비(匕)의 변형(乀)이면 **멈출 간(艮)**, 멈출 간(艮), 앞에 나무 목(木)이면 **뿌리 근(根)**

艮 6획

눈(罒) 앞에 비수(乀)처럼 위험한 것이 보이면 멈추니 **멈출 간**
+ 罒[눈 목, 볼 목, 항목 목(目)의 변형], 乀[비수 비, 숟가락 비(匕)의 변형]

木 10획

나무(木)를 멈춰(艮) 있게 하는 뿌리니 **뿌리 근**
+ 🈷 本(근본 본, 뿌리 본, 책 본)

根	本
뿌리 근	뿌리 본

근본 – '뿌리와 뿌리'로, 사물이 생기는 본바탕.

同	根
같을 동	뿌리 근

동근 – ① (그 자라난) 뿌리가 같음.
② 근본이 같음.

Day 15

147 금(김)은[金銀]
− 金으로 된 한자

> **구조로 암기**
> 사람 인(人) 아래에 한 일(一)과 흙 토(土), 점 주, 불똥 주 (丶) 둘이면 **쇠 금, 금 금, 돈 금, 성씨 김**(金), 쇠 금, 금 금, 돈 금, 성씨 김(金) 뒤에 멈출 간(艮)이면 **은 은**(銀)

金 8획

덮여 있는(人) 한(一)곳의 흙(土)에 반짝반짝(丶丶) 빛나는 쇠나 금이니 **쇠 금, 금 금**

또 금처럼 귀한 돈이나 성씨니 **돈 금, 성씨 김**

+ 人('사람 인'이지만 여기서는 덮여 있는 모양으로 봄), 丶('점 주, 불똥 주'지만 여기서는 반짝반짝 빛나는 모양으로 봄), 土(흙 토)

金	利
돈 금	이로울 리

금리 – 빌려준 돈이나 예금 등에 붙는 이자.

入	金
들 입	돈 금

입금 – ① 돈을 들여놓거나 넣어 줌.
② 은행 등에 예금하거나 빚을 갚기 위하여 돈을 들여놓는 일.

金 14획

(가치가) 금(金) 다음에 머물러(艮) 있는 은이니 **은 은**

> **선생님의 한 말씀**
> 금이 더 비싼데 은행(bank)을 금행(金行)으로 하지 않고 은행(銀行)으로 한 이유는 무엇일까요? 옛날에는 은이 금보다 생산량도 적고 정제 방법도 더 까다로웠기 때문에 더 비싸서, 세계 각국이 은을 화폐의 기본으로 했기 때문이지요.

金	銀
금 금	은 은

금은 – 금과 은.

銀	行
은 은	행할 행

은행 – 예금을 받아 그 돈을 자금으로 하여 대출·어음 거래·증권의 인수 등을 업무로 하는 금융 기관.

148 량 식음 [良 食飮]
- 良과 食으로 된 한자

> **구조로 암기**
> 멈출 간(艮) 위에 점 주, 불똥 주(丶)면 **좋을 량, 어질 량(良)**, 좋을 량, 어질 량(良) 위에 사람 인(人)이면 **밥 식, 먹을 식(食)**, 밥 식, 먹을 식 변(飠) 뒤에 하품 흠, 모자랄 흠(欠)이면 **마실 음(飮)**

5급 II

艮 7획

점(丶) 같은 작은 잘못도 그치면(艮) 좋고 어지니
좋을 량(양), 어질 량(양)

+ 丶(점 주, 불똥 주)

7급 II

食 9획

사람(人) 몸에 좋은(良) 것은 밥이니 **밥 식**

또 밥 같은 음식을 먹으니 **먹을 식**

> **선생님의 한 말씀**
> 글자의 변으로 쓰일 때는 飠(밥 식, 먹을 식 변)입니다.

夜	食
밤 야	먹을 식

야식 – 저녁밥을 먹고 난 한참 뒤 밤중에 먹는 음식.

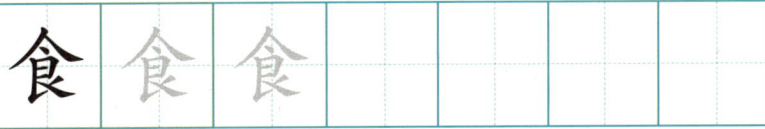

6급 II

食(飠) 13획

먹을(飠) 때 하품(欠)하듯 입 벌리고 마시니 **마실 음**

+ 欠(하품 흠, 모자랄 흠) - 제목번호 137 歌의 주 참고

米	飮
쌀 미	마실 음

미음 – 쌀을 푹 끓여 마실 수 있게 만든 음식.

飮	用
마실 음	쓸 용

음용 – 마시는 데 쓰거나 또는 그런 것.

149 복외박 [卜外朴]
- 卜으로 된 한자

구조로 암기
점치던 거북이 등껍데기가 갈라진 모양을 본떠서 점 복(卜), 점 복(卜) 앞에 저녁 석(夕)이면 밖 외(外), 나무 목(木)이면 순박할 박, 성씨 박(朴)

3급 | 卜 | 2획

(옛날에는 거북이 등껍데기를 불태워 갈라진 모양을 보고 점쳤으니)
점치던 거북이 등껍데기(🐢)가 갈라진 모양을 본떠서 **점 복**

선생님의 한 말씀
옛날에는 점을 많이 쳐서, 점과 관련된 한자도 많습니다.

8급 | 夕 | 5획

저녁(夕)에 점(卜)치러 나가던 밖이니 **밖 외**

+ 반 內(안 내)
+ 夕(저녁 석)
+ 옛날 사람들은 저녁마다 다음날의 운수를 점쳤다네요. 운수를 미리 알고 조심하기 위한 것이지요.

外	出
밖 외	나갈 출

외출 – 밖에 나감.

海	外
바다 해	밖 외

해외 – ① 바다의 밖.
　　　② 다른 나라를 이르는 말.

外	外	外				

6급 | 木 | 6획

나무(木) 껍질이나 점(卜)칠 때 쓰는 거북이 등껍데기처럼 갈라져 투박하고 순박하니 **순박할 박**

또 순박한 사람들의 성씨니 **성씨 박**

+ 木(나무 목)

朴	野
순박할 박	들 야

박야 – 꾸밈없이 온순하고 인정이 두터움.

古	朴
옛 고	순박할 박

고박 – 새로운 맛이 없이 예스럽고 꾸민 데가 없이 수수함.

朴	朴	朴				

150 화 미[禾 米]
– 禾와 米

구조로 암기

익어서 고개 숙인 벼를 본떠서 벼 화(禾), 벼 화(禾)의 변형(米)에 점 주, 불똥 주(丶)면 쌀 미(米)

3급 禾 5획

익어서 고개 숙인 벼를 본떠서 **벼 화**

선생님의 한 말씀
벼는 모든 곡식을 대표하여, 곡식과 관련된 한자에 부수로도 쓰이지요.

6급 米 6획

벼(禾)를 찧으면 알(丶)로 톡 튀어나오는 쌀이니 **쌀 미**

+ 米[벼 화(禾)의 변형], 丶('점 주, 불똥 주'지만 여기서는 쌀알로 봄)

正	米
바를 정	쌀 미

정미 – ① 현재 있는 쌀.
② 실제로 거래되는 쌀.

白	米
흰 백	쌀 미

백미 – 흰 쌀.

실력 체크 퀴즈 (141~150)

※ 다음 漢字의 訓(뜻)과 音(소리)을 쓰세요.

01. 晝 ☐

02. 綠 ☐

※ 다음 밑줄 친 漢字語의 독음을 쓰세요.

03. <u>書畫家</u>들이 작품 전시회를 열었다. ☐☐☐

04. 인공위성은 궤도를 따라 <u>地球</u> 주위를 돌고 있다. ☐☐

05. 우리 모임의 <u>根本</u> 원칙은 다음과 같다. ☐☐

※ 다음 밑줄 친 漢字語를 漢字로 쓰세요.

06. 어머니는 항상 <u>가사</u>에 바쁘시다. ☐☐

07. 나는 합격 소식을 고향에 <u>편지</u>로 알렸다. ☐☐

08. <u>현금</u>이 많이 있으면 자연히 씀씀이가 커진다. ☐☐

정답

01. 낮 주   02. 푸를 록   03. 서화가   04. 지구   05. 근본   06. 家事   07. 便紙   08. 現金

151 변번 [釆番]
– 釆으로 된 한자

> 🔍 **구조로 암기**
> 쌀 미(米) 위에 삐침 별(丿)이면 분별할 변, 나눌 변(釆),
> 분별할 변, 나눌 변(釆) 아래에 밭 전(田)이면 차례 번,
> 번지 번(番)

특급

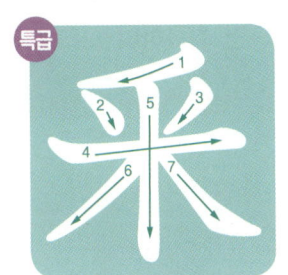

釆 7획

분별하여(丿) 품질대로 쌀(米)을 나누니 **분별할 변, 나눌 변**

+ 丿('삐침 별'이지만 여기서는 분별하는 모양으로 봄)

> 👨‍🏫 **선생님의 한 말씀**
> 옛날에는 쌀이 모든 물물 교환의 기준이었고 곡식의 대표였으니 이런 어원이 가능하지요.

6급

田 12획

나눈(釆) 밭(田)에 차례로 붙인 번지니 **차례 번, 번지 번**

+ 유 級(등급 급), 第(차례 제)
+ 田(밭 전)

| 番
번지 번 | 地
땅 지 | 번지 – 땅을 나누어서 매겨 놓은 번호. 또는 그 땅. |
| 番
차례 번 | 號
부르짖을 호 | 번호 – 차례를 나타내는 숫자. |

152 화리추 [和利秋]
- 禾로 된 한자

> 🔍 **구조로 암기**
> 벼 화(禾) 뒤에 입 구, 구멍 구, 말할 구(口)면 화목할 화 (和), 칼 도 방(刂)이면 이로울 리, 날카로울 리(利), 불 화(火)면 가을 추(秋)

口 8획

벼(禾) 같은 곡식을 나누어 입(口)으로 같이 먹으면 화목하니 **화목할 화**

+ 凹 戰(싸울 전, 무서워 떨 전)

화평 – 화목하고 평온함.

화합 – 화목하게 어울림.

和	和	和					

刀(刂) 7획

벼(禾)를 낫(刂)으로 베어 수확하면 이로우니 **이로울 리(이)**

또 이로움에는 모두 날카로우니 **날카로울 리(이)**

+ 刂[칼 도(刀)가 부수로 쓰일 때의 모양인 '칼 도 방'이지만 여기서는 낫으로 봄]

이용 – (대상을 필요에 따라) 이롭게 씀.

승리 – '이롭게 이김'으로, 겨루어서 이김.

利	利	利					

禾 9획

벼(禾)가 불(火)처럼 붉게 익어 가는 가을이니 **가을 추**

춘하추동 – 봄·여름·가을·겨울.

秋	秋	秋					

153 리(이)계 [李季]
– 子로 된 한자

> **구조로 암기**
> 아들 자, 접미사 자(子) 위에 나무 목(木)이면 오얏 리, 성씨 리(李), 벼 화(禾)면 끝 계, 계절 계(季)

木 7획

나무(木)에 아들(子)처럼 귀하게 열린 오얏이니 **오얏 리(이)**
또 오얏처럼 귀한 성씨니 **성씨 리(이)**

> **선생님의 한 말씀**
> 오얏은 '자두'의 옛말로 옛날에는 오얏이 매우 귀했던가 봐요.

| 李 오얏 리(이) | 花 꽃 화 | 이화 – 자두나무의 꽃. |
| 李 성씨 리(이) | 白 흰 백 | 이백 – 중국 당나라의 시인. |

子 8획

벼(禾)의 아들(子) 같은 열매가 맺는 줄기 끝이니 **끝 계**
또 (달력이 없었던 옛날에) 벼(禾) 열매(子)가 익어감을 보고 짐작했던 계절이니 **계절 계**

> **선생님의 한 말씀**
> '끝 계(季)'는 형제 중 막내로 쓰이고, 보통으로 말하는 끝은 '끝 종(終)'이나 '끝 말(末)'을 쓰지요.

Day 16

154 두과 [斗科]
– 斗로 된 한자

구조로 암기

자루 달린 국자를 본떠서 **국자 두**(斗), 또 국자처럼 곡식을 퍼 올려 되는 말이니 **말 두**(斗), 국자 두, 말 두(斗) 앞에 벼 화(禾)면 **조목 과, 과목 과**(科)

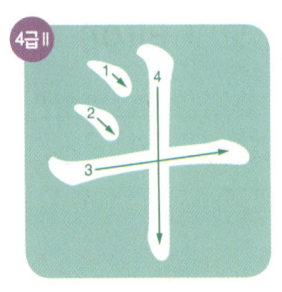

 4획

자루 달린 국자를 본떠서 **국자 두**

또 국자처럼 곡식을 퍼 올려 되는 말이니 **말 두**

선생님의 한 말씀

지금은 물건의 양을 무게로 환산하여 그램(g)이나 킬로그램(kg)으로 표시하지만, 얼마 전까지만 해도 되(升 - 되 승)나 말(斗)에 곡식을 담아 헤아렸어요. 열 되가 한 말이고 한 말은 8kg이지요.

 禾 9획

벼(禾)의 양을 말(斗)로 헤아려 품질과 용도에 따라 나눈 조목이니 **조목 과**

또 지식을 조목조목 나누어 설명한 과목이니 **과목 과**

科	目
과목 과	항목 목

과목 – 가르치거나 배워야 할 지식을 세분하여 분류한 영역.

敎	科	書
가르칠 교	과목 과	책 서

교과서 – 학교에서 가르치는 데 쓰는 책.

155 기 기 기 [气汽氣]
— 气로 된 한자

구조로 암기

사람(⺊) 입에서 입김(一)이 나오는(乀) 기운이니 **기운 기(气)**, 기운 기(气) 앞에 삼 수 변(氵)이면 **김 기(汽)**, 아래에 쌀 미(米)면 **기운 기, 대기 기(氣)**

부수자 · 4획

사람(⺊) 입에서 입김(一)이 나오는(乀) 기운이니 **기운 기**

+ 기운 – ① 살아 움직이는 힘.
  ② 눈에 보이지는 않지만 느껴지는 현상.
+ ⺊[사람 인(人)의 변형], 一('한 일'이지만 여기서는 입김으로 봄)

5급 · 水(氵) 7획

물(氵)이 끓으면서 기운(气)차게 올라가는 김이니 **김 기**

7급Ⅱ · 기 10획

기운(气)이 쌀(米)밥을 지을 때처럼 올라가는 기운이니 **기운 기**

또 이런 기운으로 이루어지는 대기니 **대기 기**

+ 米(쌀 미) – 제목번호 150 참고

氣 기운 기	力 힘 력	기력 – 기운과 힘.
大 큰 대	氣 기운 기	대기 – 공기를 달리 이르는 말.
氣 기운 기	分 분별할 분	기분 – ① 대상, 환경 등에 따라 마음에 절로 생기며 한동안 지속되는 유쾌함이나 불쾌함 등의 감정. ② 주위를 둘러싸고 있는 상황이나 분위기.

156 방방[方放]
– 方으로 된 한자

> **🔍 구조로 암기**
> 쟁기로 밭 가는 모양을 본떠서 **모 방, 방향 방(方)**, 또 쟁기질은 밭을 가는 중요한 방법이니 **방법 방(方)**, 모 방, 방향 방, 방법 방(方) 뒤에 칠 복(攵)이면 **놓을 방(放)**

7급Ⅱ / 方 / 4획

(쟁기로 갈아지는 흙이 모나고 일정한 방향으로 넘어가니)
쟁기로 밭 가는 모양을 본떠서 **모 방, 방향 방**
또 쟁기질은 밭을 가는 중요한 방법이니 **방법 방**

方	便
방법 방	편할 편

방편 – 그때그때의 경우에 따라 편하고 쉽게 이용하는 수단과 방법.

地	方
땅 지	방향 방

지방 – ① 어느 방면의 땅.
② 서울 이외의 지역.

6급Ⅱ / 攵 / 8획

아무 방향(方)이나 가도록 쳐(攵) 놓으니 **놓을 방**

+ 攵(칠 복 = 攴)

放	心
놓을 방	마음 심

방심 – 마음을 놓아 버림.

放	學
놓을 방	학교 학

방학 – 너무 덥거나 추워서 학교를 쉼.

157 족기[族旗]
- 𣥂으로 된 한자

> 🔍 **구조로 암기**
> 모 방, 방향 방, 방법 방(方)과 사람 인(人)의 변형(𠂉) 아래에 화살 시(矢)면 **겨레 족(族)**, 그 기(其)면 **기 기(旗)**

6급 方 11획

사방(方)에서 사람(𠂉)과 사람(𠂉)이 크게(大) 모여 이룬 겨레니

겨레 족

+ 겨레 – 같은 핏줄을 이어받은 민족.
+ 𠂉[사람 인(人)의 변형], 大(큰 대)

民	族
백성 민	겨레 족

민족 – 오랜 세월 일정한 지역에서 함께 살아 독특한 언어 등을 가진 공동체.

親	族
어버이 친	겨레 족

친족 – 촌수가 가까운 일가.

7급 方 14획

사방(方) 사람(𠂉)들이 알아보도록 만든 그(其)것은 기니 **기 기**

+ 其 – 단(丌)것을 받침대(丌)에 올려 유인하는 그니 '그 기'
+ 廾[달 감, 기쁠 감(甘)의 변형], 丌[무엇을 받친 대의 모양인 대 기(丌)의 변형]

旗	手
기 기	재주 있는 사람 수

기수 – '기를 드는 사람'으로, 앞장서는 사람을 말함.

國	旗
나라 국	기 기

국기 – 나라의 상징으로 정하여진 기.

제1편 한자 익히기 | 173

158 차조 [且祖]
– 且로 된 한자

> 🔍 **구조로 암기**
> 그릇(一)에 음식을 또또 쌓아올린(目) 모양을 본떠서 또 차(且), 또 구해야 할 정도로 구차하니 구차할 차(且), 또 차, 구차할 차(且) 앞에 보일 시, 신 시(示)면 할아버지 조, 조상 조(祖)

3급 一 5획

그릇(一)에 음식을 또또 쌓아올린(目) 모양을 본떠서 **또 차**

또 구해야 할 정도로 구차하니 **구차할 차**

+ 一('한 일'이지만 여기서는 그릇으로 봄)

7급 示 10획

보면(示) 또(且) 절해야 하는 할아버지니 **할아버지 조**

또 할아버지 위로 대대의 조상이니 **조상 조**

+ 示(보일 시, 신 시) - 제목번호 047 참고

祖 父	
할아버지 조 / 아버지 부	조부 – 할아버지.

祖 上	
조상 조 / 위 상	조상 – 할아버지 위로 대대의 어른.

祖 孫	
할아버지 조 / 손자 손	조손 – 할아버지와 손자.

祖 祖 祖

159 망매 [罒 買]
– 罒으로 된 한자

> **구조로 암기**
> 양쪽 기둥에 그물을 얽어 맨 모양을 본떠서 그물 망(罒), 그물 망(罒) 아래에 조개 패, 재물 패, 돈 패(貝)면 살 매(買)

부수자 5획

양쪽 기둥에 그물을 얽어 맨 모양을 본떠서 **그물 망**

5급 貝 12획

그물(罒)을 돈(貝) 주고 사니 **살 매**
+ 貝(조개 패, 재물 패, 돈 패)
+ 가져온 그물(罒)에 재물(貝)을 넣으며 물건을 사니 '살 매'라고도 합니다.

160 매독(두)[賣讀]
― 賣로 된 한자

구조로 암기
살 매(買) 위에 선비 사, 군사 사, 칭호나 직업에 붙이는 말 사(士)면 팔 매(賣), 팔 매(賣) 앞에 말씀 언(言)이면 읽을 독, 구절 두(讀)

貝 15획 / 5급

선비(士)가 사(買) 놓은 물건을 다시 파니 **팔 매**

+ 士(선비 사, 군사 사, 칭호나 직업 이름에 붙이는 말 사)

선생님의 한 말씀
그물 망(网)과 조개 패, 재물 패, 돈 패(貝) 위에 아무 것도 없으면 사야 하니까 '살 매(買)', 무엇이 있으면 팔아야 하니까 '팔 매(賣)'로 쉽게 구분해도 됩니다.

言 22획 / 6급 II

말(言)하여 물건을 팔(賣)듯 글을 소리 내어 읽으니 **읽을 독**

또 띄어 읽는 글의 구절이니 **구절 두**

+ 言(말씀 언)

讀(읽을 독) 書(책 서) — 독서 – 책을 그 내용과 뜻을 헤아리거나 이해하면서 읽는 것.

音(소리 음) 讀(읽을 독) — 음독 – 소리 내어 읽음.

讀(읽을 독) 後(뒤 후) 感(느낄 감) — 독후감 – 책이나 글 등을 읽고 난 뒤의 느낌이나 그런 느낌을 적은 글.

실력 체크 퀴즈 (151~160)

※ 다음 漢字의 訓(뜻)과 音(소리)을 쓰세요.

01. 放 ☐

02. 族 ☐

※ 다음 밑줄 친 漢字語의 독음을 쓰세요.

03. 우리 집 <u>番地</u>는 외우기 쉽다. ☐☐

04. 생각을 바꾸니 마음이 <u>平和</u>로워졌다. ☐☐

05. 오늘 경기는 우리 팀의 <u>勝利</u>로 끝났다. ☐☐

※ 다음 밑줄 친 漢字語를 漢字로 쓰세요.

06. 할아버지께서는 아직 <u>기력</u>이 좋으시다. ☐☐

07. <u>방향</u> 감각이 없어 종종 길을 헤맨다. ☐☐

08. 올림픽 경기장에 휘날리는 <u>국기</u>를 보고 가슴이 뭉클하였다. ☐☐

정답

01. 놓을 방 02. 겨레 족 03. 번지 04. 평화 05. 승리 06. 氣力 07. 方向 08. 國旗

161 추집[隹集]
- 隹로 된 한자

구조로 알기
꽁지 짧은 새를 본떠서 새 추(隹), 새 추(隹) 아래에 나무 목(木)이면 모일 집, 모을 집, 책 집(集)

隹 8획

꽁지 짧은 새( )를 본떠서 **새 추**

隹 12획

새(隹)들이 나무(木) 위에 모이듯 모으니 **모일 집, 모을 집**

또 여러 내용을 모아 만든 책도 나타내어 **책 집**

+ 유 社(모일 사, 토지신 사)

모을 집 / 합할 합
집합 – 사람들이 한곳으로 모임.

온전할 전 / 책 집
전집 – 한 사람의 모든 저작물을 한데 모아서 출판한 책.

162 우습[羽習]
– 羽로 된 한자

> 🔍 **구조로 암기**
> 새의 양 날개와 깃을 본떠서 날개 우, 깃 우(羽), 날개 우, 깃 우(羽) 아래에 흰 백, 밝을 백, 깨끗할 백, 아뢸 백(白)이면 익힐 습(習)

3급 II
羽 6획

새의 양 날개와 깃()을 본떠서 **날개 우, 깃 우**

6급
羽 11획

아직 깃(羽)이 흰(白) 어린 새가 나는 법을 익히니 **익힐 습**

+ 반 敎(가르칠 교), 訓(가르칠 훈)

> 👨‍🏫 **선생님의 한 말씀**
> 새는 종류에 관계없이 아주 어릴 때는 깃이 모두 흰색이고, 새도 처음부터 나는 것이 아니라 나는 법을 익혀서 낢을 생각하고 만든 한자네요.

 자습 – 스스로(혼자) 배워서 익힘.

 학습 – 배워서 익힘.

Day 17

163 기기 [己記]
- 己로 된 한자

구조로 암기
몸을 엎드려 절하는 자기 모양에서 몸 기, 자기 기(己), 몸 기, 자기 기(己) 앞에 말씀 언(言)이면 기록할 기, 기억할 기 (記)

己 3획 [5급Ⅱ]

몸을 엎드려 절하는 자기 모양에서 **몸 기**, **자기 기**

言 10획 [7급Ⅱ]

말(言) 중에 자기(己)에게 필요한 부분은 기록하거나 기억하니 **기록할 기**, **기억할 기**

+ 言(말씀 언)

| 日 날 일 | 記 기록할 기 | 일기 – 날마다 그날그날 겪은 일이나 생각, 느낌 등을 적는 기록. |
| 書 쓸 서 | 記 기록할 기 | 서기 – '쓰고 기록함'으로, 기록을 맡아보는 사람. |

| 記 | 記 | 記 | | | | | |

164 절 복복[卩 𠬝服]
– 卩과 𠬝으로 된 한자

> **구조로 암기**
> 사람이 무릎 꿇고 앉아 있는 모양을 본떠서 무릎 꿇을 절(卩), 또 부절이나 병부의 반쪽을 본떠서 병부 절(卩), 무릎 꿇을 절, 병부 절(卩)에 오른손 우, 또 우(又)면 다스릴 복(𠬝), 다스릴 복(𠬝) 앞에 달 월, 육 달 월(月)이면 옷 복, 먹을 복, 복종할 복(服)

부수자
2획

사람이 무릎 꿇고 앉아 있는 모양을 본떠서 **무릎 꿇을 절**

또 부절이나 병부의 반쪽을 본떠서 **병부 절**

> **선생님의 한 말씀**
> 부절(符節)은 인쇄술이 발달하기 전에 대(竹)나 옥(玉)으로 만든 일종의 신분증이고, 병부(兵符)는 병사를 동원하는 문서로, 똑같이 만들거나 하나를 둘로 나누어 가졌다가 필요시에 맞추어 보았답니다.
> + 符(부절 부, 부호 부, 들어맞을 부), 節(마디 절, 절개 절, 계절 절), 竹(대 죽), 玉(구슬 옥), 兵(군사 병)

참고자
4획

병부(卩)를 손(又)으로 잡아 다스리니 **다스릴 복**

+ 어원 풀이를 위한 참고자로 실제 쓰이는 한자는 아닙니다.
+ 又(오른손 우, 또 우)

6급
肉(月) 8획

몸(月)을 잘 다스리기(𠬝) 위해서는 옷도 입어야 하고, 밥도 먹어야 하며, 상관의 명령에도 복종해야 하니 **옷 복, 먹을 복, 복종할 복**

+ 囧 衣(옷 의)

洋	服
서양 양	옷 복

양복 – 서양식으로 만든 남자 옷.

不	服
아닐 불	복종할 복

불복 – 남의 명령·결정 등에 대하여 복종·항복·복죄 등을 하지 아니함.

165 금 령명 [今 令命]
– 今과 令으로 된 한자

> **🔍 구조로 암기**
> 사람 인(人) 아래에 한 일(一)과 이를 급, 미칠 급(及)의 변형(フ)이면 **이제 금, 오늘 금(今)**, 사람 인(人) 아래에 한 일(一)과 무릎 꿇을 절, 병부 절(卩)의 변형(卩)이면 **하여금 령, 명령할 령, 착할 령, 아름다울 령(令)**, 앞에 입 구, 구멍 구, 말할 구(口)면 **명령할 명, 목숨 명, 운명 명(命)**

[6급II] 人 4획

사람(人)이 하나(一)같이 모여드는(フ) 때가 바로 이제 오늘이니
이제 금, 오늘 금

+ 빤 古(오랠 고, 옛 고), 昨(어제 작)
+ 人(사람 인), 一(한 일), フ[이를 급, 미칠 급(及)의 변형]

방금 – 바로 이제. 지금.

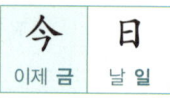
금일 – 오늘. 지금.

[5급] 人 5획

사람(人)으로 하여금 하나(一)같이 무릎 꿇게(卩) 명령하니
하여금 령(영), 명령할 령(영)

또 명령을 따르듯 착하고 아름다우니 **착할 령, 아름다울 령**

+ 人(사람 인), 卩[무릎 꿇을 절, 병부 절(卩)의 변형]

[7급] 口 8획

입(口)으로 명령하니(令) **명령할 명**

또 명령으로 좌우되었던 목숨이나 운명이니 **목숨 명, 운명 명**

생명 – 살아있기 위한 힘의 바탕이 되는 것. 목숨.

운명 – 인간을 포함한 모든 것을 지배하는 초인적인 힘이나 또는 그것에 의하여 이미 정하여져 있는 목숨이나 처지.

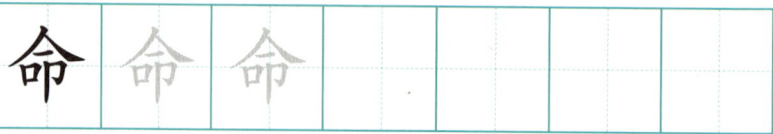

166 합답[合答]
– 合으로 된 한자

> 🔍 **구조로 암기**
> 사람 인(人) 아래에 한 일(一)과 입 구, 구멍 구, 말할 구(口)면 합할 합, 맞을 합(合), 합할 합, 맞을 합(合) 위에 대 죽(竹)이면 대답할 답, 갚을 답(答)

[6급] 口 6획

사람(人)이 하나(一)같이 말할(口) 정도로 뜻이 서로 합하여 맞으니
합할 합, 맞을 합

+ 凹 分(나눌 분, 단위 분, 단위 푼, 신분 분, 분별할 분, 분수 분), 別(나눌 별, 다를 별), 班(나눌 반, 반 반, 양반 반)

合	同
합할 합	같을 동

합동 – 합하여 같이 함.

合	成
합할 합	이룰 성

합성 – 두 가지 이상의 것이 결합하여 한 개로 됨.

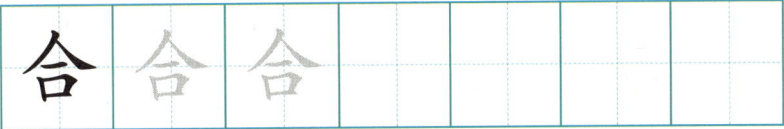

[7급II] 竹(⺮) 12획

대(⺮)에 글을 써 뜻에 맞게(合) 대답하고 갚으니
대답할 답, 갚을 답

+ 윤 對(상대할 대, 대답할 대)
+ 凹 問(물을 문)
+ ⺮[대 죽(竹)이 부수로 쓰일 때의 모양]

> 👨‍🏫 **선생님의 한 말씀**
> 종이가 없던 시절에는 대쪽에 글을 써서 주고받았답니다.

問	答
물을 문	대답할 답

문답 – 물음과 대답. 또는 서로 묻고 대답함.

對	答
대답할 대	대답할 답

대답 – (묻는 말에) 대하여 답함.

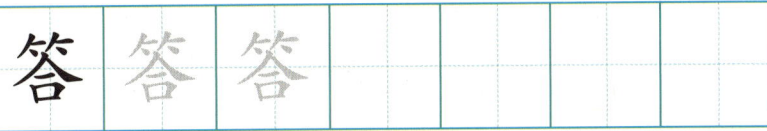

167 사파[巳巴]
- 巴로 된 한자

> **🔍 구조로 암기**
> 몸을 사리고 꼬리를 든 뱀 모양에서 뱀 사(巳), 뱀 사(巳)에 뚫을 곤(丨)이면 뱀 파, 땅 이름 파(巴)

3급

己 3획

몸을 사리고 꼬리를 든 뱀 모양에서 **뱀 사**

> **선생님의 한 말씀**
> 사람이 엎드려 절하는 모양에서 몸 기, 자기 기(己), 己의 한쪽이 약간 올라가면 이미 이, 따름 이(已), 완전히 붙으면 뱀 사(巳)로 구분하세요.

1급

己 4획

뱀(巳)이 먹은 먹이가 내려가는 볼록한 모양(丨)을 본떠서 **뱀 파**

또 뱀(巳)에 먹이 내려가는 모양처럼 불룩하게 생긴 땅이니

땅 이름 파

+ 丨('뚫을 곤'이지만 여기서는 볼록한 모양)

> **선생님의 한 말씀**
> 뱀은 먹이를 통째로 삼켜 내려가는 부분이 볼록하지요.

168 읍색[邑色]
- 巴로 된 한자

> **🔍 구조로 암기**
> 뱀 파, 땅 이름 파(巴) 위에 입 구, 구멍 구, 말할 구(口)면 고을 읍(邑), 사람 인(人)의 변형(ク)이면 빛 색(色)

邑 7획

일정한 경계(口)의 땅(巴)에 사람이 사는 고을이니 **고을 읍**

+ 郡(고을 군), 京(서울 경), 市(시장 시, 시내 시)
+ 口('입 구, 구멍 구, 말할 구'지만 여기서는 경계로 봄)

> **선생님의 한 말씀**
> 글자의 왼쪽에 붙는 阝은 언덕 부(阜)가 글자의 변으로 쓰일 때의 모양으로 '언덕 부 변', 글자의 오른쪽에 붙는 阝은 고을 읍(邑)이 부수로 쓰일 때의 모양으로 '고을 읍 방'이라 부르지요.
> 참고로 글자의 왼쪽에 붙는 부수는 '변', 글자의 오른쪽에 붙는 부수는 '방'이라 부릅니다.

邑	內
고을 읍	안 내

읍내 – 고을 안.

邑	民
고을 읍	백성 민

읍민 – 읍내에 사는 사람.

色 6획

사람(ク)이 뱀(巴)을 보고 놀라 변하는 얼굴빛이니 **빛 색**

+ 光(빛 광, 경치 광)
+ ク[사람 인(人)의 변형]

> **선생님의 한 말씀**
> 옛날에는 뱀이 많아 여기저기서 자주 나타났답니다.

物	色
물건 물	빛 색

물색 – ① 물건의 빛깔.
② 어떤 기준으로 거기에 알맞은 사람이나 물건, 장소를 고르는 일.

生	色
날 생	빛 색

생색 – 다른 사람 앞에 당당히 나설 수 있거나 자랑할 수 있는 체면.

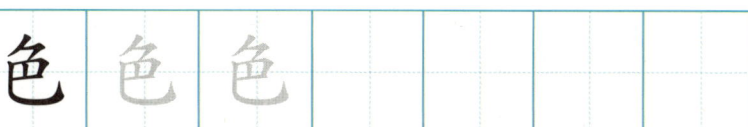

169 의표[衣表]
- 衣로 된 한자

구조로 암기

동정과 옷고름 있는 저고리를 본떠서 **옷 의**(衣), 옷 의(衣) 위에 흙 토(土)면 **겉 표**(表)

衣 6획

동정과 옷고름 있는 저고리를 본떠서 **옷 의**

+ 服(옷 복, 먹을 복, 복종할 복)

선생님의 한 말씀

글자의 앞에 붙는 부수인 변으로 쓰일 때는 '옷 의 변(衤)'으로 씁니다.
참고로 동정은 한복의 저고리 깃 위에 조금 좁게 덧대어 꾸미는 하얀 헝겊을 말하지요.

衣	服
옷 의	옷 복

의복 – 옷.

衣	食	住
옷 의	밥 식	사는 곳 주

의식주 – 인간 생활의 3대 요소인 옷과 음식과 집.

衣 8획

옷(衣)에 흙(土)이 묻은 겉이니 **겉 표**

+ 土(흙 토)

表	面
겉 표	얼굴 면

표면 – 겉면.

表	出
겉 표	날 출

표출 – 겉으로 드러냄.

170 원원원[袁遠園]
– 袁으로 된 한자

> 🔍 **구조로 암기**
> 옷 의(衣) 위에 한 일(一), 가운데에 입 구, 구멍 구, 말할 구(口)면 **옷 챙길 원(袁)**, 옷 챙길 원(袁) 아래에 뛸 착, 갈 착(辶)이면 **멀 원(遠)**, 에운담, 나라 국(囗)이면 **동산 원(園)**

 10획

한(一) 벌씩 옷(衣)을 식구(口) 수대로 챙기니 **옷 챙길 원**

+ 口('입 구, 구멍 구, 말할 구'지만 여기서는 식구로 봄)

辶(辶) 14획

옷 챙겨(袁) 가야(辶) 할 만큼 머니 **멀 원**

+ 유 永(길 영, 오랠 영), 長(길 장, 어른 장)
+ 반 近(가까울 근, 비슷할 근)
+ 辶(뛸 착, 갈 착 = 辶)

원대 – 계획이나 희망 등의 장래성과 규모가 큼.

원양 – 육지에서 멀리 떨어진 넓은 바다.

囗 13획

옷 챙겨(袁) 싸듯 울타리를 친(囗) 동산이니 **동산 원**

+ 囗(에운담, 나라 국)

| 公 | 園 |
|대중 공|동산 원|

공원 – 관광이나 자연 보호를 위하여 지정된 지역.

| 樂 | 園 |
|즐길 낙|동산 원|

낙원 – 아무런 걱정이나 부족함이 없이 살 수 있는 즐거운 곳.

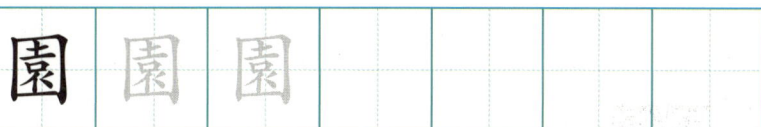

실력체크 퀴즈 (161~170)

학년   반   성명:
공부한 날짜: 점수:

※ 다음 漢字의 訓(뜻)과 音(소리)을 쓰세요.

01. 衣 ☐

02. 表 ☐

※ 다음 밑줄 친 漢字語의 독음을 쓰세요.

03. 운동장에 **集合**하여 교장선생님의 말씀을 들었다. ☐☐

04. 한자 **學習**은 어원을 생각하면서 익히면 효율적이다. ☐☐

05. 나는 **洋服**을 갖추어 입고 파티에 참석하였다. ☐☐

※ 다음 밑줄 친 漢字語를 漢字로 쓰세요.

06. 그는 나를 구해 준 **생명**의 은인이다. ☐☐

07. 답안지에 **정답**을 표시하세요. ☐☐

08. 새벽이슬을 맞으며 **읍내**에 다녀왔다. ☐☐

정답
01. 옷 의 02. 겉 표 03. 집합 04. 학습 05. 양복 06. 生命 07. 正答 08. 邑內

171 진(신)농 [辰農]
– 辰으로 된 한자

구조로 암기
전갈자리 별모양을 본떠서 **별 진, 날 신**(辰), 별 진, 날 신(辰) 위에 굽을 곡, 노래 곡(曲)이면 **농사 농**(農)

3급Ⅱ
辰　7획

전갈자리() 별모양을 본떠서 **별 진, 날 신**

7급Ⅱ
辰　13획

허리 구부리고(曲) 별(辰) 있는 새벽부터 짓는 농사니 **농사 농**
＋ 曲(굽을 곡, 노래 곡)

선생님의 한 말씀
농사는 새벽부터 일해야 하는 힘든 육체노동이지요.

| 農 농사 농 | 夫 사내 부 | 농부 – 농사를 직업으로 삼는 사람. |
| 農 농사 농 | 村 마을 촌 | 농촌 – 농부들이 모여 사는 마을. |

Day 18

제1편 한자 익히기 | 189

172 예효[乂爻]
— 乂와 爻

> 🔍 **구조로 암기**
> 이리저리 베어 다스리는 모양이 어지니 **벨 예, 다스릴 예, 어질 예**(乂), 육효가 서로 엇갈린 점괘를 본떠서 **점괘 효**(爻), 또 서로 교차하여 사귀며 좋은 점을 본받으니 **사귈 효, 본받을 효**(爻)

특급Ⅱ / 丿 / 2획

이리저리 베어 다스리는 모양이 어지니
벨 예, 다스릴 예, 어질 예

1급 / 爻 / 4획

육효가 서로 엇갈린 점괘를 본떠서 **점괘 효**

또 서로 교차하여 사귀며 좋은 점을 본받으니 **사귈 효, 본받을 효**

+ 육효(六爻) - 주역(周易)의 괘를 이루는 6개의 가로 그은 획.
+ 주역(周易) - 중국의 점에 관한 책으로, 오경(五經)의 하나.

173 문부[文父]
- 乂로 된 한자

> **구조로 암기**
> 벨 예, 다스릴 예, 어질 예(乂) 위에 머리 부분 두(亠)면 **무늬 문, 글월 문**(文), 여덟 팔, 나눌 팔(八)이면 **아버지 부**(父)

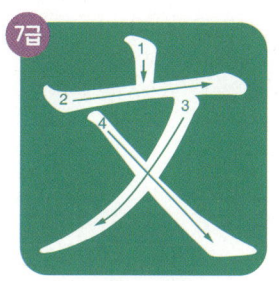

文 4획

머릿(亠)속의 생각을 다스려(乂) 무늬처럼 써 놓은 글월이니
무늬 문, 글월 문

+ ㈌ 書(쓸 서, 글 서, 책 서), 章(문장 장, 글 장)
+ ㈌ 言(말씀 언)
+ 글월 – 글이나 문장.
+ 亠(머리 부분 두)

文	書
글월 문	글 서

문서 – 글자나 기호 등으로 일정한 내용을 적어 놓은 것.

文	學
글월 문	배울 학

문학 – 사상이나 감정을 언어로 표현한 예술. 또는 그런 작품.

父 4획

사람이 알아야 할 것을 조목조목 나누어(八) 어질게(乂) 가르치는 아버지니 **아버지 부**

+ ㈌ 母(어머니 모), 子(아들 자, 접미사 자)

父	母
아버지 부	어머니 모

부모 – 아버지와 어머니.

神	父
귀신 신	아버지 부

신부 – 가톨릭에서 사제로 임명을 받은 성직자.

174 교교[交校]
- 交로 된 한자

구조로 암기
머리 부분 두(亠) 아래에 아버지 부(父)면 사귈 교, 오고 갈 교(交), 사귈 교, 오고 갈 교(交) 앞에 나무 목(木)이면 학교 교, 교정볼 교, 장교 교(校)

6급 交 亠 6획

(옛날에는) 머리(亠)에 갓을 쓰고 아버지(父)는 사람을 사귀거나 오고갔으니 **사귈 교, 오고 갈 교**

+ 亠(머리 부분 두), 父(아버지 부)

🧑‍🏫 **선생님의 한 말씀**
사람을 맞이할 때는 옷을 단정하게 입지요.

交	感
사귈 교	느낄 감

교감 – 서로 사귀며 느끼는 마음.

親	交
친할 친	사귈 교

친교 – 친밀하게 사귐. 또는 그런 교분.

交 交 交

8급 校 木 10획

나무(木)에 지주를 교차(交)시켜 바로잡듯이 사람을 바르게 가르치는 학교니 **학교 교**

또 글을 바로잡으려고 교정보니 **교정볼 교**

또 사병을 바로잡아 지휘하는 장교니 **장교 교**

學	校
학교 학	학교 교

학교 – 학생에게 교육을 실시하는 기관.

全	校
온전할 전	학교 교

전교 – 한 학교의 전체.

校	正
교정볼 교	바를 정

교정 – 교정쇄와 원고를 대조하여 잘못된 부분을 바르게 고침.

+ 교정쇄 – 인쇄물의 교정을 보기 위하여 임시로 조판된 내용을 찍는 인쇄. 또는 그렇게 찍어 낸 인쇄물.

校 校 校

175 구학[臼學]
― 臼로 된 한자

> 🔍 **구조로 암기**
> 곡식을 찧거나 빻는 절구를 본떠서 절구 구(臼), 절구 구(臼)의 변형(𦥑) 사이에 점괘 효, 사귈 효, 본받을 효(爻), 아래에 덮을 멱(冖)과 아들 자, 접미사 자(子)면 배울 학, 학교 학(學)

 6획

곡식을 찧거나 빻는 절구를 본떠서 **절구 구**

+ 절구 - 곡식을 찧거나 빻는 데 쓰는 도구.

 16획

절구(𦥑) 같은 교실에서 친구도 사귀며(爻) 덮인(冖) 책을 펴놓고 아들(子)이 글을 배우니 **배울 학**

또 글을 배우는 학교니 **학교 학**

+ 習(익힐 습)
+ 問(물을 문), 訓(가르칠 훈)
+ 𦥑[절구 구(臼)의 변형], 冖(덮을 멱), 子(아들 자, 접미사 자)

學	生	
학교 학	사람을 부를 때 쓰는 접사 생	학생 – 학교에 다니면서 공부하는 사람.

學	力	
배울 학	힘 력	학력 – 교육을 통하여 얻은 지식이나 기술 등의 능력.

176 복교[攵敎]
- 攵으로 된 한자

> 🔍 **구조로 암기**
> 이리(丿)저리(一) 엇갈리게(乂) 치니 **칠 복**(攵= 攴), 칠 복(攵) 앞에 벨 예, 다스릴 예, 어질 예(乂), 아래에 열 십, 많을 십(十)의 변형(ナ)과 아들 자, 접미사 자(子)면 **가르칠 교(敎)**

부수자 4획

이리(丿)저리(一) 엇갈리게(乂) 치니 **칠 복**

- 동 攴(攵) – 점(卜)칠 때 오른손(又)에 회초리 들고 툭툭 치면서 점친다는 데서 '칠 복'
- 칠 복(攵 = 攴)은 4획, 천천히 걸을 쇠, 뒤져올 치(夂)는 3획입니다.
- 夂(천천히 걸을 쇠, 뒤져올 치), 卜(점 복), 又(오른손 우, 또 우), 乂(벨 예, 다스릴 예, 어질 예)

8급 攵 11획

어질게(乂) 많이(ナ) 자식(子)을 치며(攵) 가르치니 **가르칠 교**

- 유 訓(가르칠 훈)
- 반 習(익힐 습)
- ナ['열 십, 많을 십(十)'의 변형], 子(아들 자, 접미사 자)

| 敎
가르칠 교 | 習
익힐 습 | 교습 – 학문이나 기예 등을 가르쳐 익히게 함. |
| 敎
가르칠 교 | 會
모일 회 | 교회 – 예수 그리스도를 주로 고백하고 따르는 신자들의 공동체 또는 그 장소. |

177 루수[婁數]
− 婁로 된 한자

> **구조로 암기**
> 쌓이게(甶) 여자(女)가 끌어다 쌓으니 끌 루, 쌓을 루(婁), 끌 루, 쌓을 루(婁) 뒤에 칠 복(攵)이면 셀 수, 두어 수(數)

특급Ⅱ | 女 | 11획

쌓이게(甶) 여자(女)가 끌어다 쌓으니 **끌 루(누), 쌓을 루(누)**

+ 甶(쌓인 모양), 女(여자 녀)

7급 | 攵 | 15획

쌓인(婁) 물건을 치면서(攵) 세는 두어 개니 **셀 수, 두어 수**

+ 田 計(셈할 계, 꾀할 계), 算(셈 산)

| 數 셀 수 | 學 배울 학 | 수학 – 수·양·공간을 연구하는 학문. |
| 數 두어 수 | 日 날 일 | 수일 – 이삼 일. 또는 사오 일. 며칠. |

178 상 하 [上 下]
- 上과 下

🔍 **구조로 암기**
일정한 기준(一)보다 위로 오르니 위 상, 오를 상(上),
일정한 기준(一)보다 아래로 내리니 아래 하, 내릴 하(下)

一 3획

일정한 기준(一)보다 위로 오르니 **위 상, 오를 상**

+ 一('한 일'이지만 여기서는 일정한 기준으로 봄)

路	上
길 로(노)	위 상

노상 – 길바닥. 길 가는 도중.

上	水	道
위 상	물 수	길 도

상수도 – (먹거나 쓸) 윗물이 오는 길(설비).
↔ 하수도(下水道).

一 3획

일정한 기준(一)보다 아래로 내리니 **아래 하, 내릴 하**

下	待
아래 하	대접할 대

하대 – 상대편을 낮게 대우하거나 낮은 말을 씀.

下	山
내릴 하	산 산

하산 – 산을 내려감.

179 지 족[止 足]
– 止와 足

> 🔍 **구조로 암기**
> 그쳐 있는(서 있는) 두 발의 정강이와 발을 본떠서 **그칠 지**(止), 무릎(口)부터 발까지를 본떠서 **발 족**(足), 또 발까지 편해야 마음이 넉넉하니 **넉넉할 족**(足)

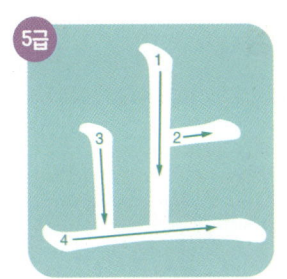

止 4획 [5급]

그쳐 있는(서 있는) 두 발의 정강이와 발을 본떠서 **그칠 지**

+ 정강이 – 무릎 아래에서 앞 뼈가 있는 부분.

足 7획 [7급Ⅱ]

무릎(口)부터 발(止)까지를 본떠서 **발 족**

또 발까지 편해야 마음이 넉넉하니 **넉넉할 족**

+ 땐 手(손 수, 재주 수, 재주 있는 사람 수)
+ 口('입 구, 구멍 구, 말할 구'지만 여기서는 무릎으로 봄)

失	足
잃을 실	발 족

실족 – ① 발을 헛디딤.
② 행동을 잘못함.

自	足
스스로 자	넉넉할 족

자족 – ① 스스로 넉넉함을 느낌.
② 필요한 물건을 자기 스스로 충족시킴.

180 정정[正定]
– 正으로 된 한자

> 🔍 **구조로 암기**
> 한 일(一) 아래에 그칠 지(止)면 **바를 정(正)**, 바를 정(正)의 변형(𤴓) 위에 집 면(宀)이면 **정할 정(定)**

7급Ⅱ

 5획

하나(一)에 그쳐(止) 열중해야 바르니 **바를 정**

+ 유 直(곧을 직, 바를 직)
+ 반 不(아닐 불, 아닐 부), 反(거꾸로 반, 뒤집을 반)

💬 **선생님의 한 말씀**
무슨 일이나 오직 하나에 그쳐 열중해야 바르지요.

正	直
바를 정	곧을 직

정직 – (마음이) 바르고 곧음.

正	答
바를 정	대답할 답

정답 – 옳은 답. 바른 답.

6급

 8획

집(宀)안의 물건도 바르게(𤴓) 자리를 정하니 **정할 정**

+ 宀(집 면), 𤴓[바를 정(正)의 변형]

算	定
셈 산	정할 정

산정 – 셈하여 정함.

一	定
한 일	정할 정

일정 – (어떤 것의 크기, 모양, 범위, 시간 등이) 하나로 정하여져 있음.

실력 체크 퀴즈 (171~180)

Day 18

※ 다음 漢字의 訓(뜻)과 音(소리)을 쓰세요.

01. 定 ☐

02. 農 ☐

※ 다음 밑줄 친 漢字語의 독음을 쓰세요.

03. 우리들은 대화를 나누며 서로 **交感**하였다. ☐☐

04. 좀 어색해 보이는 **文章** 몇 개를 고쳤다. ☐☐

05. 나는 **放學**이면 늘 시골 외할머니 댁에 간다. ☐☐

※ 다음 밑줄 친 漢字語를 漢字로 쓰세요.

06. **농부**들은 농산물을 자식처럼 기른다. ☐☐

07. 철수는 **수학** 과목을 제일 좋아한다. ☐☐

08. 날이 저물자 그들은 **하산**을 서둘렀다. ☐☐

정답
01. 정할 정 02. 농사 농 03. 교감 04. 문장 05. 방학 06. 農夫 07. 數學 08. 下山

제1편 한자 익히기 | 199

181 시제[是題]

- 是로 된 한자

🔍 **구조로 암기**

바를 정(正)의 변형(龰) 위에 해 일, 날 일(日)이면 옳을 시, 이 시(是), 옳을 시, 이 시(是) 뒤에 머리 혈(頁)이면 제목 제, 문제 제(題)

4급Ⅱ

日 9획

해(日)처럼 밝고 바르면(龰) 옳으니 **옳을 시**

또 해(日)처럼 밝게 바로(龰) 이것이라며 가리키니 **이 시**

+ 龰[바를 정(正)의 변형]

6급Ⅱ

頁 18획

내용을 옳게(是) 알 수 있는 글의 머리(頁)는 제목이니 **제목 제**

또 먼저 쓰는 제목처럼 먼저 내는 문제니 **문제 제**

+ 頁(머리 혈) – 제목번호 120 頭의 주 참고

題	目
제목 제	항목 목

제목 – 글의 첫머리에 쓰는 글의 이름.

主	題
주인 주	문제 제

주제 – ① 대화나 연구 등에서 중심이 되는 문제.
② 예술 작품에서 지은이가 나타내고자 하는 주된 사상.

182 각로 [各路]
– 各으로 된 한자

> 🔍 **구조로 암기**
> (세상 만물의 이름이 각각 다르니) 이름 명(名)을 변형시켜 **각각 각(各)**, 각각 각(各) 앞에 발 족, 넉넉할 족(足)의 변형(㫃)이면 **길 로(路)**

口 6획

(세상 만물의 이름이 각각 다르니) 이름 명(名)을 변형시켜 **각각 각**

各	地
각각 각	땅 지

각지 – 각 지방이나 또는 여러 곳.

各	人	各	色
각각 각	사람 인	각각 각	빛 색

각인각색 – '각 사람마다 각각의 색'으로, 사람마다 모두 다름.

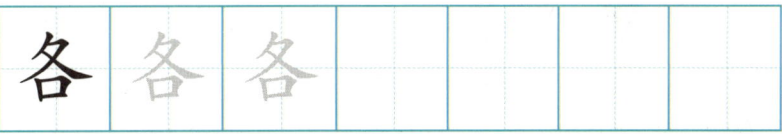

足(㫃) 13획

발(㫃)로 각각(各) 걸어다니는 길이니 **길 로(노)**

+ 道(길 도, 도리 도)
+ 㫃[발 족, 넉넉할 족(足)의 변형] – 제목번호 179 참고

通	路
통할 통	길 로

통로 – 통하여 다니는 길.

路	線
길 로(노)	줄 선

노선 – 자동차 선로, 철도 선로 등과 같이 일정한 두 지점을 정기적으로 오가는 교통선.

183 무성[戊成]
― 戊로 된 한자

> **구조로 암기**
> 초목(丿)이 창(戈)처럼 자라 무성하니 **무성할 무(戊)**, 무성할 무(戊)에 고무래 정, 못 정, 장정 정(丁)의 변형(丁)이면 **이룰 성(成)**

3급
戈 5획

초목(丿)이 창(戈)처럼 자라 무성하니 무성할 무

+ 茂 - 풀(艹)이 무성하니(戊) '무성할 무' - 3급Ⅱ
+ 丿('삐침 별'이지만 여기서는 초목의 모양으로 봄), 戈(창 과), 艹(초 두)

6급Ⅱ
戈 7획

무성하게(戊) 장정(丁)처럼 일하여 이루니 이룰 성

+ 通(통할 통)
+ 丁 [고무래 정, 못 정, 장정 정(丁)의 변형]

| 作
지을 작 | 成
이룰 성 | 작성 – 서류, 원고 등을 만듦. |
| 成
이룰 성 | 年
나이 년 | 성년 – 자랄대로 다 자란 나이로, 만 19세 이상을 말함. |

184 술 함감 [戌 咸感]
— 戌과 咸으로 된 한자

🔍 구조로 암기

무성할 무(戊)에 한 일(一)이면 **구월 술, 개 술**(戌), 구월 술, 개 술(戌) 안에 입 구, 구멍 구, 말할 구(口)면 **다 함**(咸), 다 함(咸) 아래에 마음 심, 중심 심(心)이면 **느낄 감, 감동할 감**(感)

戈　6획

무성하던(戊) 잎 하나(一)까지 떨어지는 구월(9월)이니 **구월 술**

또 무성하게(戊) 하나(一)같이 짖는 개니 **개 술**

> 👨‍🏫 **선생님의 한 말씀**
> 한자 어원에 나오는 월(月)과 일(日)은 모두 음력이고, 7, 8, 9월이 가을이니 9월은 늦가을이지요.

口　9획

개(戌)는 한 마리만 짖어도(口) 다 짖으니 **다 함**

+ 口(입 구, 구멍 구, 말할 구)

心　13획

정성을 다해(咸) 마음(心) 쓰면 느끼고 감동하니
느낄 감, 감동할 감

+ 心(마음 심, 중심 심)

感	動	
느낄 감	움직일 동	

감동 – 깊이 느끼어 마음이 움직임.

生	動	感
살 생	움직일 동	느낄 감

생동감 – 살아 움직이는 느낌.

185

입황[廿黃]
– 廿으로 된 한자

> 🔍 **구조로 암기**
> 열 십, 많을 십(十) 둘을 합쳐서 **스물 입**(廿), 스물 입(廿)과 한 일(一) 아래에 까닭 유, 말미암을 유(由)와 여덟 팔, 나눌 팔(八)이면 **누를 황**(黃)

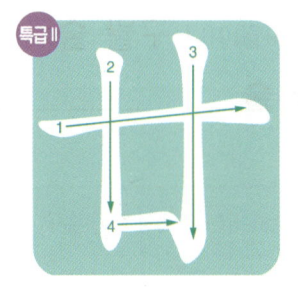

廿 4획

열 십, 많을 십(十) 둘을 합쳐서 **스물 입**

👤 **선생님의 한 말씀**
廿은 아래 부분이 뚫려 있어도 (卄) 같은 글자입니다.

黃 12획

이십(廿) 일(一) 년이나 지남으로 말미암아(由) 팔(八)방이 황무지로 변하여 누르니 **누를 황**

+ 由(까닭 유, 말미암을 유) – 제목번호 023 참고

| 黃 누를 황 | 金 금 금 | 황금 – '누런빛의 금'으로, 금을 다른 금속과 구별하여 이르는 말. |
| 黃 누를 황 | 海 바다 해 | 황해 – '누런 바다'로, 한반도와 중국에 둘러싸인 바다. |

186 공선[共選]
– 共으로 된 한자

> 🔍 **구조로 암기**
> 스물 입(卄) 아래에 한 일(一)과 여덟 팔, 나눌 팔(八)이면 **함께 공(共)**, 함께 공(共) 위에 뱀 사(巳) 둘, 아래에 뛸 착, 갈 착(辶)이면 **뽑을 선(選)**

6급Ⅱ   八 6획

많은(卄) 사람들이 마당(一)에서 일을 나누어(八) 함께하니

함께 공

+ 유 一(한 일), 同(한가지 동, 같을 동)
+ 卄('스물 입'이지만 여기서는 '많은'의 뜻으로 봄), 一('한 일'이지만 여기서는 마당으로 봄), 八(여덟 팔, 나눌 팔)

| 共 함께 공 | 同 같을 동 | **공동** – (둘 이상의 사람이) 일을 같이 하거나 같은 자격으로 참여함. |
| 共 함께 공 | 通 통할 통 | **공통** – (둘 또는 그 이상의 여럿 사이에) 두루 통하고 관계됨. |

5급 辵(辶) 16획

뱀들(巳巳)처럼 어울려 함께(共) 가(辶) 뽑으니 **뽑을 선**

+ 巳(뱀 사), 辶(뛸 착, 갈 착 = 辶)

187 서 석도(탁)[庶 席度]
— 庶와 庶의 획 줄임(庶)으로 된 한자

구조로 암기

집 엄(广) 아래에 스물 입(廿)과 불 화 발(灬)이면 **여러 서, 백성 서, 첩의 아들 서(庶)**, 여러 서, 백성 서, 첩의 아들 서(庶)의 획 줄임(庶) 아래에 수건 건(巾)이면 **자리 석(席)**, 오른손 우, 또 우(又)면 **법도 도, 정도 도, 헤아릴 탁(度)**

   广 11획

집(广)에 스물(廿)한(一) 곳, 즉 많은 곳에 불(灬)을 때며 모여 사는 여러 백성이니 **여러 서, 백성 서**

또 일반 백성처럼 대했던 첩의 아들이니 **첩의 아들 서**

+ 广(집 엄), 廿(스물 입 = 卄), 灬(불 화 발)

선생님의 한 말씀

계급 제도가 있었던 옛날에는 본부인의 아들을 적자(嫡子), 첩의 아들을 서자(庶子)라 부르며 차별하였답니다.
+ 嫡(본 마누라 적)

巾 10획

여러(庶) 사람이 앉도록 수건(巾)을 깐 자리니 **자리 석**

+ 庶[여러 서, 백성 서, 첩의 아들 서(庶)의 획 줄임], 巾(수건 건)

出	席
나갈 출	자리 석

출석 – 어떤 자리에 나아가 참석함.

合	席
합할 합	자리 석

합석 – 한 자리에 같이 앉음.

广 9획

여러(庶) 사람이 손(又)으로 법도에 따라 정도를 헤아리니 **법도 도, 정도 도, 헤아릴 탁**

+ 又(오른손 우, 또 우) - 제목번호 118 참고

正	度
바를 정	정도 도

정도 – 바른 규칙. 규칙을 바로잡음.

用	度
쓸 용	정도 도

용도 – ① 돈이나 물건 혹은 마음 등을 쓰는 형편이나 또는 그런 정도나 수량.
② 관청이나 회사에서 물품을 공급하는 일.

188 근 근한 [堇 菫 漢]
– 堇과 菫으로 된 한자

> **구조로 암기**
> 스물(卄)한(一) 번이나 입(口)으로 하나(一) 같이 숨 헐떡이며 걸어야 할 진흙(土)이니 **진흙 근(堇)**, 스물(卄)한(一) 번이나 말하며(口) 하나(一) 같이 크게(大) 힘써 걸어야 할 진흙이니 **진흙 근(菫)**, 진흙 근(菫) 앞에 삼 수 변(氵)이면 **한나라 한(漢)**

급외자
土 11획

너무 끈끈하여 스물(卄)한(一) 번이나 입(口)으로 하나(一)같이 숨 헐떡이며 가야 할 진흙(土)이니 **진흙 근**

+ 진흙은 너무 끈끈하여 걷기 힘들지요.

> **선생님의 한 말씀**
> 卄(스물 입)은 아래를 막아 써도 같은 뜻이지만, 초 두(艹)의 약자(卄)와 혼동할까 봐 卄과 一로 나누어 풀었습니다.

특급Ⅱ
卄(卅) 11획

너무 끈끈하여 스물(卄)한(一) 번이나 말하며(口) 하나(一) 같이 크게(大) 힘쓰며 걸어야 할 진흙이니 **진흙 근**

> **선생님의 한 말씀**
> 菫은 원래 진흙 근(堇)의 변형입니다.

7급Ⅱ
水(氵) 14획

물(氵)과 진흙(菫)이 많은 곳(중국 양자강 유역)에 있었던 한나라니 **한나라 한**

> **선생님의 한 말씀**
> 한나라는 진나라를 이은 중국 두 번째의 통일 왕국이고, 중국 역사를 창조해 낸 중국 최고의 제국이었기 때문에 漢字(한자), 漢文(한문)처럼 옛날 중국을 대표하는 말로도 쓰이고 있습니다.

漢	字
한나라 한	글자 자

한자 – 중국에서 만들어 오늘날에도 쓰고 있는 문자.

門	外	漢
문 문	밖 외	한나라 한

문외한 – 어떤 일에 직접 관계가 없는 사람이거나 어떤 일에 전문적인 지식이 없는 사람.

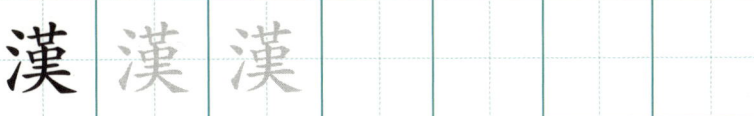

189 세엽[丗葉]
― 丗로 된 한자

> **구조로 암기**
> 열 십, 많을 십(十) 셋을 합치고 (세대는 서로 연결되어 있다는 데서) 아래 부분을 연결하여 세대 세(丗), 또 세대들이 모여 사는 세상도 뜻하여 세상 세(丗), 세대 세, 세상 세(丗) 위에 초 두(艹), 아래에 나무 목(木)이면 잎 엽(葉)

7급Ⅱ 一 5획

(한 세대를 30년으로 봐서) 열 십, 많을 십(十) 셋을 합치고 (세대는 서로 연결되어 있다는 데서) 아래 부분을 연결하여 **세대 세**

또 세대들이 모여 사는 세상도 뜻하여 **세상 세**

+ 界(경계 계, 세계 계), 代(대신할 대, 세대 대, 대금 대)

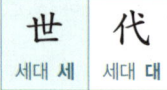

세대 – ① 같은 시대에 살면서 공통의 의식을 가지는 비슷한 연령층의 사람들.
② 어린아이가 성장하여 부모 일을 계승할 때까지의 약 30년 정도 되는 기간.
③ 한 생물이 생겨나서 생존을 끝마칠 때까지의 기간.

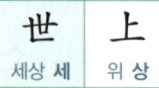

세상 – 사람이 살고 있는 모든 사회를 통틀어 이르는 말.

5급 草(艹) 13획

풀(艹)처럼 세대(丗)마다 나무(木)에 나는 잎이니 **잎 엽**

> **선생님의 한 말씀**
> 잎 엽(葉)에서 세대는 풀이 돋아나서 씨앗을 맺고 죽는 1년 정도를 가리킵니다.

190 위위 [韋偉]
– 韋로 된 한자

구조로 암기

위아래를 잘 다듬은 가죽을 본떠서 가죽 위(韋), 또 서로 반대 방향으로 가는(어기는) 모양에서 어길 위(韋), 가죽 위, 어길 위(韋) 앞에 사람 인 변(亻)이면 클 위, 훌륭할 위(偉)

1급Ⅱ

韋 9획

위아래를 잘 다듬은 가죽을 본떠서 **가죽 위**

또 서로 반대 방향으로 가는(어기는) 모양으로도 보아 **어길 위**

5급Ⅱ

亻 11획

보통 사람(亻)과 달리(韋) 크고 훌륭하니 **클 위, 훌륭할 위**

실력 체크 퀴즈 (181~190)

Day 19

학년   반   성명:
공부한 날짜: 점수:

※ 다음 漢字의 訓(뜻)과 音(소리)을 쓰세요.

01. 路 [　　]

02. 成 [　　]

※ 다음 밑줄 친 漢字語의 독음을 쓰세요.

03. 겉표지에 반드시 <u>題目</u>과 이름을 써 주세요. [　][　]

04. 사람은 팔과 다리가 <u>各各</u> 두 개씩 있다. [　][　]

05. 그 영화는 나에게 깊은 <u>感動</u>을 주었다. [　][　]

※ 다음 밑줄 친 漢字語를 漢字로 쓰세요.

06. 어원으로 익히면 <u>한자</u>를 보다 쉽게 익힐 수 있다. [　][　]

07. 통일은 우리 <u>세대</u>에 꼭 이루어야 할 과제이다. [　][　]

08. 그는 <u>정직</u>하고 따뜻한 사람이었다. [　][　]

 정답

01. 길 로 02. 이룰 성 03. 제목 04. 각각 05. 감동 06. 漢字 07. 世代 08. 正直

191 간한조 [倝韓朝]
– 倝으로 된 한자

> 🔍 **구조로 암기**
> 나무 사이에 해(日) 돋는 모양에서 해 돋을 간(倝), 해 돋을 간(倝) 뒤에 클 위, 위대할 위(偉)의 획 줄임(韋)이면 한국 한(韓), 달 월, 육 달 월(月)이면 아침 조, 조정 조, 뵐 조(朝)

참고자 · 8획

나무 사이에 해(日) 돋는 모양에서 **해 돋을 간**

+ 어원 해설을 위한 참고자로 실제 쓰이는 한자는 아닙니다.

8급 · 韋 · 17획

해 돋는(倝) 동쪽의 위대한(韋) 한국이니 **한국 한**

+ 韋[가죽 위, 어길 위'지만 여기서는 클 위, 훌륭한 위(偉)의 획 줄임으로 봄]

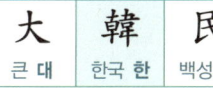
來(올 내) 韓(한국 한) — **내한** – 외국인이 한국에 옴.

大(큰 대) 韓(한국 한) 民(백성 민) 國(나라 국) — **대한민국** – 우리나라의 국호(國號).

韓 韓 韓

6급 · 月 · 12획

해 돋는(倝)데 아직 달(月)도 있는 아침이니 **아침 조**

또 (신하는) 아침마다 조정에 나가 임금을 뵈었으니 **조정 조, 뵐 조**

+ 맨 夕(저녁 석)

> 👨‍🏫 **선생님의 한 말씀**
> 달은 일찍 지지만, 그믐에 가까울 때의 달은 아침에도 떠 있지요.

朝(아침 조) 禮(예도 례) — **조례** – 학교 등에서 구성원들이 모여 일과를 시작하기 전에 행하는 아침 모임.

朝(아침 조) 會(모일 회) — **조회** – 주로 학교에서 수업시작 전에 나누는 아침인사.

朝 朝 朝

192 착업대 [丵業對]
– 丵으로 된 한자

🔍 **구조로 암기**

매울 신, 고생할 신(辛) 위에 점 셋을 붙여 **풀 무성할 착(丵)**, 아래에 나무 목(木)이면 **업 업, 일 업(業)**, 풀 무성할 착(丵) 아래에 한 일(一), 뒤에 마디 촌, 법도 촌(寸)이면 **상대할 대, 대답할 대(對)**

| 10획

매울 신, 고생할 신(辛) 위에 점 셋(ʵʵ)을 더 붙여
풀 무성한 모양을 나타내어 **풀 무성할 착**

木 13획

풀 무성한(丵) 곳에 있는 나무(木)와 같이 이미 정해진 업이고 일이니
업 업, 일 업

+ ㈜ 事(일 사, 섬길 사)
+ 업(業) – ① 몸과 입과 뜻으로 짓는 선악의 소행.
　　　　　② 직업.

生	業
살 생	일 업

생업 – 살아가기 위하여 하는 일.

業	體
업 업	몸 체

업체 – 사업이나 기업의 주체.

寸 14획

풀 무성하듯(丵) 많은 사람이 자리(一)에 앉아 정해진 법도(寸)에 따라 상대하고 대답하니 **상대할 대, 대답할 대**

+ ㈜ 答(대답할 답, 갚을 답)
+ 一('한 일'이지만 여기서는 자리로 봄), 寸(마디 촌, 법도 촌)

對	立
상대할 대	설 립

대립 – 의견이나 처지, 속성 등이 서로 반대되거나 모순되거나 그런 관계.

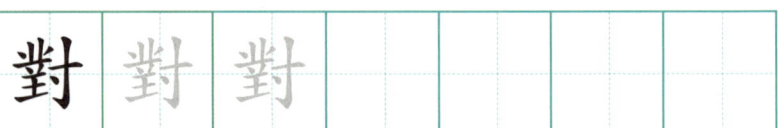

193 행 척 [行 彳]
— 行과 彳

> **구조로 암기**
> 사람이 다니는 사거리를 본떠서 다닐 행(行), 또 다니며 일을 행하니 행할 행(行), 또 (친척 사이에) 다니듯 가리는 항렬이니 항렬 항(行), 행할 행(行)의 왼쪽 부분이면 조금 걸을 척(彳)

行 6획 (6급)

사람이 다니는 사거리를 본떠서 **다닐 행**

또 다니며 일을 행하니 **행할 행**

또 (친척 사이에) 다니듯 가리는 항렬이니 **항렬 항**

+ 윤 動(움직일 동), 運(운전할 운, 옮길 운, 운수 운)

행인 – 길을 다니는 사람.

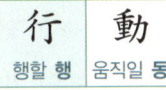
행동 – 몸을 움직임. 또는 그 동작.

3획 (부수자)

사거리를 본떠서 만든 다닐 행(行)의 왼쪽 부분으로

조금 걸을 척

194 출술[朮術]
― 朮로 된 한자

> 🔍 **구조로 암기**
>
> 가는 뿌리가 여러 갈래로 뻗어 가는 삽주뿌리니 **삽주뿌리 출(朮)**, 삽주뿌리 출(朮)에 다닐 행, 행할 행(行)이면 **재주 술, 기술 술(術)**

특급Ⅱ
木 5획

가는 뿌리가 여러 갈래로 뻗어 가는 삽주뿌리(朮)니 **삽주뿌리 출**

> 👨‍🏫 **선생님의 한 말씀**
>
> 삽주는 국화과의 여러해살이풀로 뿌리는 한약재로 쓰입니다.

6급Ⅱ
行 11획

삽주뿌리(朮)처럼 여러 갈래로 뻗어 가는(行) 재주와 기술이니
재주 술, 기술 술

+ 🔖 才(재주 재, 바탕 재)

心	術
마음 심	재주 술

심술 – ① 온당하지 아니하게 고집을 부리는 마음.
② 남을 골리기 좋아하거나 남이 잘못되는 것을 좋아하는 마음보.

學	術
배울 학	재주 술

학술 – 학문의 방법이나 이론.

術 術 術

195 권승 [夅 勝]
― 夅으로 된 한자

> 🔍 **구조로 암기**
> 여덟 팔, 나눌 팔(八) 아래에 사내 부, 남편 부(夫)면 구부릴 권(夅), 구부릴 권(夅) 아래에 힘 력(力), 앞에 달 월, 육 달 월(月)이면 이길 승, 나을 승(勝)

참고자
6획

팔(八)자 걸음으로 사내(夫)가 걸으며 구부정하게 구부리니

구부릴 권

+ 어원 풀이를 위한 참고자로 실제 쓰이는 한자는 아닙니다.
+ 八(여덟 팔, 나눌 팔), 夫(사내 부, 남편 부)

6급
力 12획

몸(月) 구부려(夅) 힘(力)써서 이기니 **이길 승**

또 이기면 뭔가 나으니 **나을 승**

+ 月(달 월, 육 달 월), 力(힘 력)

勝 이길 승	算 셈 산	승산 이길 수 있는 가능성. 또는 가망.
氣 기운 기	勝 나을 승	기승 - ① 기운이나 힘 등이 성해서 좀처럼 누그러들지 않음. ② 성미가 억척스럽고 굳세어 좀처럼 굽히지 않거나 또는 그 성미.
不 아닐 부	戰 싸울 전	勝 이길 승	부전승 - 싸우지 않고도 이김.

勝 勝 勝

196 면 장[面 長]
- 面과 長

구조로 암기

사람 얼굴을 정면에서 본떠서 얼굴 면(面), 또 얼굴 향하고 보니 향할 면, 볼 면(面), 입(一)의 위아래에 난 긴 수염을 본떠서 길 장(長), 또 수염이 길면 어른이니 어른 장(長)

7급
面 9획

사람 얼굴을 정면에서 본떠서 **얼굴 면**

또 얼굴 향하고 보니 **향할 면, 볼 면**

場	面
상황 장	볼 면

장면 - ① 어떤 장소에서 겉으로 드러난 면이나 벌어진 광경.
② 영화·연극·문학 작품 등의 한 정경.

對	面
상대할 대	얼굴 면

대면 - 서로 얼굴을 마주 보고 대함.

8급
長 8획

입(一)의 위아래에 난 긴 수염을 본떠서 **길 장**

또 수염도 긴 어른이니 **어른 장**

+ 반 短(짧을 단, 모자랄 단)
+ 一('한 일'이지만 여기서는 다문 입으로 봄)

成	長
이룰 성	길 장

성장 - ① 사람이나 동식물 등이 자라서 점점 커짐.
② 사물의 규모나 세력 등이 점점 커짐.

校	長
학교 교	어른 장

교장 - 학교의 우두머리.

197 회증[會曾]
– 罒으로 된 한자

> **구조로 암기**
> 창문 창(罒) 위에 사람 인(人)과 한 일(一), 아래에 가로 왈(曰)이면 **모일 회(會)**, 창문 창(罒) 위에 여덟 팔, 나눌 팔(八), 아래에 가로 왈(曰)이면 **일찍 증, 거듭 증(曾)**

 13획

사람(人)이 하나(一)같이 마음의 창(罒)을 열고 말하기(曰) 위해 모이니 **모일 회**

+ 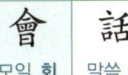 社(모일 사, 토지신 사), 集(모일 집, 모을 집, 책 집)
+ 曰(가로 왈)

🔵 **선생님의 한 말씀**
罒은 창문의 모양을 본떠서 '창문 창'으로, 실제 쓰이는 한자는 아닙니다. 그물 망(网)과 혼동하지 마세요.

會	話
모일 회	말씀 화

회화 – ① 서로 만나서 이야기를 나누거나 또는 만나서 하는 이야기.
② 외국어로 이야기를 나누거나 또는 그런 이야기.

會	食
모일 회	먹을 식

회식 – (여러 사람이) 모여 음식을 먹음.

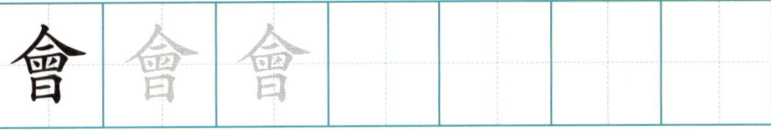

 12획

열고(八) 창문(罒) 사이로 말(曰)할 정도면 일찍부터 거듭 만나던 사이니 **일찍 증, 거듭 증**

+ 八(여덟 팔, 나눌 팔)

Day 20

198 유 우만 [禸 禺萬]
- 禸와 禺로 된 한자

> **구조로 암기**
> 성(冂)처럼 사사로이(厶) 남긴 발자국이니 **발자국 유(禸)**,
> 밭 전(田) 아래에 발자국 유(禸)면 **원숭이 우(禺)**, 원숭이 우(禺) 위에 초 두(艹)면 **많을 만, 일만 만(萬)**

부수자

5획

성(冂)처럼 사사로이(厶) 남긴 발자국이니 **발자국 유**

+ 冂(멀 경, 성 경), 厶(사사로울 사, 나 사)

급외자

禸 9획

밭(田)에 기른 농작물을 발자국(禸) 남기며 훔쳐 먹는 원숭이니 **원숭이 우**

+ 田(밭 전)

8급

草(艹) 13획

풀(艹)밭에는 원숭이(禺)도 많으니 **많을 만**

또 많은 숫자인 일만이니 **일만 만**

| 萬 많을 만 | 物 물건 물 | 만물 – '많은 물건'으로, 세상에 있는 모든 것. |
| 萬 많을 만 | 事 일 사 | 만사 – 온갖 일. 여러 가지 일. |

萬	萬	萬				

199 견연 [犬然]
– 犬으로 된 한자

구조로 암기
큰 대(大) 우측 위에 점 주, 불똥 주(丶)면 개 견(犬), 개 견(犭) 앞에 달 월, 육 달 월(月)의 변형(夕), 아래에 불 화 발(灬)이면 그러할 연(然)

犬 4획 · 4급

(주인을) 크게(大) 점(丶)찍어 따르는 개니 **개 견**
+ 개는 주인을 알아보고 잘 따르지요.

🧑‍🏫 **선생님의 한 말씀**
개 견(犬)이 글자의 왼쪽에 붙는 부수인 변으로 쓰일 때는 '큰 개 견(犭)'으로, 여러 짐승을 나타낼 때도 쓰이니 '개 사슴 록 변'으로도 부르지요.

火(灬) 12획 · 7급

고기(夕)를 보면 개(犬)가 불(灬)처럼 열 내며 달려가듯 순리에 맞게 그러하니 **그러할 연**
+ 夕[달 월, 육 달 월(月)의 변형], 灬(불 화 발)

然	後
그러할 연	뒤 후

연후 – 그러한 뒤.

自	然
스스로 자	그러할 연

자연 – 사람의 힘이 더해지지 아니하고 세상에 스스로 존재하거나 우주에 저절로 이루어지는 모든 존재나 상태.

然	然	然					

Day 20

200 회도[回圖]
- 回로 된 한자

> 🔍 **구조로 암기**
>
> 에운담, 나라 국(口) 안에 입 구, 구멍 구, 말할 구(口)면 **돌 회, 돌아올 회, 횟수 회(回)**, 돌 회, 돌아올 회, 횟수 회(回) 위에 입 구, 구멍 구, 말할 구(口)와 머리 부분 두(亠), 둘레에 에운담, 나라 국(口)이면 **그림 도, 꾀할 도(圖)**

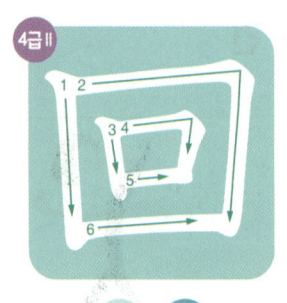

口 6획

축을 중심으로 돌아가는 모양에서 **돌 회**

또 돌 듯 돌아오는 횟수니 **돌아올 회, 횟수 회**

> 👨‍🏫 **선생님의 한 말씀**
>
> 둥근 것을 본떠서 만든 한자도 네모라고 했지요?
> 돌 회, 돌아올 회, 횟수 회(回)도 빙빙 돌아가는 모양인데 네모로 나타냈네요.

口 14획

종이(口)에 말하듯(口) 머리(亠) 돌려(回) 보면서 그리는 그림이니 **그림 도**

또 그림 그리듯 무슨 일을 꾀하니 **꾀할 도**

+ 꾀하다 - 어떤 일을 이루려고 뜻을 두거나 힘을 쓰다.
+ 口('에운담, 나라 국'이지만 여기서는 종이로 봄), 口(입 구, 구멍 구, 말할 구)

땅 지	그림 도

지도 - 지구 표면의 일부 또는 전체의 상태를 일정한 비율로 줄여서 평면 위에 나타낸 그림.

뜻 의	꾀할 도

의도 - 무엇을 하고자 하는 생각이나 계획. 또는 무엇을 하려고 꾀함.

실력 체크 퀴즈 (191~200)

Day 20

학년   반   성명:
공부한 날짜: 점수:

※ 다음 漢字의 訓(뜻)과 音(소리)을 쓰세요.

01. 會 [ ]

02. 圖 [ ]

※ 다음 밑줄 친 漢字語의 독음을 쓰세요.

03. 오늘 **朝會** 시간에는 선생님 말씀이 길어졌다. [ ][ ]

04. 이곳 사람들은 어업을 **生業**으로 삼고 있다. [ ][ ]

05. 부르면 **對答**을 잘하는 아이가 귀엽다. [ ][ ]

※ 다음 밑줄 친 漢字語를 漢字로 쓰세요.

06. 그들은 내 이야기를 다 들은 **연후**에 돌아갔다. [ ][ ]

07. 우리나라의 이름은 **대한민국**이다. [ ][ ][ ][ ]

08. 사람을 **외면**만 보고 판단해서는 안 된다. [ ][ ]

정답

01. 모일 회 02. 그림 도, 꾀할 도 03. 조회 04. 생업 05. 대답 06. 然後 07. 大韓民國 08. 外面

제 2 편

한자 응용하기

제1장 사자성어
제2장 동음이의자
제3장 유의자
제4장 반대자/상대자

제1장 사자성어

선생님의 한 말씀

사자성어는 단 네 글자로 말하고 싶은 내용을 명쾌하게 표현할 수 있다는 장점이 있어서, 각종 시험은 물론 일상생활에도 많이 쓰입니다.

익히는 방법은 무조건 외지 마시고 먼저 글자대로 해석해 본 다음에 의역하여 뜻을 분명히 알아 두었다가 일상생활에서 자주 사용해 보세요. 자신도 모르게 익혀집니다.

그리고 원래 있는 사자성어대로만 쓰지 마시고 상황에 맞게 글자를 바꾸어서도 써 보세요. 그만큼 한자 실력과 단어 실력이 늘어납니다.

예를 들어 '이름만 있고 실제가 없음'으로, 이름만 요란하고 실제 알맹이가 없다는 말인 有名無實(유명무실)의 글자를 바꾸어, 이름은 없어도(유명하지는 않아도) 실제가 있다는 無名有實(무명유실), 이름도 있고 실제도 있다, 즉 이름값을 한다는 有名有實, 이름도 없고 실제도 없다는 無名無實처럼 상황에 맞는 말을 만들어 쓸 수도 있지요.

+ 有(가질 유, 있을 유), 名(이름 명, 이름날 명), 無(없을 무), 實(열매 실, 실제 실)

시험에서는 이렇게

※ 다음 ( )에 들어갈 알맞은 漢字를 〈보기〉에서 찾아 그 번호를 쓰세요.

 보기

① 生 ② 萬 ③ 十 ④ 夏
⑤ 光 ⑥ 淸 ⑦ 水 ⑧ 白

81. ( )風明月: 맑은 바람과 밝은 달.
82. 九死一( ): 죽을 고비를 여러 번 넘기고 겨우 살아 남.
83. 春( )秋冬: 봄, 여름, 가을, 겨울.

유형 플러스

사자성어를 묻는 문제에서는 문제와 보기 에 단서가 제시됩니다. 이 단서를 놓치지 않아야 문제를 풀 수 있지요. 먼저, 보기 에 제시된 한자들에 각각의 음을 모두 적어 보세요. 떠오르는 사자성어가 있을 것입니다. 없다고 해도 걱정 마세요. 문제에도 마찬가지로 제시된 한자에 음을 적어 보고, 보기 와 연결하여 사자성어의 음을 완성해 보면 됩니다. 그래도 모르겠다고요? 그러면 제시된 사자성어의 뜻을 주의 깊게 읽어 보세요. 뜻이 가리키는 한자를 떠올려 보면 쉽게 정답을 찾을 수 있습니다.

ㄱ

公明正大 (공명정대)
'공평하고 밝고 바르고 큼'으로, 하는 일이나 태도가 아주 정당하고 떳떳함.
+ 公(공평할 공), 明(밝을 명), 正(바를 정), 大(큰 대)

九死一生 (구사일생)
여러 번 죽을 고비를 넘기고 간신히 살아남.
+ 九(많을 구), 死(죽을 사), 一(한 일), 生(살 생)

各人各色 (각인각색)
사람마다 각각 다름. 각인각양.
+ 各(각각 각), 人(사람 인), 各(각각 각), 色(빛 색)

各自圖生 (각자도생)
사람은 제각기 살아갈 방법을 도모함.
+ 各(각각 각), 自(스스로 자), 圖(꾀할 도), 生(날 생, 살 생)

高速道路 (고속도로)
차가 빨리 달릴 수 있도록 만들어진 도로.
+ 高(높을 고), 速(빠를 속), 道(길 도), 路(길 로)

九十春光 (구십춘광)
'90일의 봄볕'으로, 석 달 동안의 화창한 봄 날씨.
+ 九(아홉 구), 十(많을 십), 春(봄 춘), 光(빛 광)

ㄴ

男女老少 (남녀노소)
'남자와 여자와 늙은이와 젊은이'로, 모든 사람.
+ 男(사내 남), 女(여자 녀), 老(늙을 로), 少(젊을 소)

男女有別 (남녀유별)
(유교 사상에서) 남녀 사이에는 분별이 있어야 함을 뜻함.
+ 男(사내 남), 女(여자 녀), 有(있을 유), 別(나눌 별)

綠水靑山 (녹수청산)
푸른 물와 푸른 산.
+ 綠(푸를 록), 水(물 수), 靑(푸를 청), 山(산 산)

ㄷ

同苦同樂 (동고동락)
'같이 고생하고 같이 즐거워함'으로, 고락(苦樂)을 같이 하며 함께 삶.
+ 同(같을 동), 苦(쓸 고, 괴로울 고), 同(같을 동), 樂(즐길 락)

東問西答 (동문서답)
'동쪽을 묻는데 서쪽을 대답함'으로, 묻는 말에 엉뚱하게 대답함.
+ 東(동쪽 동), 問(물을 문), 西(서쪽 서), 答(대답할 답)

代代孫孫 (대대손손)
대대로 이어 내려오는 자손. 자자손손.
+ 代(대신할 대, 세대 대), 代(대신할 대, 세대 대), 孫(손자 손), 孫(손자 손)

大明天地 (대명천지)
아주 환하게 밝은 세상.
+ 大(큰 대), 明(밝을 명), 天(하늘 천), 地(땅 지)

東西古今 (동서고금)
동양과 서양, 옛날과 지금이란 뜻으로, 인간 사회의 모든 시대 모든곳.
+ 東(동쪽 동), 西(서쪽 서), 古(옛 고), 今(이제 금)

同姓同本 (동성동본)
성(姓)과 본관이 모두 같음.
+ 同(같을 동), 姓(성씨 성), 同(같을 동), 本(뿌리 본)

明明白白 (명명백백)
'밝고 밝음'으로, 더할 나위 없이 명백함.
+ 明(밝을 명), 明(밝을 명), 白(밝을 백), 白(밝을 백)

門前成市 (문전성시)
'문 앞이 시장을 이룸'으로, 어떤 집 문 앞이 방문객으로 붐빔.
+ 門(문 문), 前(앞 전), 成(이룰 성), 市(시장 시)

物各有主 (물각유주)
물건마다 각각 주인이 있음.
+ 物(물건 물), 各(각각 각), 有(있을 유), 主(주인 주)

百年大計 (백년대계)
'백년의 큰 꾀'로, 먼 장래를 내다보는 원대한 계획.
+ 百(일백 백), 年(해 년), 大(큰 대), 計(꾀할 계)

白面書生 (백면서생)
'흰 얼굴에 글만 읽은 사람'으로, 한갓 글만 읽고 세상일에 경험이 없는 사람.
+ 白(흰 백), 面(얼굴 면), 書(글 서), 生(사람을 부를 때 쓰는 접사 생)

百發百中 (백발백중)
'백 번 쏘아 백 번 다 맞힘'으로, 무슨 일이나 꼭꼭 들어맞아 잘됨을 이르는 말.
+ 百(일백 백), 發(쏠 발), 百(일백 백), 中(가운데 중, 맞힐 중)

百戰百勝 (백전백승)
'백 번 싸워 백 번 다 이김'으로, 전쟁에 능해서 싸움마다 이김.
+ 百(일백 백), 戰(싸울 전), 百(일백 백), 勝(이길 승)

不立文字 (불립문자)
'문자로는 서지 않음'으로, 문자, 즉 교리로는 부처님의 진리를 알지 못한다는 말.
+ 不(아닐 불), 立(설 립), 文(글월 문), 字(글자 자)

別有天地 (별유천지)
특별히 경치가 좋거나 분위기가 좋은 곳.
+ 別(다를 별), 有(있을 유), 天(하늘 천), 地(땅 지)

父子有親 (부자유친)
아버지와 아들 사이의 도(道)는 친애에 있음.
+ 父(아버지 부), 子(아들 자), 有(있을 유), 親(친할 친)

不遠千里 (불원천리)
천 리 길도 멀다고 여기지 않음.
+ 不(아닐 불), 遠(멀 원), 千(일천 천), 里(마을 리, 거리 리)

白衣民族 (백의민족)
흰옷을 입은 민족이라는 뜻으로, '한민족'을 이르는 말.
+ 白(흰 백), 衣(옷 의), 民(백성 민), 族(겨레 족)

山戰水戰 (산전수전)
'산에서도 싸우고 물에서도 싸움'으로, 세상의 온갖 고생과 어려움을 다 겪었음을 이르는 말.
+ 山(산 산), 戰(싸울 전), 水(물 수), 戰(싸울 전)

山川草木 (산천초목)
'산과 내와 풀과 나무'라는 뜻으로, 자연을 이르는 말.
+ 山(산 산), 川(내 천), 草(풀 초), 木(나무 목)

三三五五 (삼삼오오)
3-4명 또는 5-6명씩 떼를 지은 모양을 말함.
+ 三(석 삼), 三(석 삼), 五(다섯 오), 五(다섯 오)

先病者醫 (선병자의)
'먼저 병을 앓아본 사람이 의원'으로, 경험 있는 사람이 남을 인도할 수 있다는 말.
+ 先(먼저 선), 病(병들 병), 者(놈 자, 것 자), 醫(의원 의)

生死苦樂 (생사고락)
삶과 죽음, 괴로움과 즐거움.
+ 生(살 생), 死(죽을 사), 苦(쓸 고, 괴로울 고), 樂(즐길 락)

死生有命 (사생유명)
사람이 죽고 사는 것이 운명에 달려 있다는 뜻으로, 사람의 힘으로 어찌할 수 없음을 이르는 말.
+ 死(죽을 사), 生(살 생), 有(있을 유), 命(목숨 명, 운명 명)

四時長春 (사시장춘)
어느 때나 늘 봄과 같음. 늘 잘 지냄을 비유적으로 말함.
+ 四(넉 사), 時(때 시), 長(길 장), 春(봄 춘)

四海兄弟 (사해형제)
온 세상 사람이 모두 형제와 같다는 뜻으로, 친밀함을 이르는 말.
+ 四(넉 사), 海(바다 해), 兄(형 형), 弟(아우 제)

山高水長 (산고수장)
산처럼 높고 물처럼 장구하다는 뜻으로, 고결한 사람의 인품이 오래도록 존경받음을 이르는 말.
+ 山(산 산), 高(높을 고), 水(물 수), 長(길 장)

三間草家 (삼간초가)
세 칸밖에 안 되는 초가라는 뜻으로, 아주 작은 집을 이르는 말.
+ 三(석 삼), 間(사이 간), 草(풀 초), 家(집 가)

三十六計 (삼십육계)
서른여섯 가지의 계략. 많은 꾀.
+ 三(석 삼), 十(열 십, 많을 십), 六(여섯 육), 計(꾀할 계)

生老病死 (생로병사)
사람이 태어나고 늙고 병들고 죽는 네 가지 고통.
+ 生(날 생), 老(늙을 로), 病(병들 병), 死(죽을 사)

世上萬事 (세상만사)
세상에서 일어나는 온갖 일.
+ 世(세상 세), 上(위 상), 萬(많을 만), 事(일 사)

世世孫孫 (세세손손)
오래도록 내려오는 여러 대.
+ 世(세대 세), 世(세대 세), 孫(손자 손), 孫(손자 손)

身土不二 (신토불이)
몸과 땅은 둘이 아니고 하나라는 뜻으로, 자기가 사는 땅에서 산출한 농산물이라야 체질에 잘 맞음을 말함.
+ 身(몸 신), 土(흙 토), 不(아닐 불), 二(둘 이)

十中八九 (십중팔구)
열 가운데 여덟이나 아홉 정도로 거의 대부분이거나 거의 틀림없음.
+ 十(열 십), 中(가운데 중), 八(여덟 팔), 九(아홉 구)

二八青春 (이팔청춘)
16세 무렵의 꽃다운 청춘.
+ 二(둘 이), 八(여덟 팔), 青(푸를 청, 젊을 청), 春(봄 춘)

人命在天 (인명재천)
'사람의 목숨은 하늘에 매여 있음'으로, 사람의 목숨은 태어날 때 정해져서 사람 마음대로 되지 않는다는 말.
+ 人(사람 인), 命(목숨 명), 在(있을 재), 天(하늘 천)

人事不省 (인사불성)
'사람의 일을 살피지 못함'으로, ① 제 몸에 벌어지는 일을 모를 만큼 정신을 잃은 상태. ② 사람으로서의 예절을 차릴 줄 모름.
+ 人(사람 인), 事(일 사, 섬길 사), 不(아닐 불), 省(살필 성)

人山人海 (인산인해)
'사람이 산을 이루고 바다를 이룸'으로, 사람이 헤아릴 수 없이 많이 모인 모양을 말함.
+ 人(사람 인), 山(산 산), 人(사람 인), 海(바다 해)

一口二言 (일구이언)
(한 가지 일에 대하여) 한 입으로 두 가지 말을 함.
+ 一(한 일), 口(입 구), 二(둘 이), 言(말씀 언)

一心同體 (일심동체)
'한마음 같은 몸'으로, 서로 굳게 결합함을 이르는 말.
+ 一(한 일), 心(마음 심), 同(한가지 동, 같을 동), 體(몸 체)

一日三省 (일일삼성)

하루에 세 가지 일로 자신을 되돌아보고 살핌.
+ 一(한 일), 日(날 일), 三(석 삼), 省(살필 성)

一日三秋 (일일삼추)

하루가 삼 년 같다는 뜻으로 몹시 애태우며 기다림을 비유한 말.
+ 一(한 일), 日(날 일), 三(석 삼), 秋(가을 추)

> **선생님의 한 말씀**
> 一日如三秋(일일여삼추)를 줄인 말로, 가을은 1년에 한 번이므로 三秋는 3년인 셈입니다.
> + 如(같을 여)

一長一短 (일장일단)

'하나의 장점과 하나의 단점'으로, 장점도 있고 단점도 있음을 말함. = 一短一長(일단일장)
+ 一(한 일), 長(길 장), 一(한 일), 短(짧을 단, 모자랄 단)

一朝一夕 (일조일석)

'하루아침 하루저녁'으로, 아주 짧은 시간을 말함.
+ 一(한 일), 朝(아침 조), 一(한 일), 夕(저녁 석)

愛國愛族 (애국애족)

자기의 나라와 겨레를 사랑함.
+ 愛(사랑 애), 國(나라 국), 愛(사랑 애), 族(겨레 족)

樂山樂水 (요산요수)

산을 좋아하고 물을 좋아한다는 뜻으로, 산수(山水)의 자연을 즐기고 좋아함.
+ 樂(좋아할 요), 山(산 산), 樂(좋아할 요), 水(물 수)

月下老人 (월하노인)

부부의 인연을 맺어 준다는 전설상의 늙은이.
+ 月(달 월), 下(아래 하), 老(늙을 로), 人(사람 인)

一方通行 (일방통행)

일정한 구간을 지정하여 한 방향으로만 가도록 하는 일. 한쪽의 의사만이 행세하거나 통하는 일을 비유적으로 이르는 말.
+ 一(한 일), 方(방향 방), 通(통할 통), 行(다닐 행)

立身出世 (입신출세)

성공하여 세상에 이름을 떨침.
+ 立(설 립), 身(몸 신), 出(날 출, 나갈 출), 世(세상 세)

自問自答 (자문자답)

'스스로 묻고 스스로 답함'으로, 의심나는 곳을 자기의 마음으로 진단해서 스스로 판단함.
+ 自(스스로 자), 問(물을 문), 自(스스로 자), 答(대답할 답)

自手成家 (자수성가)

(물려받은 재산이 없이) 자기 혼자의 손(힘)으로 집안을 일으키고 재산을 모음.
+ 自(스스로 자), 手(손 수), 成(이룰 성), 家(집 가)

子子孫孫 (자자손손)

자손의 여러 대대.
+ 子(아들 자), 子(아들 자), 孫(손자 손), 孫(손자 손)

作心三日 (작심삼일)

'한 번 작정한 마음이 삼일을 못 감'으로, 결심이 굳지 못함을 말함.
+ 作(지을 작), 心(마음 심), 三(석 삼), 日(날 일)

電光石火 (전광석화)

번갯불이나 부싯돌의 불이 번쩍거리는 것과 같이 매우 짧은 시간이나 매우 재빠른 움직임을 이르는 말.
+ 電(번개 전), 光(빛 광), 石(돌 석), 火(불 화)

正正堂堂 (정정당당)

'바르고 당당함'으로, 태도나 수단이 공정하고 떳떳함.
+ 正(바를 정), 正(바를 정), 堂(당당할 당), 堂(당당할 당)

自由自在 (자유자재)

거침없이 자기 마음대로 할 수 있음.
+ 自(자기 자), 由(말미암을 유), 自(자기 자), 在(있을 재)

晝夜長川 (주야장천)

밤낮으로 쉬지 아니하고 연달아.
+ 晝(낮 주), 夜(밤 야), 長(길 장), 川(내 천)

集小成大 (집소성대)

작은 것을 모아서 큰 것을 이룸.
+ 集(모일 집, 모을 집), 小(작을 소), 成(이룰 성), 大(큰 대)

千萬多幸 (천만다행)

아주 다행함.
+ 千(많을 천), 萬(많을 만), 多(많을 다), 幸(바랄 행, 행복할 행)

青天白日 (청천백일)

하늘이 맑게 갠 대낮.
+ 青(푸를 청), 天(하늘 천), 白(밝을 백, 깨끗할 백), 日(날 일)

清風明月 (청풍명월)

맑은 바람과 밝은 달.
+ 清(맑을 청), 風(바람 풍), 明(밝을 명), 月(달 월)

草綠同色 (초록동색)

'풀색과 녹색은 같은 색'으로, 처지가 같은 사람들끼리 한패가 되는 경우를 비유하여 이르는 말.
+ 草(풀 초), 綠(푸를 록), 同(같을 동), 色(빛 색)

天下第一 (천하제일)

세상에 견줄 만한 것이 없이 최고임.
+ 天(하늘 천), 下(아래 하), 第(차례 제), 一(한 일)

八方美人 (팔방미인)

'팔방으로 미인'이라는 뜻으로, ① 어느 모로 보나 아름다운 미인. ② 여러 방면에 능통한 사람.
+ 八(여덟 팔), 方(모 방, 방법 방), 美(아름다울 미), 人(사람 인)

ㅎ

形形色色 (형형색색)

'모양과 색이 각각임'으로, 가지각색의 사물을 말함.
+ 形(모양 형), 形(모양 형), 色(빛 색), 色(빛 색)

花朝月夕 (화조월석)

'꽃 피는 아침과 달 밝은 밤'으로, 경치가 좋은 시절을 이르는 말.
+ 花(꽃 화), 朝(아침 조), 月(달 월), 夕(저녁 석)

行方不明 (행방불명)

간 곳이나 방향을 모름.
+ 行(다닐 행), 方(방향 방), 不(아닐 불), 明(밝을 명)

Chapter 01 사자성어

※ 다음 □에 들어갈 적절한 漢字를 〈보기〉에서 찾아 그 번호를 써서, 사자성어를 완성하세요.

> • 보기 •
> ① 生 ② 明 ③ 書 ④ 發 ⑤ 樂 ⑥ 海 ⑦ 男
> ⑧ 長 ⑨ 王 ⑩ 主 ⑪ 答 ⑫ 同 ⑬ 醫 ⑭ 作

01. 物各有□ : 물건마다 각각 주인이 있음.

02. 淸風□月 : 맑은 바람과 밝은 달.

03. 九死一□ : 여러 번 죽을 고비를 넘기고 간신히 살아남.

04. 百□百中 : '백 번 쏘아 백 번 다 맞힘'으로, 무슨 일이나 꼭꼭 들어맞아 잘됨을 이르는 말.

05. 人山人□ : '사람이 산을 이루고 바다를 이룸'으로, 사람이 헤아릴 수 없이 많이 모인 모양을 말함.

06. 一□一短 : '하나의 장점과 하나의 단점'으로, 장점도 있고 단점도 있음을 말함.

07. □心三日 : '한 번 작정한 마음이 삼일을 못 감'으로, 결심이 굳지 못함을 말함.

08. 一心□體 : '한마음 같은 몸'으로, 서로 굳게 결합함을 이르는 말.

 정답

01. ⑩ 02. ② 03. ① 04. ④ 05. ⑥ 06. ⑧ 07. ⑭ 08. ⑫

제2장 동음이의자

선생님의 한 말씀
동음이의자는 음은 같으나 뜻이 다른 한자를 동음이의자라고 합니다. '제1편 한자 익히기'에서 익힌 내용을 바탕으로 학습하시면 정리가 잘될 거예요.

시험에서는 이렇게
※ 다음 漢字와 음은 같으나 뜻이 다른 漢字를 골라 번호를 쓰세요.
61. 急: ① 級 ② 家 ③ 金 ④ 道 (　　　)
62. 利: ① 秋 ② 理 ③ 祖 ④ 和 (　　　)

ㄱ

가	家 집 가	歌 노래 가			
각	角 뿔 각	各 각각 각			
강	江 강 강	強 강할 강			
계	界 지경/세계 계	計 셈할/꾀할 계			
고	高 높을 고	苦 쓸/괴로울 고	古 옛 고		
공	工 장인 공	空 빌 공	公 공평할 공	功 공 공	共 함께 공
과	科 과목 과	果 과실/결과 과			
교	校 학교 교	敎 가르칠 교	交 사귈 교		

구	九 아홉 구	口 입 구	球 둥글/공 구	區 나눌/구역 구		
군	軍 군사 군	郡 고을 군				
근	根 뿌리 근	近 가까울 근				
급	急 급할 급	級 등급 급				
기	氣 기운 기	記 기록할 기	旗 기 기			

ㄴ

남	南 남쪽 남	男 사내 남				

ㄷ

대	大 큰 대	代 대신할 대	對 상대할 대	待 기다릴 대		
도	道 길 도	圖 그림 도	度 법도 도			
동	東 동쪽 동	同 한가지/같을 동	冬 겨울 동	洞 마을/동굴 동	動 움직일 동	童 아이 동
등	登 오를 등	等 무리 등				

ㄹ

례	例 법식 례	禮 예도 례			
리	里 마을 리	理 다스릴 리	利 이로울 리	李 오얏/성씨 리	

ㅁ

명	名 이름 명	命 목숨 명	明 밝을 명		
문	門 문 문	文 글월 문	問 물을 문	聞 들을 문	
미	米 쌀 미	美 아름다울 미			

ㅂ

반	反 거꾸로/뒤집을 반	半 반 반	班 나눌 반	
방	方 모 방	放 놓을 방		
백	白 흰 백	百 일백 백		
부	父 아버지 부	夫 사내/남편 부	不 아닐 부	部 나눌 부

ㅅ

사	四 넉 사	事 일/섬길 사	社 모일 사	使 하여금/부릴 사	死 죽을 사
산	山 산 산	算 셈 산			
석	石 돌 석	席 자리 석			
성	成 이룰 성	省 살필 성			
소	小 작을 소	少 적을/젊을 소	所 바 소		

수	水 물 수	手 손 수	數 셀 수	樹 나무 수
시	市 시장/시내 시	時 때 시		
식	食 밥/먹을 식	植 심을 식		
신	信 믿을 신	身 몸 신	新 새로울 신	神 귀신 신
실	室 집 실	失 잃을 실		

ㅇ

야	野 들 야	夜 밤 야	
약	弱 약할 약	藥 약 약	
양	洋 큰 바다 양	陽 볕 양	
영	英 꽃부리 영	永 길 영	
오	五 다섯 오	午 낮 오	
용	勇 날랠 용	用 쓸 용	
원	園 동산 원	遠 멀 원	
유	有 있을 유	由 말미암을 유	油 기름 유

음	音 소리 음	飮 마실 음		
의	意 뜻 의	醫 의원 의	衣 옷 의	
일	一 한 일	日 해/날 일		

ㅈ

자	自 스스로 자	子 아들 자	字 글자 자	者 놈/것 자
작	昨 어제 작	作 지을 작		
재	才 재주 재	在 있을 재		
전	電 번개 전	全 온전할 전	前 앞 전	戰 싸울 전
정	正 바를 정	庭 뜰 정	定 정할 정	
제	第 차례 제	題 제목 제	弟 아우 제	
조	祖 조상/할아버지 조	朝 아침 조		
족	足 발 족	族 겨레 족		
주	主 주인 주	住 살 주	注 물댈/쏟을 주	晝 낮 주

중	中 가운데 중	重 무거울 중			
지	紙 종이 지	地 땅 지			

ㅊ

천	川 내 천	千 일천 천	天 하늘 천
청	靑 푸를 청	淸 맑을 청	
촌	寸 마디 촌	村 마을 촌	

ㅎ

하	下 아래 하	夏 여름 하			
한	韓 한국 한	漢 한나라 한			
행	幸 바랄/행복할 행	行 다닐/행할 행			
형	兄 형 형	形 모양 형			
화	火 불 화	花 꽃 화	話 말씀 화	和 화목할 화	畵 그림 화

Chapter 02 동음이의자

※ 다음 漢字와 음은 같으나 뜻이 다른 것을 골라 그 번호를 쓰세요.

01. 各 : ① 公   ② 交   ③ 問   ④ 角   ☐

02. 大 : ① 洞   ② 理   ③ 對   ④ 等   ☐

03. 意 : ① 醫   ② 祖   ③ 在   ④ 日   ☐

04. 寸 : ① 形   ② 村   ③ 韓   ④ 川   ☐

05. 花 : ① 電   ② 畫   ③ 紙   ④ 時   ☐

06. 信 : ① 弱   ② 油   ③ 野   ④ 神   ☐

07. 反 : ① 不   ② 班   ③ 省   ④ 石   ☐

08. 例 : ① 禮   ② 李   ③ 男   ④ 根   ☐

09. 東 : ① 度   ② 童   ③ 事   ④ 米   ☐

10. 明 : ① 父   ② 使   ③ 算   ④ 命   ☐

정답
01. ④ 02. ③ 03. ① 04. ② 05. ② 06. ④ 07. ② 08. ① 09. ② 10. ④

제3장 유의자

선생님의 한 말씀
글자는 다른데 뜻이 같거나 비슷한 글자를 유의자라고 합니다. '1편 한자 익히기'에서 익힌 내용을 바탕으로 학습하시면 정리가 잘될 거예요.

시험에서는 이렇게
※ 다음 漢字와 뜻이 같거나 비슷한 漢字를 〈보기〉에서 찾아 그 번호를 쓰세요.

보기
① 家　② 心　③ 體
④ 物　⑤ 春　⑥ 村

79. 堂 (　　　)　　80. 身 (　　　)　　81. 里 (　　　)

유형 플러스
유의자들은 서로 어울려 한 단어를 이루는 경우가 많다는 점도 참고하면서 익히세요. 1편에서 익힌 한자 3박자 연상법을 떠올리며 각 한자의 뜻을 정확하게 익힌다면 쉽게 해결할 수 있는 유형입니다.

家	집 가
堂	집 당
室	집 실

計	셈할 계
算	셈 산
數	셀 수

教	가르칠 교
訓	가르칠 훈

歌	노래 가
樂	노래 악

共	함께 공
同	한가지 동, 같을 동

根	뿌리 근
本	뿌리 본

急	급할 급
速	빠를 속

大	큰 대
太	클 태

道	길 도
路	길 로

圖	그림 도
畫	그림 화

里	마을 리
村	마을 촌

文	글월 문
章	문장 장
書	글 서

分	나눌 분
班	나눌 반
別	나눌 별

社	모일 사
會	모일 회
集	모일 집, 모을 집

生	살 생
活	살 활

先	먼저 선
前	앞 전

樹	나무 수
木	나무 목

身	몸 신
體	몸 체

言	말씀 언
語	말씀 어
話	말씀 화

有	있을 유
在	있을 재

永	길 영, 오랠 영
遠	멀 원
長	길 장

衣	옷 의
服	옷 복

正	바를 정
直	바를 직, 곧을 직

出	날 출, 나갈 출
生	날 생

土	흙 토
地	땅 지

溫	따뜻할 온
和	화목할 화

號	이름 호
名	이름 명, 이름날 명

便	편할 편
安	편안할 안

海	바다 해
洋	큰 바다 양

Chapter 03 유의자

※ 다음 漢字와 뜻이 같거나 비슷한 것을 골라 그 번호를 쓰세요.

01. 急 : ① 根　② 樂　③ 速　④ 東　□

02. 集 : ① 界　② 會　③ 便　④ 溫　□

03. 海 : ① 洋　② 洞　③ 出　④ 先　□

04. 章 : ① 身　② 畫　③ 分　④ 書　□

05. 語 : ① 永　② 話　③ 體　④ 別　□

06. 衣 : ① 服　② 地　③ 社　④ 文　□

07. 有 : ① 言　② 正　③ 在　④ 長　□

08. 號 : ① 安　② 和　③ 土　④ 名　□

09. 畫 : ① 前　② 太　③ 圖　④ 木　□

10. 敎 : ① 家　② 歌　③ 訓　④ 堂　□

정답

01. ③　02. ②　03. ①　04. ④　05. ②　06. ①　07. ③　08. ④　09. ③　10. ③

제4장 반대자/상대자

선생님의 한 말씀
뜻이 서로 반대인 한자입니다. 시험에서는 대개 한자를 제시하고 빈칸에 들어갈 그와 반대되는 한자를 고르는 방식으로 출제됩니다.

시험에서는 이렇게
※ 다음 漢字와 뜻이 상대 또는 반대되는 漢字를 골라 번호를 쓰세요.
76. 生: ① 午 ② 死 ③ 右 ④ 寸 (   )
77. 問: ① 世 ② 答 ③ 邑 ④ 江 (   )

유형 플러스
주어진 한자의 뜻을 바르게 알고, 그 반대되는 의미를 떠올리며 그 한자를 바르게 고를 수 있는가를 묻는 유형입니다. 실제 시험에서는 한자어가 아닌 한자의 반대자나 상대자를 고르는 문제가 출제되지만, 서로 어울려 한 단어를 이루는 '한자어'의 짝을 익히면 어떤 글자가 반대의 의미를 갖는지 자연스럽게 익혀집니다.

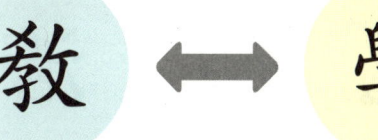

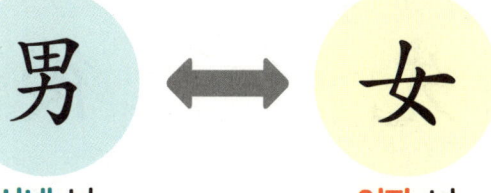
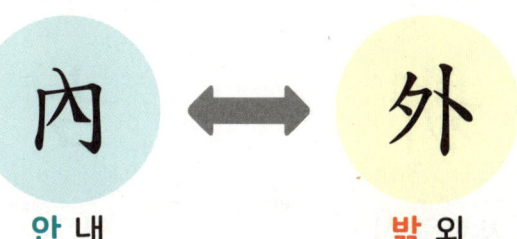

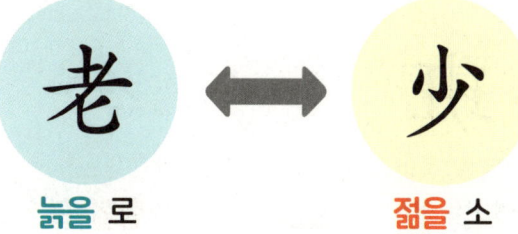

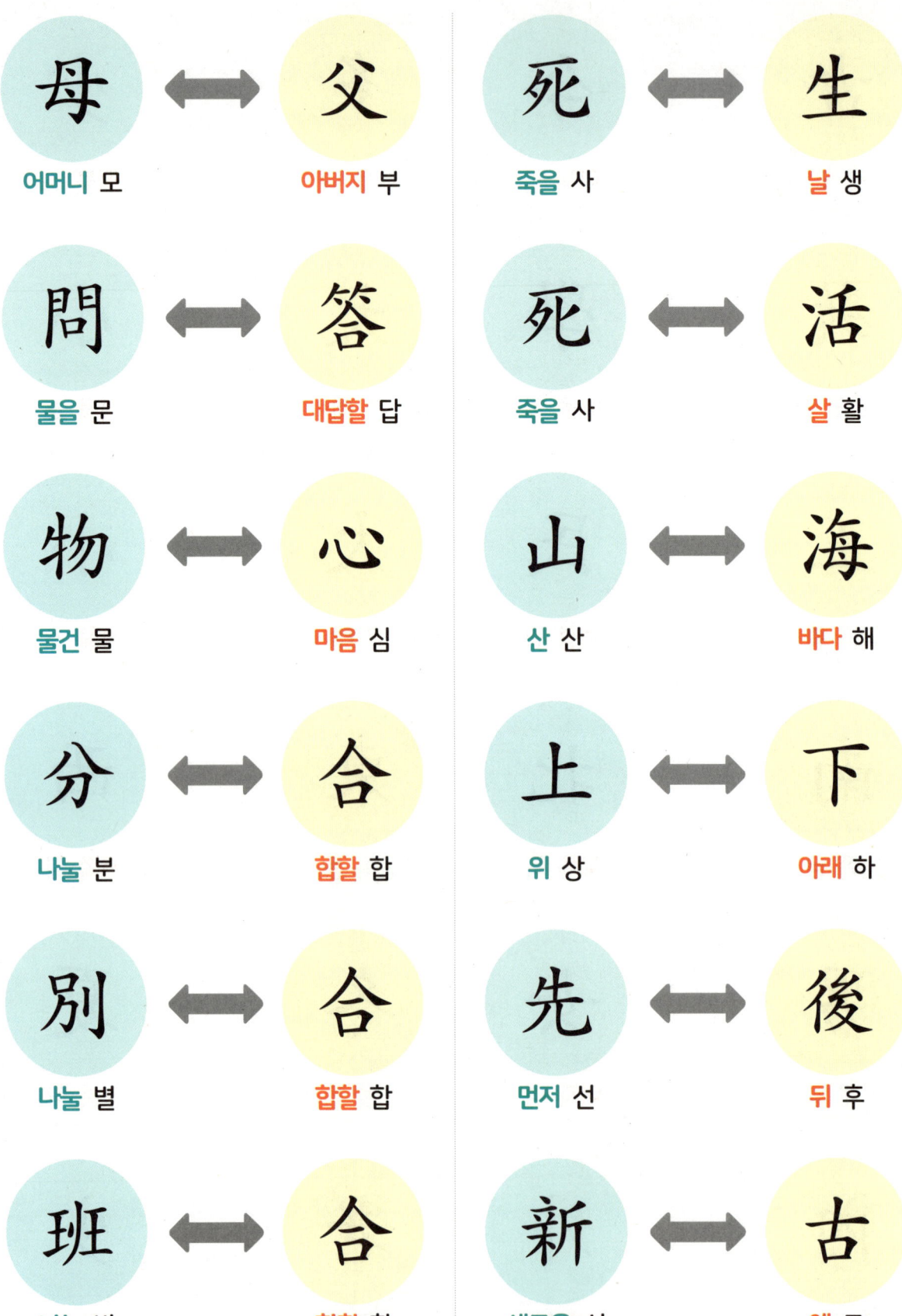

水 ↔ 火	日 ↔ 月
물 수 / 불 화	해 일 / 달 월

手 ↔ 足	入 ↔ 出
손 수 / 발 족	들 입 / 날 출

心 ↔ 身	長 ↔ 短
마음 심 / 몸 신	길 장 / 짧을 단

心 ↔ 體	前 ↔ 後
마음 심 / 몸 체	앞 전 / 뒤 후

言 ↔ 行	正 ↔ 反
말씀 언 / 행할 행	바를 정 / 뒤집을 반

遠 ↔ 近	朝 ↔ 夕
멀 원 / 가까울 근	아침 조 / 저녁 석

左 ↔ 右	學 ↔ 訓
왼쪽 좌 / 오른쪽 우	배울 학 / 가르칠 훈
晝 ↔ 夜	兄 ↔ 弟
낮 주 / 밤 야	형 형 / 아우 제
春 ↔ 秋	和 ↔ 戰
봄 춘 / 가을 추	화목할 화 / 싸울 전

Chapter 04 반대자/상대자

연습 문제

※ 다음 漢字와 뜻이 반대 또는 상대되는 것을 골라 그 번호를 쓰세요.

01. 南 : ① 西　② 東　③ 北　④ 夏　□

02. 老 : ① 太　② 女　③ 小　④ 少　□

03. 先 : ① 後　② 分　③ 父　④ 班　□

04. 體 : ① 正　② 心　③ 火　④ 弟　□

05. 長 : ① 短　② 淸　③ 族　④ 春　□

06. 死 : ① 向　② 生　③ 市　④ 內　□

07. 新 : ① 球　② 歌　③ 雪　④ 古　□

08. 夕 : ① 方　② 今　③ 朝　④ 表　□

09. 戰 : ① 和　② 秋　③ 校　④ 數　□

10. 夜 : ① 夫　② 始　③ 晝　④ 所　□

정답
01. ③　02. ④　03. ①　04. ②　05. ①　06. ②　07. ④　08. ③　09. ①　10. ③

제2편 한자 응용하기 | **247**

제 3 편

실전 모의고사

제1회 실전 모의고사
제2회 실전 모의고사
제3회 실전 모의고사
정답 및 해설

제1회 한자능력검정시험 6급 실전 모의고사

[問 1-33] 다음 밑줄 친 漢字語의 讀音을 쓰세요.

〈보기〉
漢字 → 한자

[1] 이 마을은 우물물을 <u>食水</u>로 사용한다.

[2] 그는 <u>登山</u>을 가기 위해 짐을 챙겼다.

[3] 그는 <u>出家</u>하여 스님이 되었다.

[4] 추석 때의 <u>明月</u>은 아주 밝다.

[5] <u>多讀</u>은 좋은 글을 쓰기 위한 밑거름이 된다.

[6] 그들은 해마다 나라의 <u>太平</u>을 기원했다.

[7] 처음으로 사실을 <u>公開</u>한다.

[8] 이 자전거는 <u>古物</u>이 다 되었다.

[9] 인생의 <u>苦樂</u>을 다 겪어봤다.

[10] 폭우로 <u>線路</u>가 끊어지는 바람에 기차 운행이 정지되었다.

[11] 읽은 책과 읽을 책을 <u>區分</u>해 놓았다.

[12] 이 화초는 <u>溫室</u>에서 재배된다.

[13] 우리들은 이번 행사에서 기대 이상의 <u>成果</u>를 올렸다.

[14] 무슨 <u>理由</u>가 그리도 많은가.

[15] 잠깐 <u>注油所</u>에 들러 기름을 넣고 갑시다.

[16] 그는 세 살 때부터 글을 읽어 <u>神童</u>이라 불렸다.

[17] 그의 말은 <u>合理</u>적이라 믿음이 간다.

[18] 컴퓨터 <u>使用</u> 방법을 익혔다.

[19] 그는 <u>根本</u>이 좋은 사람이다.

[20] 능력에 맞는 계획의 <u>樹立</u>이 필요하다.

[21] 그녀는 아름다운 외모로 어디서나 <u>注目</u> 받는다.

[22] 조선 시대에는 <u>身分</u>의 구별이 엄격하였다.

[23] 그는 키가 커 키다리라는 <u>別名</u>이 있다.

[24] 나는 매일 밤 하루를 돌아보며 <u>反省</u>의 시간을 갖는다.

[25] 불이 난지 1시간 만에 <u>消火</u> 작업을 끝냈다.

[26] 우리는 대화를 나누며 서로 <u>交感</u>하였다.

[27] 강 유역의 <u>平野</u>는 농경지로 사용된다.

[28] 형은 <u>運動</u> 가운데서 야구를 가장 좋아한다.

[29] 그는 <u>窓門</u>을 확 열어젖혔다.

[30] 그들은 일정한 <u>速度</u>로 보조를 맞추어 걸었다.

[31] 집안 어른께 아이의 <u>作名</u>을 부탁드렸다.

[32] 올 여름은 <u>昨年</u> 여름보다 덥다.

[33] 넓은 바다의 <u>風光</u>이 산에 가려졌다.

[問 34-55] 다음 漢字의 訓과 音을 쓰세요.

〈보기〉
字 → 글자 자

[34] 然　　[35] 油　　[36] 禮

[37] 地　　[38] 答　　[39] 植

[40] 空　　[41] 英　　[42] 孝

[43] 庭　　[44] 才　　[45] 郡

[46] 朝　　[47] 永　　[48] 病

[49] 根　　[50] 美　　[51] 交

[52] 理　　[53] 放　　[54] 球

[55] 間

[問 56-75] 다음 밑줄 친 漢字語를 漢字로 쓰세요.

〈보기〉
한자 → 漢字

[56] 문을 엶과 <u>동시</u>에 파리가 날아들었다.

[57] 우리는 <u>교가</u>를 부르며 학교에 갔다.

[58] 좋은 음악은 우리 생활에 <u>활력</u>과 의욕을 준다.

[59] 이 장난감은 <u>수동</u>으로 움직인다.

[60] 일에는 절차가 있고 <u>선후</u>가 있다.

[61] 이번 사고로 많은 <u>인명</u> 피해가 발생하였다.

[62] 호주의 <u>명물</u>은 뭐니 뭐니 해도 캥거루이다.

[63] 우리 동네 <u>실내</u> 수영장은 항상 만원이다.

[64] 신발은 첫째로 발이 편안해야 한다.

[65] 10년이면 강산도 변한다.

[66] 오늘은 수업이 오전에 끝난다.

[67] 자녀들을 지도하여 바른길로 인도했다.

[68] 이 책은 아이들 교육에 유익하다.

[69] 애향심을 가지고 우리 농촌을 도웁시다.

[70] 주말에 시외로 나가 기분 전환을 했다.

[71] 아까운 청춘을 허비하지 말자.

[72] 파도에 여객선이 좌우로 흔들렸다.

[73] 나는 방학이면 시골 외할머니 댁에 간다.

[74] 어머니는 매월 얼마씩 용돈을 주셨다.

[75] 중학교에 입학하면서 머리를 짧게 깎았다.

[問 76-78] 다음 漢字와 뜻이 반대 또는 상대 되는 漢字를 골라 번호를 쓰세요.

[76] 古 : ① 金 ② 光 ③ 童 ④ 今

[77] 多 : ① 小 ② 少 ③ 天 ④ 萬

[78] 心 : ① 苦 ② 身 ③ 足 ④ 花

[問 79-81] 다음 ( ) 안에 들어갈 漢字를 〈보기〉에서 찾아 번호를 쓰세요.

〈보기〉
① 清   ② 問
③ 發   ④ 門
⑤ 第   ⑥ 登

[79] 東( )西答 : '동쪽을 묻는데 서쪽을 대답함'으로, 묻는 말에 대하여 전혀 엉뚱하게 대답함을 이르는 말.

[80] 百( )百中 : '백 번 쏘아 백 번 다 맞힘'으로, ① 쏘기만 하면 다 명중함. ② 계획이 예정대로 들어맞음. ③ 무슨 일이든지 생각하는 대로 다 들어맞음을 이르는 말.

[81] ( )風明月 : ① 맑은 바람과 밝은 달. ② 결백하고 온건한 성격. ③ 풍자와 해학으로 세상사를 논함을 이르는 말.

[問 82-83] 다음 漢字와 뜻이 비슷한 漢字를 골라 번호를 쓰세요.

[82] 分 : ① 別 ② 和 ③ 發 ④ 少

[83] 室 : ① 空 ② 洞 ③ 對 ④ 家

[問 84-85] 다음에서 소리는 같으나 뜻이 다른 漢字를 골라 번호를 쓰세요.

[84] 理 : ① 身 ② 本 ③ 同 ④ 利

[85] 果 : ① 科 ② 路 ③ 里 ④ 場

[問 86-87] 다음 뜻을 다음 뜻을 가진 단어를 쓰세요.

<보기>
① 等級　② 消失
③ 禮服　④ 前線
⑤ 現今　⑥ 新藥

[86] 새로 발명한 약

[87] 사라져 없어짐

[問 88-90] 다음 漢字의 짙게 표시한 획은 몇 번째 쓰는 획인지 <보기>에서 골라 그 번호를 쓰세요.

<보기>
① 첫 번째　② 두 번째
③ 세 번째　④ 네 번째
⑤ 다섯 번째　⑥ 여섯 번째
⑦ 일곱 번째　⑧ 여덟 번째
⑨ 아홉 번째　⑩ 열 번째
⑪ 열한 번째　⑫ 열두 번째

[88] 郡

[89] 男

[90] 來

♣ 수고하셨습니다.

제2회 한자능력검정시험 6급 실전 모의고사

[問 1-33] 다음 밑줄 친 漢字語의 讀音을 쓰세요.

〈보기〉
漢字 → 한자

[1] 통장에서 現金을 인출하였다.

[2] 이 도로는 東西를 연결한다.

[3] 우리는 그를 代表로 뽑았다.

[4] 남북한은 유엔에 正式으로 가입했다.

[5] 그는 다재다능한 天才 예술가이다.

[6] 우리 학교 학생들은 모두 同等한 조건에서 공부한다.

[7] 그 시인은 시 낭송에도 特別한 재능이 있다.

[8] 백설 공주는 童話 속에 나오는 여주인공이다.

[9] 라디오에서 신나는 音樂이 흘러나왔다.

[10] 이 文章을 해석해 보거라.

[11] 나는 네 말에 전적으로 同意한다.

[12] 일이 잘 해결되어 多幸이다.

[13] 이분은 선생님의 母親이시다.

[14] 그에 관한 기사가 新聞에 났다.

[15] 장군은 部下들을 거느리고 전투에 나갔다.

[16] 환경에 적응하지 못한 生物은 도태된다.

[17] 陽地에는 눈이 다 녹았다.

[18] 형은 藥水터에 가자고 새벽마다 나를 깨운다.

[19] 할머니가 어린 孫子를 데리고 산책을 하신다.

[20] 그곳의 경치는 아름답기로 所聞났다.

[21] 우리 연구팀은 신제품 開發에 착수하였다.

[22] 여행 중 우연히 현지인 家庭에 초대받았다.

[23] 그는 우리 반 班長이다.

[24] 우리 회사의 注力 상품은 전자 제품이다.

[25] 친구는 洋食이 싫다며 김치 볶음밥을 주문했다.

[26] 그녀는 보기 드물게 눈에 뜨이는 美人이다.

[27] 이 작품은 많은 功力을 들여서 만들었구나.

[28] 그는 코를 낮추러 成形외과에 갔다.

[29] 최첨단 시설을 갖춘 高級 아파트가 들어섰다.

[30] 시장은 夜間에도 사람들로 붐볐다.

[31] 그는 상급학교 진학을 위해 上京했다.

[32] 그는 태도나 言動에서 품위를 잃은 적이 없다.

[33] 우리는 書信을 주고받았다.

[問 34-55] 다음 漢字의 訓과 音을 쓰세요.

〈보기〉
字 → 글자 자

[34] 近   [35] 苦   [36] 光

[37] 習   [38] 黃   [39] 每

[40] 孝   [41] 在   [42] 米

[43] 親   [44] 放   [45] 夜

[46] 愛   [47] 江   [48] 樹

[49] 夏   [50] 頭   [51] 堂

[52] 弟   [53] 待   [54] 育

[55] 合

[問 56-75] 다음 밑줄 친 漢字語를 漢字로 쓰세요.

〈보기〉
한자 → 漢字

[56] 그는 투철한 사명감을 가진 청년이다.

[57] 이 지역은 천연 해산물이 매우 풍부하다.

[58] 그는 주말마다 전화로 부모님께 안부를 전한다.

[59] 농촌의 일손 부족이 심각하다.

[60] 바람이 불자 연못의 수면 위에 잔물결이 일었다.

[61] 산 너머 남촌에는 누가 살까?

[62] 창고 앞에서 하차 작업이 진행되고 있다.

[63] 그는 출세를 꿈꾸며 고향을 떠나 서울로 올라왔다.

[64] 최선을 다하고 천명을 기다리자.

[65] 우리 반의 급훈은 정직이다.

[66] 큰일을 이루기 위해서는 무엇보다 소심을 버려야 한다.

[67] 그는 시간 날 때마다 책을 읽었다.

[68] 생물은 동물과 식물로 크게 나누어진다.

[69] 그곳은 외부인의 출입을 삼가 했다.

[70] 늦가을이 되자 새벽 공기가 제법 쌀쌀해졌다.

[71] 언덕을 넘어서자 백색의 설원이 눈앞에 펼쳐졌다.

[72] 그 팀은 소수의 인원으로 최대한의 성과를 얻었다.

[73] 온 산에 초목이 무성하게 자라고 있다.

[74] 형은 군대에 가기 위해 휴학했다.

[75] 오늘 오후 다섯 시로 약속 시간을 잡았다.

[問 76-78] 다음 漢字와 뜻이 반대 또는 상대 되는 漢字를 골라 번호를 쓰세요.

[76] 短 : ① 長 ② 小 ③ 老 ④ 時

[77] 近 : ① 登 ② 習 ③ 使 ④ 遠

[78] 弱 : ① 美 ② 兄 ③ 在 ④ 強

[問 79-81] 다음 ( ) 안에 들어갈 漢字를 〈보기〉에서 찾아 번호를 쓰세요.

〈보기〉	
① 洋	② 明
③ 月	④ 海
⑤ 萬	⑥ 習

[79] 千( )多幸 : 아주 다행함.

[80] 公( )正大 : '공정하고 밝고 바르고 큼'으로, 하는 일이나 태도가 사사로움이나 그릇됨이 없이 아주 정당하고 떳떳함.

[81] 人山人( ) : '사람이 산을 이루고 바다를 이룸'으로, 사람이 헤아릴 수 없이 많이 모인 모양을 이르는 말.

[問 82-83] 다음 漢字와 뜻이 비슷한 漢字를 골라 번호를 쓰세요.

[82] 海 : ① 洋 ② 道 ③ 感 ④ 苦

[83] 歌 : ① 手 ② 女 ③ 樂 ④ 工

[問 84-85] 다음에서 소리는 같으나 뜻이 다른 漢字를 골라 번호를 쓰세요.

[84] 使 : ① 社 ② 時 ③ 先 ④ 理

[85] 意 : ① 多 ② 衣 ③ 生 ④ 號

[問 86-87] 다음 뜻에 맞는 漢字語를 〈보기〉에서 찾아 그 번호를 쓰세요.

〈보기〉
① 多幸　　② 植木
③ 手記　　④ 孝道
⑤ 昨今　　⑥ 苦言

[86] 나무를 심음

[87] 어제와 오늘

[問 88-90] 다음 漢字의 짙게 표시한 획은 몇 번째 쓰는 획인지 〈보기〉에서 골라 그 번호를 쓰세요.

〈보기〉
① 첫 번째　　② 두 번째
③ 세 번째　　④ 네 번째
⑤ 다섯 번째　⑥ 여섯 번째
⑦ 일곱 번째　⑧ 여덟 번째
⑨ 아홉 번째　⑩ 열 번째
⑪ 열한 번째　⑫ 열두 번째

[88] 京

[89] 金

[90] 聞

♣ 수고하셨습니다.

제3회 한자능력검정시험 6급 실전 모의고사

[問 1-33] 다음 밑줄 친 漢字語의 讀音을 쓰세요.

〈보기〉
漢字 → 한자

[1] 그는 숫자와 관련된 計算에 강하다.

[2] 독서를 통하여 즐거움과 敎訓을 얻는다.

[3] 우리나라의 國號는 대한민국이다.

[4] 악기를 연주할 때는 強弱을 잘 조절해야 한다.

[5] 弱者를 돕는 것은 마땅한 일이다.

[6] 조카는 초등학교에 在學 중이다.

[7] 집과 학교는 反對 방향이다.

[8] 모든 일에는 長短이 있다.

[9] 그가 홈런 부문 단독 先頭에 올랐다.

[10] 이 사건은 여러 복합 요인으로 發生하였다.

[11] 신랑과 신부는 禮物로 금반지를 맞추었다.

[12] 그는 身長이 170cm가량 된다.

[13] 건강한 身體에 건전한 정신이 깃든다.

[14] 두 사람은 친형제처럼 親近한 사이이다.

[15] 그 친구는 보통내기가 아니고 級數가 꽤 높다.

[16] 국민들의 소득 수준이 向上되고 있다.

[17] 학교에서 英才들의 조기 입학을 허가했다.

[18] 오랜 病苦로 인해 얼굴이 창백하다.

[19] 수력을 利用하여 발전기를 돌린다.

[20] 그는 나에게 희망과 勇氣를 불어넣어 주었다.

[21] 내가 어릴 때 우리 집은 食堂을 했었다.

[22] 나는 이 책을 愛讀한다.

[23] 연락을 받고 그들은 공항으로 急行하였다.

[24] 토론자들의 말을 書記가 열심히 받아 적고 있다.

[25] 김홍도는 조선 시대의 대표적인 <u>畫家</u>이다.

[26] 달은 <u>地球</u> 주위를 돈다.

[27] 의식이 살아나 이젠 <u>米飮</u>도 먹고 말도 하게 되었다.

[28] 현미는 <u>白米</u>보다 더 좋은 건강 식품이다.

[29] 건축물에 건물의 <u>地番</u>을 표기했다.

[30] 학기 말 고사는 전 <u>科目</u>을 모두 시험 본다.

[31] 적은 우리의 <u>放心</u>을 틈타 기습해 올지도 모른다.

[32] 내일 오전 9시까지 전부 <u>集合</u>하거라.

[33] 나는 <u>洋服</u>을 갖추어 입고 파티에 참석하였다.

[問 34-55] 다음 漢字의 訓과 音을 쓰세요.

〈보기〉
字 → 글자 자

[34] 雪   [35] 集   [36] 意

[37] 冬   [38] 米   [39] 時

[40] 習   [41] 聞   [42] 路

[43] 長   [44] 夏   [45] 休

[46] 溫   [47] 區   [48] 號

[49] 族   [50] 現   [51] 特

[52] 角   [53] 班   [54] 各

[55] 感

[問 56-75] 다음 밑줄 친 漢字語를 漢字로 쓰세요.

〈보기〉
한자 → 漢字

[56] 이 과목은 난이도에 따라 단계적으로 <u>교육</u>한다.

[57] 어려운 일이 닥치면 먼 친척보다 이웃 <u>사촌</u>이 낫다.

[58] 새로운 상품이 백화점에 <u>등장</u>하였다.

[59] 나는 외가가 있는 시골에서 <u>출생</u>하였다.

[60] 그는 집안의 대를 이을 <u>장남</u>이다.

[61] 그는 몸의 <u>중심</u>을 잃고 쓰러졌다.

[62] 오늘 저녁은 <u>식사</u>로 국수를 먹었다.

[63] 우리나라 <u>자연</u>은 참으로 아름답다.

[64] 좋아하는 가수의 앨범을 몇 장 샀다.

[65] 오늘 길에서 수염이 허옇고 풍채가 좋은 노인을 만났다.

[66] 이 일은 생각보다 시간이 많이 걸린다.

[67] 방학이라 교실이 덩그렇게 비어 있다.

[68] 약속 장소에 갔더니 아무도 없었다.

[69] 그는 이 방면에 최고 전문가다.

[70] 이 물건은 조상 대대로 내려온 것이다.

[71] 조그만 소녀가 깡충깡충 뛰어왔다.

[72] 가정의 평안과 건강을 빕니다.

[73] 이 고장은 사과로 유명하다.

[74] 차가 번잡한 시내로 들어섰다.

[75] 시골에서 신선한 공기를 마음껏 마셨다.

[問 76-78] 다음 漢字와 뜻이 반대 또는 상대 되는 漢字를 골라 번호를 쓰세요.

[76] 冬 : ① 夏　② 萬　③ 朝　④ 東

[77] 體 : ① 身　② 心　③ 樂　④ 朴

[78] 夜 : ① 西　② 晝　③ 書　④ 明

[問 79-81] 다음 ( ) 안에 들어갈 漢字를 〈보기〉에서 찾아 번호를 쓰세요.

〈보기〉	
① 性	② 夜
③ 三	④ 夕
⑤ 姓	⑥ 星

[79] 同( )同本 : 성도 같고 본(본관)도 같음.

[80] 一日( )省 : 하루에 세 가지 일로 자신을 되돌아보고 살핌.

[81] 晝( )長川 : 밤낮으로 쉬지 아니하고 연달아.

[問 82-83] 다음 漢字와 뜻이 비슷한 漢字를 골라 번호를 쓰세요.

[82] 速 : ① 朴　② 登　③ 線　④ 急

[83] 道 : ① 路　② 高　③ 運　④ 號

[問 84-85] 다음 중 소리(音)는 같으나 뜻(訓)이 다른 漢字를 고르세요.

[84] 石 : ① 郡　② 里　③ 英　④ 席

[85] 勇 : ① 用　② 書　③ 晝　④ 路

[問 86-87] 다음 뜻에 맞는 漢字語를 〈보기〉에서 찾아 번호를 쓰세요.

〈보기〉
① 等式   ② 反目
③ 昨日   ④ 有別
⑤ 正午   ⑥ 弱體

[86] 낮 열두 시

[87] 어제

[問 88-90] 다음 漢字의 짙게 표시한 획은 몇 번째 쓰는 획인지 〈보기〉에서 골라 그 번호를 쓰세요.

〈보기〉
① 첫 번째   ② 두 번째
③ 세 번째   ④ 네 번째
⑤ 다섯 번째   ⑥ 여섯 번째
⑦ 일곱 번째   ⑧ 여덟 번째
⑨ 아홉 번째   ⑩ 열 번째
⑪ 열한 번째   ⑫ 열두 번째

[88] 題

[89] 近

[90] 地

♣ 수고하셨습니다.

제1회 한자능력검정시험 6급 실전 모의고사 정답 및 해설

1. **정답** 식수
   풀이 食水(밥/먹을 식, 물 수) : 먹을 용도의 물.

2. **정답** 등산
   풀이 登山(오를 등, 산 산) : 운동, 놀이, 탐험 등의 목적으로 산에 오름.

3. **정답** 출가
   풀이 出家(날 출, 집 가) : ① 집을 떠나감. ② 세간을 떠나서 수도원으로 들어가는 일.

4. **정답** 명월
   풀이 明月(밝을 명, 달 월) : 밝은 달.

5. **정답** 다독
   풀이 多讀(많을 다, 읽을 독) : 많이 읽음.

6. **정답** 태평
   풀이 太平(클 태, 평평할 평) : ① 나라가 안정되어 아무 걱정 없고 평안함. ② 마음에 아무 근심걱정이 없음.

7. **정답** 공개
   풀이 公開(공평할 공, 열 개) : 어떤 사실이나 사물, 내용 등을 여러 사람에게 널리 터놓음.

8. **정답** 고물
   풀이 古物(오랠 고, 물건 물) : ① 헐거나 낡은 물건. ② 시대에 뒤져서 쓸모가 없게 된 사람을 놀리는 뜻으로 이르는 말. ③ 옛날 물건.

9. **정답** 고락
   풀이 苦樂(쓸 고, 즐길 락) : 괴로움과 즐거움을 아울러 이르는 말.

10. **정답** 선로
    풀이 線路(줄 선, 길 로) : 기차나 전차의 바퀴가 굴러가도록 레일을 깔아 놓은 길.

11. **정답** 구분
    풀이 區分(나눌 구, 나눌 분) : 일정한 기준에 따라 전체를 몇 개로 갈라 나눔.

12. **정답** 온실
    풀이 溫室(따뜻할 온, 집 실) : 난방 장치를 한 방.

13. **정답** 성과
    풀이 成果(이룰 성, 결과 과) : 이루어 낸 결실.

14. **정답** 이유
    풀이 理由(다스릴 이, 까닭/말미암을 유) : ① 어떠한 결론이나 결과에 이른 까닭이나 근거. ② 구실이나 변명.

15. **정답** 주유소
    풀이 注油所(물댈 주, 기름 유, 장소 소) : 자동차 등에 기름을 넣는 곳.

16. **정답** 신동
    풀이 神童(귀신 신, 아이 동) : 재주와 슬기가 남달리 특출한 아이.

17. **정답** 합리
    풀이 合理(합할 합, 다스릴 리) : 이론이나 이치에 맞음.

18. **정답** 사용
    풀이 使用(하여금/부릴 사, 쓸 용) : 일정한 목적이나 기능에 맞게 씀.

19. **정답** 근본
    풀이 根本(뿌리 근, 근본 본) : 처음부터 애당초.

20. **정답** 수립
    풀이 樹立(나무 수, 설 립) : 국가나 정부, 제도, 계획 등을 이룩하여 세움.

21. **정답** 주목
    풀이 注目(물댈 주, 눈 목) : 관심을 가지고 주의 깊게 살핌.

22. **정답** 신분
    풀이 身分(몸 신, 나눌 분) : 개인의 사회적인 위치나 계급.

23. **정답** 별명
    풀이 別名(나눌/다를 별, 이름 명) : ① 사람의 외모나 성격 등의 특징을 바탕으로 남들이 지어 부르는 이름. ② 본명이나 자 이외에 쓰는 이름.

24. **정답** 반성
    풀이 反省(뒤집을 반, 살필 성) : 자신의 언행에 대하여 잘못이나 부족함이 없는지 돌이켜 봄.

25. **정답** 소화
    풀이 消火(삭일 소, 불 화) : 불을 끔.

26. **정답** 교감
    풀이 交感(사귈 교, 느낄 감) : 서로 접촉하여 따라 움직이는 느낌.

27. **정답** 평야
    풀이 平野(평평할 평, 들 야) : 기복이 작고, 지표면이 평평하고 너른 들.

28. **정답** 운동
    풀이 運動(옮길 운, 움직일 동) : ① 사람이 몸을 단련하거나 건강을 위하여 몸을 움직이는 일. ② 어떤 목적을 이루려고 힘쓰는 일. 또는 그런 활동.

29. **정답** 창문
    풀이 窓門(창문 창, 문 문) : 공기나 햇빛을 받을 수 있고, 밖을 내다볼 수 있도록 벽이나 지붕에 낸 문.

30. **정답** 속도
    풀이 速度(빠를 속, 법도 도) : 물체가 나아가거나 일이 진행되는 빠르기.

31. **정답** 작명
    풀이 作名(지을 작, 이름 명) : 이름을 지음.

32. **정답** 작년
    풀이 昨年(어제 작, 해 년) : 이 해의 바로 전의 해.

33. **정답** 풍광
    풀이 風光(바람 풍, 빛 광) : 산이나 들, 강, 바다 등의 자연이나 지역의 모습.

34. **정답** 그러할 연
35. **정답** 기름 유
36. **정답** 예도 례
37. **정답** 땅 지
38. **정답** 대답할 답
39. **정답** 심을 식
40. **정답** 빌 공
41. **정답** 꽃부리 영
42. **정답** 효도 효
43. **정답** 뜰 정
44. **정답** 재주 재
45. **정답** 고을 군
46. **정답** 아침 조
47. **정답** 길 영
48. **정답** 병 병
49. **정답** 뿌리 근
50. **정답** 아름다울 미
51. **정답** 사귈 교
52. **정답** 다스릴 리
53. **정답** 놓을 방
54. **정답** 공 구
55. **정답** 사이 간

56. **정답** 同時
    풀이 동시(同時_한가지 동, 때 시) : ① 같은 때나 시기. ② 어떤 사실을 겸함.

57. **정답** 校歌
    풀이 교가(校歌_학교 교, 노래 가) : 학교를 상징하는 노래. 학교의 교육 정신, 이상, 특성 등을 담고 있음.

58. **정답** 活力
    풀이 활력(活力_살 활, 힘 력) : 살아 움직이는 힘.

59. **정답** 手動
    풀이 수동(手動_손 수, 움직일 동) : 다른 동력을 이용하지 않고 손의 힘만으로 움직임. 또는 손의 힘만으로 움직이도록 되어 있는 것.

60. **정답** 先後
    풀이 선후(先後_먼저 선, 뒤 후) : 먼저와 나중을 아울러 이르는 말.

61. **정답** 人命
    풀이 인명(人命_사람 인, 목숨 명) : 사람의 목숨.

62. **정답** 名物
    풀이 명물(名物_이름 명, 물건 물) : 어떤 지방의 이름난 사물.

63. **정답** 室內
    풀이 실내(室內_집 실, 안 내) : ① 방이나 건물 등의 안. ② 남의 아내를 점잖게 이르는 말.

64. **정답** 便安
    풀이 편안(便安_편할 편, 편안할 안) : 편하고 걱정 없이 좋음.

65. **정답** 江山
    풀이 강산(江山_강 강, 산 산) : ① 강과 산으로, 자연의 경치를 이르는 말. ② 나라의 영토를 이르는 말.

66. **정답** 午前
    풀이 오전(午前_낮 오, 앞 전) : '낮 이전'으로, 자정부터 낮 열두 시까지의 시간.

67. **정답** 子女
    풀이 자녀(子女_아들 자, 여자 녀) : 아들과 딸을 아울러 이르는 말.

68. **정답** 教育
    풀이 교육(教育_가르칠 교, 기를 육) : 지식과 기술 등을 가르치며 인격을 길러 줌.

69. **정답** 農村
    풀이 농촌(農村_농사 농, 마을 촌) : 주민의 대부분이 농업에 종사하는 마을이나 지역.

70. **정답** 市外
    풀이 시외(市外_시장 시, 밖 외) : 도시의 밖. 또는 시 구역 밖의 지역.

71. **정답** 青春
    풀이 청춘(青春_푸를 청, 봄 춘) : 새싹이 파랗게 돋아나는 봄철로, 십 대 후반에서 이십 대에 걸치는 인생의 젊은 나이. 또는 그런 시절을 이르는 말.

72. **정답** 左右
    풀이 좌우(左右_왼쪽 좌, 오른쪽 우) : ① 왼쪽과 오른쪽을 아울러 이르는 말. ② 옆이나 곁. 또는 주변. ③ 주위에 거느리고 있는 사람.

73. **정답** 放學
    풀이 방학(放學_놓을 방, 배울 학) : 일정 기간 동안 수업을 쉬는 일.

74. **정답** 每月
    풀이 매월(每月_매양 매, 달 월) :
    ① 한 달 한 달. ② 달마다.

75. **정답** 入學
    풀이 입학(入學_들 입, 배울 학) : 학생이 되어 공부하기 위해 학교에 들어감. 또는 학교를 들어감.

76. **정답** ④
    풀이 古(옛 고) ↔ 今(이제 금)
    ① 金(쇠 금/성씨 김)
    ② 光(빛 광)
    ③ 童(아이 동) ↔ 老(늙을 로)

77. 정답 ②
풀이 多(많을 다) ↔ 少(적을 소)
① 小(작을 소) ↔ 大(큰 대), 太(클 태)
③ 天(하늘 천) ↔ 地(땅 지)
④ 萬(일만 만)

78. 정답 ②
풀이 心(마음 심) ↔ 身(몸 신)
① 苦(쓸 고) ↔ 樂(즐길 락)
③ 足(발 족) ↔ 手(손 수)
④ 花(꽃 화)

[問 79-81]

〈보기〉
① 淸(맑을 청)   ② 問(물을 문)
③ 發(쏠 발)   ④ 門(문 문)
⑤ 第(차례 제)   ⑥ 登(오를 등)

79. 정답 ②
풀이 東問西答(동문서답_동쪽 동, 물을 문, 서쪽 서, 대답할 답)

80. 정답 ③
풀이 百發百中(백발백중_일백 백, 쏠 발, 가운데 중)

81. 정답 ①
풀이 淸風明月(청풍명월_맑을 청, 바람 풍, 밝을 명, 달 월)

82. 정답 ①
풀이 分(나눌 분) - 別(나눌 별)
② 和(화목할 화) - 平(평평할 평)
③ 發(쏠 발) - 立(설 립)
④ 少(적을 소)

83. 정답 ④
풀이 室(집 실) - 家(집 가)
① 空(빌 공) - 無(없을 무)
② 洞(마을 동) - 郡(고을 군)
　 洞(마을 동) - 里(마을 리)
　 洞(마을 동) - 村(마을 촌)
③ 對(대답할 대) - 答(대답할 답)

84. 정답 ④
풀이 理(다스릴 리) - 利(이로울 리)
① 身(몸 신)
② 本(근본 본)
③ 同(한가지 동)

85. 정답 ①
풀이 果(과실 과) - 科(과목 과)
② 路(길 로)
③ 里(마을 리)
④ 場(마당 장)

[問 86-67]

〈보기〉
① 等級(등급_무리 등, 등급 급) : 신분, 품질, 값, 각종 평가 등의 높고 낮음, 좋고 나쁨을 여러 단계로 나누는 구분.
② 消失(소실_삭일 소, 잃을 실) : 사라져 없어짐. 또는 그렇게 잃어버림.
③ 禮服(예복_예도 예, 옷 복) : 의식을 치르거나 특별히 예절을 차릴 때에 입는 옷.
④ 前線(전선_앞 전, 줄 선) : ① 직접 뛰어든 일정한 활동 분야. ② 전장에서, 적과 맞서는 맨 앞 지역. ③ 성질이 다른 두 개의 기단의 경계면이 지표와 만나는 선.
⑤ 現今(현금_나타날 현, 이제 금) : 바로 지금.
⑥ 新藥(신약_새로울 신, 약 약) : 새로 발명한 약.

86. 정답 ⑥
87. 정답 ②
88. 정답 ④
89. 정답 ⑥
90. 정답 ②

제2회 한자능력검정시험 6급 실전 모의고사 정답 및 해설

1. **정답** 현금
   풀이 現金(나타날 현, 쇠 금) : 현재 가지고 있는 돈.

2. **정답** 동서
   풀이 東西(동쪽 동, 서쪽 서) : 동쪽과 서쪽을 아울러 이르는 말.

3. **정답** 대표
   풀이 代表(대신할 대, 겉 표) : ① 전체의 상태나 성질을 어느 하나로 잘 나타냄. 또는 그런 것. ② 전체를 대표하는 사람.

4. **정답** 정식
   풀이 正式(바를 정, 법 식) : 정당한 격식이나 의식.

5. **정답** 천재
   풀이 天才(하늘 천, 재주 재) : 선천적으로 타고난, 남보다 훨씬 뛰어난 재주. 또는 그런 재능을 가진 사람.

6. **정답** 동등
   풀이 同等(한가지 동, 무리 등) : 등급이나 정도가 같음. 또는 그런 등급이나 정도.

7. **정답** 특별
   풀이 特別(특별할 특, 나눌/다를 별) : 보통과 구별되게 다름.

8. **정답** 동화
   풀이 童話(아이 동, 말씀 화) : 어린이를 위하여 동심을 바탕으로 지은 이야기. 또는 그런 문예 작품.

9. **정답** 음악
   풀이 音樂(소리 음, 노래 악) : 박자, 가락, 음성 등을 갖가지 형식으로 조화하고 결합하여, 목소리나 악기를 통하여 사상 또는 감정을 나타내는 예술.

10. **정답** 문장
    풀이 文章(글월 문, 글 장) : ① 글을 뛰어나게 잘 짓는 사람. ② 생각이나 감정을 말과 글로 표현할 때 완결된 내용을 나타내는 최소의 단위.

11. **정답** 동의
    풀이 同意(한가지 동, 뜻 의) : ① 같은 뜻. 또는 뜻이 같음. ② 의사나 의견을 같이 함. ③ 다른 사람의 행위를 승인하거나 시인함.

12. **정답** 다행
    풀이 多幸(많을 다, 행복할 행) : 뜻밖에 일이 잘되어 운이 좋음.

13. **정답** 모친
    풀이 母親(어머니 모, 친할 친) : '어머니'를 정중히 이르는 말.

14. **정답** 신문
    풀이 新聞(새로울 신, 들을 문) : ① 새로운 소식이나 견문. ② 사회에서 발생한 사건에 대한 사실이나 해설을 널리 신속하게 전달하기 위한 정기 간행물.

15. **정답** 부하
    풀이 部下(나눌 부, 아래 하) : 직책상 자기보다 더 낮은 자리에 있는 사람.

16. **정답** 생물
    풀이 生物(날 생, 물건 물) : 생명을 가지고 스스로 생활 현상을 유지하여 나가는 물체.

17. **정답** 양지
    풀이 陽地(볕 양, 땅 지) : 볕이 바로 드는 곳.

18. **정답** 약수
    풀이 藥水(약 약, 물 수) : 먹거나 몸을 담그면 약효가 있는 샘물.

19. **정답** 손자
    풀이 孫子(손자 손, 아들 자) : 아들의 아들. 또는 딸의 아들.

20. **정답** 소문
    풀이 所聞(바 소, 들을 문) : 들려 오는 떠도는 말.

21. **정답** 개발
    풀이 開發(열 개, 쏠 발) : ① 토지나 천연자원 등을 유용하게 만듦. ② 지식이나 재능 등을 발달하게 함.

22. **정답** 가정
    풀이 家庭(집 가, 뜰 정) : ① 한 가족이 생활하는 집. ② 가까운 혈연관계에 있는 사람들의 생활 공동체.

23. **정답** 반장
    풀이 班長(나눌 반, 길 장) : 어떤 일을 함께 하는 소규모 조직체인 반을 대표하여 일을 맡아보는 사람.

24. **정답** 주력
    풀이 注力(물댈 주, 힘 력) : 어떤 일에 온 힘을 기울임.

25. **정답** 양식
    풀이 洋食(큰 바다 양, 밥/먹을 식) : 서양식 음식이나 식사.

26. **정답** 미인
    풀이 美人(아름다울 미, 사람 인) : 아름다운 사람.

27. **정답** 공력
    풀이 功力(공 공, 힘 력) : 애써서 들이는 정성과 힘.

28. **정답** 성형
    풀이 成形(이룰 성, 모양 형) : 일정한 형체를 만듦.

29. **정답** 고급
    풀이 高級(높을 고, 등급 급) : ① 물건이나 시설 등의 품질이 뛰어나고 값이 비쌈. ② 지위나 신분 또는 수준 등이 높음.

30. **정답** 야간
    풀이 夜間(밤 야, 사이 간) : 해가 진 뒤부터 먼동이 트기 전까지의 동안.

31. **정답** 상경
    풀이 上京(위 상, 서울 경) : 지방에서 서울로 감.

32. **정답** 언동
    풀이 言動(말씀 언, 움직일 동) : 말하고 행동함. 또는 말과 행동.

33. **정답** 서신
    풀이 書信(글 서, 믿을 신) : 안부, 소식, 용무 등을 적어 보내는 글.

34. **정답** 가까울 근
35. **정답** 쓸 고
36. **정답** 빛 광
37. **정답** 익힐 습
38. **정답** 누를 황
39. **정답** 매양 매
40. **정답** 효도 효
41. **정답** 있을 재
42. **정답** 쌀 미
43. **정답** 친할 친
44. **정답** 놓을 방
45. **정답** 밤 야
46. **정답** 사랑 애
47. **정답** 강 강
48. **정답** 나무 수
49. **정답** 여름 하
50. **정답** 머리 두
51. **정답** 집 당
52. **정답** 아우 제
53. **정답** 기다릴 대

54. **정답** 기를 육

55. **정답** 합할 합

56. **정답** 靑年
    풀이 청년(靑年_푸를 청, 해 년) : ① 신체적·정신적으로 한창 성장하거나 무르익은 시기에 있는 사람. ② 성년 남자.

57. **정답** 天然
    풀이 천연(天然_하늘 천, 그러할 연) : 사람의 힘을 가하지 아니한 상태.

58. **정답** 電話
    풀이 전화(電話_번개 전, 말씀 화) : 전화기를 이용하여 말을 주고받음.

59. **정답** 不足
    풀이 부족(不足_아닐 불/아닐 부, 발 족) : 필요한 양이나 기준에 미치지 못해 충분하지 아니함.

60. **정답** 水面
    풀이 수면(水面_물 수, 얼굴 면) : 물의 겉면.

61. **정답** 南村
    풀이 남촌(南村_남쪽 남, 마을 촌) : 남쪽에 있는 마을.

62. **정답** 下車
    풀이 하차(下車_아래 하, 수레 거/차 차) : ① 타고 있던 차에서 내림. ② 차에서 짐을 내림.

63. **정답** 出世
    풀이 출세(出世_날 출, 세상 세) : 사회적으로 높은 지위에 오르거나 유명하게 됨.

64. **정답** 天命
    풀이 천명(天命_하늘 천, 목숨 명) : 타고난 수명이나 운명.

65. **정답** 正直
    풀이 정직(正直_바를 정, 곧을 직) : 마음에 거짓이나 꾸밈이 없이 바르고 곧음.

66. **정답** 小心
    풀이 소심(小心_작을 소, 마음 심) : 대담하지 못하고 조심성이 지나치게 많음.

67. **정답** 時間
    풀이 시간(時間_때 시, 사이 간) : 하루의 24분의 1이 되는 동안을 세는 단위.

68. **정답** 植物
    풀이 식물(植物_심을 식, 물건 물) : 생물계의 두 갈래 가운데 하나. 대체로 이동력이 없음.

69. **정답** 出入
    풀이 출입(出入_날 출, 들 입) : 어느 곳을 드나듦.

70. **정답** 空氣
    풀이 공기(空氣_빌 공, 기운 기) : ① 지구를 둘러싼 대기의 하층부를 구성하는 무색, 무취의 투명한 기체. ② 그 자리에 감도는 기분이나 분위기.

71. **정답** 白色
    풀이 백색(白色_흰 백, 빛 색) : 눈이나 우유의 빛깔과 같이 밝고 선명한 색.

72. **정답** 少數
    풀이 소수(少數_적을 소, 셀 수) : 적은 수효.

73. **정답** 草木
    풀이 초목(草木_풀 초, 나무 목) : 풀과 나무를 아울러 이르는 말.

74. **정답** 休學
    풀이 휴학(休學_쉴 휴, 배울 학) : 질병이나 기타 사정으로, 학교에 적을 둔 채 일정 기간 동안 학교를 쉬는 일.

75. 정답 午後
풀이 오후(午後_낮 오, 뒤 후) : 정오부터 밤 열두 시까지의 시간.

76. 정답 ①
풀이 短(짧을 단) ↔ 長(길 장)
② 小(작을 소) ↔ 大(큰 대)
　 小(작을 소) ↔ 太(클 태)
③ 老(늙을 로) ↔ 童(아이 동)
　 老(늙을 로) ↔ 少(적을 소)
④ 時(때 시)

77. 정답 ④
풀이 近(가까울 근) ↔ 遠(멀 원)
① 登(오를 등)
② 習(익힐 습) ↔ 敎(가르칠 교)
　 習(익힐 습) ↔ 訓(가르칠 훈)
③ 使(하여금/부릴 사)

78. 정답 ④
풀이 弱(약할 약) ↔ 強(강할 강)
① 美(아름다울 미)
② 兄(형 형) ↔ 弟(아우 제)
③ 在(있을 재) ↔ 無(없을 무)
　 在(있을 재) ↔ 空(빌 공)

[問 79-81]

〈보기〉
① 洋(큰 바다 양)　② 明(밝을 명)
③ 月(달 월)　　　④ 海(바다 해)
⑤ 萬(일만 만)　　⑥ 習(익힐 습)

79. 정답 ⑤
풀이 千萬多幸(천만다행 - 일천 천, 일만 만, 많을 다, 행복할 행)

80. 정답 ②
풀이 公明正大(공명정대 - 공평할 공, 밝을 명, 바를 정, 큰 대)

81. 정답 ④
풀이 人山人海(인산인해 - 사람 인, 산 산, 사람 인, 바다 해)

82. 정답 ①
풀이 海(바다 해) - 洋(큰 바다 양)
② 道(길 도) - 路(길 로)
③ 感(느낄 감)
④ 苦(쓸 고)

83. 정답 ③
풀이 歌(노래 가) - 樂(노래 악)
① 手(손 수)
② 女(여자 녀)
④ 工(장인 공)

84. 정답 ①
풀이 使(하여금/부릴 사) - 社(모일 사)
② 時(때 시)
③ 先(먼저 선)
④ 理(다스릴 리)

85. 정답 ②
풀이 意(뜻 의) - 衣(옷 의)
① 多(많을 다)
③ 生(날 생)
④ 號(이름 호)

[問 86-67]

〈보기〉
① 多幸(다행_많을 다, 행복할 행) : 일이 잘 되어 운이 좋음.
② 植木(식목_심을 식, 나무 목) : 나무를 심음.
③ 手記(수기_손 수, 기록할 기) : ① 자기의 생활이나 체험을 직접 쓴 기록. ② 글이나 글씨를 자기 손으로 직접 씀.
④ 孝道(효도_효도 효, 길 도) : 부모를 잘 섬기는 도리.
⑤ 昨今(작금_어제 작, 이제 금) : 어제와 오늘을 아울러 이르는 말.
⑥ 苦言(고언_쓸 고, 말씀 언) : 듣기에는 거슬리나 도움이 되는 말.

86. 정답 ②
87. 정답 ⑤
88. 정답 ⑥
89. 정답 ⑤
90. 정답 ⑩

제3회 한자능력검정시험 6급 실전 모의고사 정답 및 해설

1. **정답** 계산
   풀이 計算(셈할 계, 셈 산) : ① 수를 헤아림. ② 어떤 일을 예상하거나 고려함. ③ 값을 치름.

2. **정답** 교훈
   풀이 敎訓(가르칠 교, 가르칠 훈) : 앞으로의 행동이나 생활에 지침이 될 만한 것을 가르침. 또는 그런 가르침.

3. **정답** 국호
   풀이 國號(나라 국, 이름 호) : 나라의 이름.

4. **정답** 강약
   풀이 強弱(강할 강, 약할 약) : 강하고 약함. 또는 그런 정도.

5. **정답** 약자
   풀이 弱者(약할 약, 놈 자) : 힘이나 세력이 약한 사람이나 생물. 또는 그런 집단.

6. **정답** 재학
   풀이 在學(있을 재, 배울 학) : 학교에 적을 두고 있음.

7. **정답** 반대
   풀이 反對(뒤집을 반, 상대할 대) : ① 두 사물이 모양, 위치, 방향, 순서 등에서 등지거나 서로 맞섬. 또는 그런 상태. ② 어떤 행동이나 견해, 제안 등에 따르지 아니하고 맞서 거스름.

8. **정답** 장단
   풀이 長短(길 장, 짧을 단) : ① 길고 짧음. ② 좋은 점과 나쁜 점.

9. **정답** 선두
   풀이 先頭(먼저 선, 머리 두) : 대열이나 행렬, 활동 등에서 맨 앞.

10. **정답** 발생
    풀이 發生(쏠 발, 날 생) : 어떤 일이나 사물이 생겨남.

11. **정답** 예물
    풀이 禮物(예도 예, 물건 물) : ① 고마움을 나타내거나 예의를 갖추기 위하여 보내는 돈이나 물건. ② 혼인할 때 신랑과 신부가 기념으로 주고받는 물품.

12. **정답** 신장
    풀이 身長(몸 신, 길 장) : 사람이나 동물이 똑바로 섰을 때에 발바닥에서 머리끝에 이르는 몸의 길이.

13. **정답** 신체
    풀이 身體(몸 신, 몸 체) : 사람의 몸.

14. **정답** 친근
    풀이 親近(친할 친, 가까울 근) : 사귀어 지내는 사이가 아주 가까움.

15. **정답** 급수
    풀이 級數(등급 급, 셀 수) : 기술 등을 우열에 따라 매긴 등급.

16. **정답** 향상
    풀이 向上(향할 향, 위 상) : 실력, 수준, 기술 등이 나아짐. 또는 나아지게 함.

17. **정답** 영재
    풀이 英才(꽃부리 영, 재주 재) : 뛰어난 재주. 또는 그런 사람.

18. **정답** 병고
    풀이 病苦(병들 병, 쓸 고) : 병으로 인한 괴로움.

19. **정답** 이용
    풀이 利用(이로울 이, 쓸 용) : 대상을 필요에 따라 이롭게 씀.

20. **정답** 용기
    풀이 勇氣(날랠 용, 기운 기) : 씩씩하고 굳센 기운. 또는 사물을 겁내지 아니하는 기개.

21. **정답** 식당
    풀이 食堂(밥/먹을 식, 집 당) : 건물 안에 식사를 할 수 있게 시설을 갖춘 장소.

22. **정답** 애독
    풀이 愛讀(사랑 애, 읽을 독) : 즐겨 재미있게 읽음.

23. **정답** 급행
    풀이 急行(급할 급, 다닐 행) : ① 급히 감. ② 큰 역에만 정차하는, 운행 속도가 빠른 열차.

24. **정답** 서기
    풀이 書記(글 서, 기록할 기) : 단체나 회의에서 문서나 기록 등을 맡아보는 사람.

25. **정답** 화가
    풀이 畫家(그림 화, 집 가) : 그림 그리는 것을 직업으로 하는 사람.

26. **정답** 지구
    풀이 地球(땅 지, 공 구) : 태양에서 셋째로 가까운 행성으로, 인류가 사는 천체.

27. **정답** 미음
    풀이 米飮(쌀 미, 마실 음) : 쌀에 물을 충분히 붓고 푹 끓여 체에 걸러 낸 걸쭉한 음식.

28. **정답** 백미
    풀이 白米(흰 백, 쌀 미) : 희게 쓿은 멥쌀.

29. **정답** 지번
    풀이 地番(땅 지, 차례 번): 토지의 일정한 구획을 표시한 번호.

30. **정답** 과목
    풀이 科目(과목 과, 눈 목) : ① 분류한 조목. ② 가르치거나 배워야 할 지식 및 경험의 체계를 세분하여 계통을 세운 영역.

31. **정답** 방심
    풀이 放心(놓을 방, 마음 심) : 마음을 다잡지 아니하고 풀어 놓아 버림.

32. **정답** 집합
    풀이 集合(모을 집, 합할 합) : 사람들이 한 곳으로 모임.

33. **정답** 양복
    풀이 洋服(큰 바다 양, 옷 복) : 남성의 서양식 정장.

34. **정답** 눈 설
35. **정답** 모일 집
36. **정답** 뜻 의
37. **정답** 겨울 동
38. **정답** 쌀 미
39. **정답** 때 시
40. **정답** 익힐 습
41. **정답** 들을 문
42. **정답** 길 로
43. **정답** 길 장
44. **정답** 여름 하
45. **정답** 쉴 휴
46. **정답** 따뜻할 온
47. **정답** 나눌/구역 구
48. **정답** 이름 호
49. **정답** 겨레 족
50. **정답** 나타날 현
51. **정답** 특별할 특
52. **정답** 뿔 각

53. **정답** 나눌 반

54. **정답** 각각 각

55. **정답** 느낄 감

56. **정답** 敎育
    풀이 교육(敎育_가르칠 교, 기를 육) : 지식과 기술 등을 가르치며 인격을 길러 줌.

57. **정답** 四寸
    풀이 사촌(四寸_넉 사, 마디 촌) : 아버지의 친형제자매의 아들이나 딸과의 촌수.

58. **정답** 登場
    풀이 등장(登場_오를 등, 마당 장) : ① 무대나 연단 등에 나옴. ② 어떤 사건이나 분야에서 새로운 제품이나 현상, 인물 등이 세상에 처음으로 나옴.

59. **정답** 出生
    풀이 출생(出生_날 출, 날 생) : 세상에 나옴.

60. **정답** 長男
    풀이 장남(長男_길 장, 사내 남) : 둘 이상의 아들 가운데 맏이가 되는 아들.

61. **정답** 中心
    풀이 중심(中心_가운데 중, 마음 심) : ① 사물의 한가운데. ② 사물이나 행동에서 매우 중요하고 기본이 되는 부분. ③ 확고한 주관이나 줏대.

62. **정답** 食事
    풀이 식사(食事_밥/먹을 식, 일 사) : 끼니로 음식을 먹음. 또는 그 음식.

63. **정답** 自然
    풀이 자연(自然_스스로 자, 그러할 연) : 사람의 힘이 더해지지 아니하고 세상에 스스로 존재하거나 우주에 저절로 이루어지는 모든 존재나 상태.

64. **정답** 歌手
    풀이 가수(歌手_노래 가, 손 수) : 노래 부르는 것이 직업인 사람.

65. **정답** 老人
    풀이 노인(老人_늙을 노, 사람 인) : 나이가 들어 늙은 사람.

66. **정답** 時間
    풀이 시간(時間_때 시, 사이 간) : 하루의 24분의 1이 되는 동안을 세는 단위.

67. **정답** 敎室
    풀이 교실(敎室_가르칠 교, 집 실) : ① 유치원, 초등학교, 중·고등학교에서 학습 활동이 이루어지는 방. ② 주로 대학에서 일정한 분야를 연구하는 모임.

68. **정답** 場所
    풀이 장소(場所_마당 장, 바 소) : 어떤 일이 이루어지거나 일어나는 곳.

69. **정답** 方面
    풀이 방면(方面_모 방, 얼굴 면) : ① 어떤 장소나 지역이 있는 방향. 또는 그 일대. ② 어떤 분야.

70. **정답** 祖上
    풀이 조상(祖上_할아버지 조, 위 상) : 자기 세대 이전의 모든 세대.

71. **정답** 少女
    풀이 소녀(少女_적을 소, 여자 녀) : 아직 완전히 성숙하지 아니한 어린 여자아이.

72. **정답** 平安
    풀이 평안(平安_평평할 평, 편안할 안) : 걱정이나 탈이 없음. 또는 무사히 잘 있음.

73. **정답** 有名
    풀이 유명(有名_있을 유, 이름 명) : 이름이 널리 알려져 있음.

74. **정답** 市內
    풀이 시내(市內_시장 시, 안 내) : 도시의 안. 또는 시의 구역 안.

75. **정답** 空氣
 풀이 공기(空氣_빌 공, 기운 기) : ① 지구를 둘러싼 대기의 하층부를 구성하는 무색, 무취의 투명한 기체. ② 그 자리에 감도는 기분이나 분위기.

76. **정답** ①
 풀이 冬(겨울 동) ↔ 夏(여름 하)
 ② 萬(일만 만)
 ③ 朝(아침 조) ↔ 夕(저녁 석)
 　朝(아침 조) ↔ 野(들 야)
 ④ 東(동쪽 동) ↔ 西(서쪽 서)

77. **정답** ②
 풀이 體(몸 체) ↔ 心(마음 심)
 ① 身(몸 신) ↔ 心(마음 심)
 ③ 樂(노래 악, 즐길 락, 좋아할 요) ↔ 苦(쓸 고)
 ④ 朴(성씨 박)

78. **정답** ②
 풀이 夜(밤 야) ↔ 晝(낮 주)
 ① 西(서쪽 서) ↔ 東(동쪽 동)
 ③ 書(글 서)
 ④ 明(밝을 명)

[問 79-81]

<보기>	
① 性(성품 성)	② 夜(밤 야)
③ 三(석 삼)	④ 夕(저녁 석)
⑤ 姓(성씨 성)	⑥ 成(이룰 성)

79. **정답** ⑤
 풀이 同姓同本(동성동본 – 한가지 동, 성씨 성, 한가지 동, 근본 본)

80. **정답** ③
 풀이 一日三省(일일삼성 – 한 일, 날 일, 석 삼, 살필 성)

81. **정답** ②
 풀이 晝夜長川(주야장천 – 낮 주, 밤 야, 길 장, 내 천)

82. **정답** ④
 풀이 速(빠를 속) – 急(급할 급)
 ① 朴(성씨 박)
 ② 登(오를 등)
 ③ 線(줄 선)

83. **정답** ①
 풀이 道(길 도) – 路(길 로)
 ② 高(높을 고)
 ③ 運(옮길 운) – 動(움직일 동)
 　運(옮길 운) – 行(다닐 행)
 ④ 號(이름 호) – 名(이름 명)

84. **정답** ④
 풀이 石(돌 석) – 席(자리 석)
 ① 郡(고을 군)
 ② 里(마을 리)
 ③ 英(꽃부리 영)

85. **정답** ①
 풀이 勇(날랠 용) – 用(쓸 용)
 ② 書(글 서)
 ③ 晝(낮 주)
 ④ 路(길 로)

[問 86-87]

> <보기>
> ① 等式(등식_무리 등, 법 식) : 두 개 이상의 식이나 문자, 수가 등호로 이어진 것.
> ② 反目(반목_뒤집을 반, 눈 목) : 서로 사이가 좋지 않아 미워하거나 대립함.
> ③ 昨日(작일_어제 작, 날 일) : 오늘의 바로 전날. 어제.
> ④ 有別(유별_있을 유, 나눌/다를 별) : 보통의 것과 두드러지게 아주 다름.
> ⑤ 正午(정오_바를 정, 낮 오) : 낮 열두 시.
> ⑥ 弱體(약체_약할 약, 몸 체) : ① 약한 조직체. ② 허약한 몸.

86. 정답 ⑤

87. 정답 ③

88. 정답 ⑥

89. 정답 ⑤

90. 정답 ④

제 4 편

한자 찾아보기

한자 찾아보기

제4편 한자 찾아보기

※ 제시된 숫자는 '제목번호'입니다.

ㄱ

가 可 137
가 歌 137
가 家 142
각 角 132
각 各 182
간 間 086
간 干 103
간 艮 146
감 感 184
강 江 092
강 強 112
개 介 025
개 開 087
갱 更 032
거 車 050
건 巾 127
견 見 061
견 犬 199
경 更 032
경 京 097
경 景 097
경 冂 127
계 界 025
계 系 084
계 計 099
계 크 139
계 季 153
고 古 015
고 苦 015

고 高 095
곡 曲 122
골 骨 123
공 公 014
공 空 054
공 工 092
공 功 092
공 共 186
과 果 022
과 戈 063
과 科 154
광 光 060
교 交 174
교 校 174
교 敎 176
구 九 013
구 口 019
구 區 020
구 求 144
구 球 144
구 救 144
구 臼 175
국 囗 021
국 國 065
군 軍 052
군 君 140
군 郡 140
궁 弓 112
궤 几 126
근 斤 124

근 近 124
근 根 146
근 堇 188
금 金 147
금 今 165
급 及 125
급 級 125
급 急 139
기 气 155
기 汽 155
기 氣 155
기 旗 157
기 己 163
기 記 163
길 吉 035
김 金 147
낙 樂 083
남 男 041
남 南 095
내 來 034
내 乃 125
내 內 130
녀 女 056
녁 疒 131
년 年 104
노 老 108
노 路 182
녹 綠 143
농 農 171
다 多 005

단 單 066
단 旦 077
단 短 120
답 答 166
당 堂 134
대 大 007
대 代 064
대 待 070
대 對 192
도 道 038
도 刀 039
도 度 187
도 圖 200
독 讀 160
동 動 029
동 東 050
동 童 071
동 冬 094
동 同 129
동 洞 129
두 亠 096
두 豆 120
두 頭 120
두 斗 154
두 讀 160
등 等 069
등 登 121
락 樂 083
래 來 034
량 良 148

력 力 041	문 門 086	부 音 075	선 線 018
렬 列 107	문 問 086	부 部 075	선 先 101
령 令 165	문 聞 087	부 父 173	선 選 186
례 例 107	문 文 173	북 北 110	설 舌 102
례 禮 122	물 勿 076	분 分 039	설 雪 135
로 耂 108	물 物 076	불 不 044	성 姓 027
로 路 182	미 美 091	비 匕 105	성 省 045
록 彔 143	미 米 150	비 比 110	성 成 183
록 綠 143	민 民 145	사 四 010	세 世 189
루 婁 177	박 朴 149	사 士 026	소 小 045
륙 六 011	반 半 014	사 史 030	소 少 044
리 里 028	반 班 089	사 使 031	소 肖 046
리 理 028	반 反 118	사 社 047	소 消 046
리 吏 031	발 癶 121	사 乍 058	소 所 085
리 利 152	발 發 121	사 寺 069	속 束 055
리 李 153	방 方 156	사 厶 079	속 速 055
림 林 033	방 放 156	사 糸 084	손 孫 084
립 立 071	배 北 110	사 死 106	쇠 夂 094
만 萬 198	백 白 017	사 事 139	수 水 001
망 罒 159	백 百 017	사 巳 167	수 囚 021
매 每 057	번 番 151	산 山 002	수 樹 035
매 買 159	범 凡 126	산 算 036	수 首 038
매 賣 160	변 便 032	삼 三 010	수 手 067
멱 冖 051	변 采 151	상 尙 134	수 受 138
면 宀 051	별 別 040	상 上 178	수 冫 143
면 面 196	병 丙 131	색 色 168	수 數 177
명 明 004	병 病 131	생 生 027	술 戌 184
명 名 019	복 卜 149	생 省 045	술 術 194
명 命 165	복 服 164	서 西 062	습 習 162
모 母 057	복 攴 176	서 書 141	승 勝 195
모 毛 067	복 攵 176	서 庶 187	시 示 047
목 木 033	본 本 034	석 夕 005	시 時 070
목 目 036	부 夫 008	석 石 117	시 始 080
무 戊 183	부 不 044	석 席 187	시 市 096

※ 뒷 번호는 제목번호

시 矢 114	어 語 098	우 又 118	이 二 009
시 豕 142	언 言 098	우 友 118	이 台 080
시 是 181	엄 厂 049	우 雨 135	익 弋 063
식 植 037	엄 广 049	우 羽 162	인 人 006
식 式 064	업 業 192	운 運 052	인 亻 059
식 食 148	엔 円 136	원 円 136	인 儿 059
신 申 024	여 予 048	원 袁 170	일 日 003
신 神 024	여 女 056	원 遠 170	일 一 009
신 辛 073	역 力 041	원 園 170	임 林 033
신 新 074	연 然 199	월 月 004	임 壬 088
신 信 099	열 列 107	위 囗 021	입 入 006
신 身 123	엽 葉 189	위 韋 190	입 立 071
신 辰 171	영 永 001	위 偉 190	입 卄 185
실 室 081	영 英 128	유 由 023	입 廿 185
실 失 114	영 令 165	유 油 023	자 自 038
심 心 043	예 例 107	유 酉 062	자 子 053
십 十 013	예 禮 122	유 有 116	자 字 053
씨 氏 145	예 乂 172	유 内 198	자 者 109
악 樂 083	오 五 011	육 六 011	작 作 058
안 安 056	오 午 104	육 育 079	작 昨 058
알 歹 106	옥 玉 089	윤 尹 140	장 章 072
알 歺 106	온 溫 021	은 銀 147	장 場 078
앙 央 128	왈 曰 003	을 乙 042	장 長 196
애 愛 138	왕 王 089	음 音 072	재 才 068
야 也 042	외 外 149	음 飮 148	재 在 115
야 野 048	요 幺 082	읍 邑 168	전 田 022
야 夜 096	요 樂 083	의 醫 062	전 前 040
약 藥 083	용 用 132	의 意 072	전 戰 066
약 弱 113	용 甬 133	의 衣 169	전 全 130
양 昜 077	용 勇 133	이 里 028	전 電 135
양 陽 078	우 ㅋ 139	이 理 028	절 巳 164
양 羊 091	우 禺 198	이 吏 031	절 卩 164
양 洋 091	우 牛 101	이 利 152	정 廷 088
양 良 148	우 右 117	이 李 153	정 庭 088

정 井 093	천 天 008	풍 風 126	회 回 200
정 丁 137	천 泉 018	**필 必** 043	**획 畫** 141
정 正 180	천 川 100	**하 夏** 094	**효 孝** 109
정 定 180	천 千 101	하 下 178	효 爻 172
제 弟 113	**청 靑** 136	**학 學** 175	**후 後** 082
제 第 113	청 淸 136	**한 漢** 188	**훈 訓** 100
제 題 181	**체 體** 123	한 韓 191	**휴 休** 033
조 早 016	**초 草** 016	**함 咸** 184	
조 爪 138	초 肖 046	**합 合** 166	
조 祖 158	**촌 寸** 068	**해 海** 057	
조 朝 191	촌 村 068	**행 幸** 073	
족 族 157	**추 秋** 152	행 行 193	
족 足 179	추 佳 161	**향 向** 127	
존 存 115	**춘 春** 047	**현 見** 061	
좌 左 116	**출 出** 002	현 現 061	
주 主 090	출 朮 194	**혈 穴** 054	
주 住 090	**치 夂** 094	**형 兄** 060	
주 注 090	**친 親** 074	형 形 093	
주 晝 141	**칠 七** 012	**호 戶** 085	
중 重 029	**탁 度** 187	호 虍 111	
중 中 030	**태 太** 007	호 號 111	
증 曾 197	태 台 080	**혹 或** 065	
지 地 042	**토 土** 026	**홍 弘** 112	
지 至 081	**통 通** 133	**화 話** 102	
지 紙 145	**특 特** 070	화 化 105	
지 止 179	**파 巴** 167	화 花 105	
직 直 037	**팔 八** 012	화 火 119	
진 辰 171	**편 便** 032	화 畫 141	
집 集 161	**평 平** 103	화 禾 150	
차 車 050	**포 勹** 076	화 和 152	
차 且 158	**표 表** 169	**활 活** 102	
착 举 192	**푼 分** 039	**황 黃** 185	
창 窓 054	**품 品** 020	**회 灰** 119	
척 彳 193	**풍 豊** 122	회 會 197	

※ 뒷 번호는 제목번호

어문회 한자능력검정시험 6급 한 권으로 끝내기

개정2판2쇄 발행	2025년 11월 25일 (인쇄 2025년 09월 12일)
초 판 발 행	2020년 03월 12일
발 행 인	박영일
책 임 편 집	이해욱
편 저	박정서 · 박원길
편 집 진 행	박시현
표지디자인	김지수
편집디자인	양혜련 · 임창규
일 러 스 트	기도연
발 행 처	(주)시대고시기획
출 판 등 록	제10-1521호
주 소	서울시 마포구 큰우물로 75 [도화동 538 성지 B/D] 9F
전 화	1600-3600
팩 스	02-701-8823
홈 페 이 지	www.sdedu.co.kr
I S B N	979-11-383-9533-5 (13710)
정 가	17,000원

※ 이 책은 저작권법의 보호를 받는 저작물이므로 동영상 제작 및 무단전재와 배포를 금합니다.
※ 잘못된 책은 구입하신 서점에서 바꾸어 드립니다.

시대에듀와 함께하는!
어문회 한자

어문회 한자능력검정시험 2·3급 한 권으로 끝내기

어문회 2·3급을 '한자 3박자 연상 학습법'으로
쉽고 확실하게!

- 해당 급수 배정한자 모두 수록
- '생생한 어원 풀이'로 2·3급 한자 마스터!
- 다양한 출제 유형에 맞춰 정리한 '한자 응용하기'
- 출제 경향 완벽 분석! '최신 기출 동형 모의고사' 제공
- 시험장까지 들고 가는 〈빅데이터 합격 한자〉 소책자 제공

어문회 한자능력검정시험 4·5·6급 한 권으로 끝내기

어문회 4·5·6급을 '한자 3박자 연상 학습법'으로
쉽고 재미있게!

- 해당 급수 배정한자 모두 수록
- 생생한 '어원 풀이'로 4·5·6급 한자 마스터!
- 다양한 출제 유형에 맞춰 정리한 '한자 응용하기'
- 출제 경향 완벽 분석! '실전 모의고사 3회분' 제공
- 시험장까지 들고 가는 〈빅데이터 합격 한자〉 소책자 제공

어문회 한자능력검정시험 7·8급 한 권으로 끝내기

어문회 7·8급을 '한자 3박자 연상 학습법'으로
쉽고 재미있게!

- 해당 급수 배정한자 모두 수록
- 한국어문회 기출문제 정식 계약! '공식 기출문제 5회분' 수록
- 시험에 반드시 출제되는 '출제 유형별 한자' 수록
- 무료 부가 자료 5종 - 소책자, 한자 어원 풀이 MP3,
  한자 브로마이드 / 빈출 한자 카드, 한자 쓰기 노트 PDF,
  답안지 PDF 제공

※ 도서의 이미지는 변동될 수 있습니다.

시대에듀와 함께하는!
진흥회 한자

진흥회 한자자격시험 2급 한 권으로 끝내기

진흥회 2급을 '한자 3박자 연상 학습법'으로
쉽고 확실하게!

- 한자자격시험 2급 선정한자 2,300자 수록
- '생생한 어원 풀이'로 2급 한자 마스터!
- 다양한 출제 유형에 맞춰 정리한 '한자 응용하기'
- 실제 기출문제로 실력 점검! '최신 기출문제 5회분'
- 저자가 직접 출제한 '실전 모의고사' 1회분 추가 제공
- 시험 직전 막판 뒤집기! '빅데이터 합격 한자 750'

진흥회 한자자격시험 3급 한 권으로 끝내기

진흥회 3급을 '한자 3박자 연상 학습법'으로
쉽고 확실하게!

- 한자자격시험 3급 선정한자 1,800자 수록
- '생생한 어원 풀이'로 3급 한자 마스터!
- 다양한 시험 유형에 맞춰 정리한 '한자 응용하기'
- 실제 기출문제로 실력 점검! '최신 기출문제 5회분'
- 시험 직전 막판 뒤집기! '빅데이터 합격 한자 450'

※ 도서의 이미지는 변동될 수 있습니다.

읽으면 저절로 외워지는 **기적의 암기공식!**

한자암기박사 시리즈

한자암기박사 1

일본어 한자암기박사1
상용한자 기본학습

중국어 한자암기박사1
기초학습

한자암기박사 2

일본어 한자암기박사2
상용한자 심화학습

중국어 한자암기박사 2
심화학습

- 20여 년간 사랑받고 검증된 '한자 3박자 연상 학습법'으로 읽으면서 익히는 한자 완전학습!
- 부수/획수/필순/활용 어휘 등 사전이 필요 없는 상세한 해설과 한자 응용!

※ 도서의 이미지는 변동될 수 있습니다.